JN327802

日本管理会計学会
企業調査研究プロジェクト シリーズ No.9

企業価値向上の戦略

企業価値評価研究会 編

税務経理協会

執筆者一覧 (章順)

石崎 忠司 (松蔭大学)

川野 克典 (日本大学)

紺野 剛 (中央大学大学院)

原田 昇 (目白大学)

西口 泰夫 (同志社大学)

田中 雅康 (東京理科大学)

増田 讓二 (元日産自動車)

﨑 章浩 (明治大学)

伊藤 和憲 (専修大学)

福田 淳児 (法政大学)

長谷川 泰隆 (麗澤大学)

佐藤 紘光 (早稲田大学)

青木 茂男 (茨城キリスト教大学)

企業調査研究委員会本部委員長からのご挨拶

　本書は，日本管理会計学会が実施している企業調査研究プロジェクトの成果の一環を公刊したものです．

　本学会は1987年に学術研究団体として創設された日本数理会計学研究会（1989年に日本数理会計学会に名称を変更）を母体として1991年に設立され，21世紀の初頭には日本学術会議法に基づく会計学関連学会のなかで規模においても有数の学会の一つにまで進展してまいりました．

　本研究プロジェクトは，2000年11月の本学会の常務理事会において実施することが決定され，片岡洋一本学会理事長（当時）を委員長とする「企業調査研究委員会本部」が組織され，そのもとで研究領域別・テーマ別に研究を実施する専門委員会が設置されることになりました．

　本研究プロジェクトは，わが国の主要企業および特徴のある企業の管理会計と経営管理の実務の現状を総合的・包括的に調査・研究し，その実態を解明することにより，企業の再生の条件を科学的・実証的視点から探求することを主たる目的としており，広く管理会計および経営管理の実用的な理論と技法を提案することを意図しております．

　本研究プロジェクトは，当初は本学会の創立10周年（2001年）を記念する事業として企画され，3年程度で完結させる予定でした．しかしその後，31という多数の専門委員会が組織されましたので，それぞれが独自の研究計画のもとで研究を開始し，必要にして十分な研究期間にわたって研究を実施し，完了した段階で，順次，研究成果を専門書のシリーズとして公表する方式に切り替えることにし，本研究プロジェクトを長期にわたり継続させる方針を採ることにいたしました．

　研究の具体的な遂行にあたっては，「企業調査研究委員会本部」のもとに

「総括委員会」（委員長　原田　昇教授）を置き，本研究プロジェクトの全体を総括し推進する業務を委任しております．各専門委員会の研究成果は「企業調査研究委員会本部」により監修，編集および査読され（本書末尾掲載「監修・編集の方針と基準」参照），「同本部」の依頼により印刷され，刊行されます．したがって，出版社から発注される通常の専門書の印刷とは全く異なる方式で出版されます．本書も以上述べた手続きを経て出版が決定されました．

　本研究プロジェクトの遂行にあたっては，計画段階より倉重英樹氏（本学会前副理事長，㈱RHJIインダストリアル・パートナーズ・アジア　代表取締役社長）および中根　滋氏（本学会前常務理事，UWiN株式会社　代表取締役社長兼CEO）より格別のご厚意をもって研究助成を頂きました．このおふた方のご尽力が無ければ本研究プロジェクトは今日存在しえなかったといえます．ここに深く御礼を申し上げます．

　さらに目白大学の佐藤弘毅学長には，2002年から強力なるご支援とご協力を頂きました．ここに深甚な謝意を表します．

　本研究プロジェクトの研究成果を逐次刊行して市販していただくにあたり，税務経理協会の大坪嘉春社長および書籍企画部峯村英治部長には格別のご配慮を頂きました．本書の印刷については株式会社冨山房インターナショナルの坂本嘉廣会長ならびに永井円氏に特別にご協力を頂きました．これらの方々に心よりの感謝の意を表する次第です．

　2012年11月10日

日本管理会計学会　会　長（1991～1999）
理事長（1999～2005）
企業調査研究委員会本部委員長

片　岡　洋　一

はじめに

このところ，どうも日本は元気がない．失われた20年ともいわれ，経済，産業全体に活力が見えない．原因はいろいろあるが，根幹をなすのは産業構造の変化に適応できなかったことであろう．例えば，企業活動の国際化からグローバル化へ，アナログ技術からデジタル技術化へ，自前の垂直統合型生産からグローバル分業型生産，グローバル標準化生産，さらにはグローバル製品開発化などへ出遅れたことであろう．

しかし，これらは日本企業の固有技術が劣っているから生じたものではない．日本企業の固有技術は国際的に見て勝っているといえる．ビジネスの仕組みや業務の進め方で負けているのである．いいかえれば，経営戦略，事業戦略，マネジメントに問題があるといえよう．ここに注目し，グローバルな市場に対して長期的な視点で，あるべき姿を描き猛追する必要がある．

本書はこのことを視野に入れ，勝ち組に入るために必要なヒントを盛り込んでいるのである．優れた固有技術を活用する考え方と方法を随所に述べている．

全般的な展開についていえば，第一は，全社戦略・事業戦略のあり方や方法を述べ，この考え方に基づいて，製品開発戦略・技術経営の進め方を述べた．ここでは企業価値を創造することに注目して述べ，事例による説明も行った．

第二はこれらの全社戦略の事業戦略を具体的に展開するうえで必要となるマネジメントの進め方について述べた．これは創造した企業価値を具体的に実現（刈取り）するための方法論である．このマネジメントの仕方いかんにより創造した価値の刈取り成果が大きく異なるのである．それだけ重要なところであるから，いろいろな視点から詳述した．

第三はこのマネジメントによって得られた成果（刈取り成果）を評価する考え方と方法について述べた．これは創造した企業価値をさらに向上させるために必要不可欠なものである．この評価結果は次の全社戦略・事業戦略の展開へフィードバックして，よりよい戦略展開を可能にするのである．

とはいえ，残念ながら各執筆者への紙幅の制約から記述に不十分なところがある．しかし，執筆者の意図するところは理解されるであろう．

　このような内容をもった本書は，ある面では理論書ではあるが，別のある面からみれば実務家への啓蒙書でもある．いいかえれば，本書は企業価値の創造と向上に関する理論と実務について述べたものであり，研究者や実務家のいずれにも有益な内容になっているといえよう．

　次に，本書ができあがるまでの経過について付言しておこう．本書は日本管理会計学会が実施した企業調査研究プロジェクトの一環として，研究してきた成果を中心にまとめたものである．企業調査研究プロジェクトはいくつもあり，それぞれ独自に研究をして成果を発表してきた．

　当初，これらのプロジェクトの中に企業価値向上に関するものはなかった．時の経過に伴い，このテーマに関する研究の必要が高まり，関心のある学者や実務家が集まって，2007年より，研究会をスタートさせた．

　研究会は2011年末を1つの区切りとし，その間の成果をまとめて刊行することにした．研究会のメンバーだけの執筆では，内容面で不足しているところがあり，本学会の会員外ではあるが2名の専門家に執筆依頼し，内容の充実を図った．

　また，本書の刊行にあたり，日本管理会計学会企業調査研究プロジェクト委員長である片岡洋一先生には多大なご協力とともにたいへんお世話になった．心より深く感謝の意を表するものである．

　最後に，本書の刊行には冨山房インターナショナル会長坂本嘉廣氏を始め，多くの方々の協力を得た．とりわけ永井円氏には細部にいたるまで，ていねいに仕上げていただいた．ここに，厚くお礼を申しあげる次第である．

　2012年11月

執筆者を代表して

田 中 雅 康

目　次

企業調査研究委員会本部委員長からのご挨拶 …………………………… iv
はじめに ……………………………………………………………………… vi

序章　企業価値向上の視点と本書の狙い　　　（石崎忠司）　1

§1　企業価値の考え方 ………………………………………………… 1
　　1.1　ステークホルダーにとっての企業価値 ……………………… 1
　　1.2　ステークホルダー間の利害対立 ……………………………… 3
　　1.3　持続的成長に求められる要件 ………………………………… 5
§2　戦略樹立に求められる視点 ……………………………………… 7
　　2.1　長期的視点 ……………………………………………………… 7
　　2.2　CSRとカンパニー・ブランドの視点 ………………………… 8
　　2.3　顧客満足と製品ブランドの視点 ……………………………… 12
§3　企業価値向上へのアプローチ …………………………………… 13
　　3.1　企業価値の向上と創造 ………………………………………… 13
　　3.2　企業価値創造戦略 ……………………………………………… 14
§4　本書の狙いと構成 ………………………………………………… 19
　　4.1　戦略樹立の前提条件 …………………………………………… 19
　　4.2　本来の企業価値の追求 ………………………………………… 20

第Ⅰ部　企業価値向上の戦略

第1章　企業価値向上の全社戦略と事業戦略　　（川野克典）　25

§1　企業価値の定義と企業価値モデル ……………………………… 25

> 　　　　　　　　　　　　　　　　　　　　　　　　目　次　ix

　§ 2　戦略の定義と分類 …………………………………………………… 27
　§ 3　全社戦略と企業価値 ………………………………………………… 29
　　　3.1　事業価値最大化の全社戦略 …………………………………… 29
　　　3.2　非事業資産価値最大化の全社戦略 …………………………… 31
　　　3.3　社会価値最大化の全社戦略 …………………………………… 31
　　　3.4　組織価値最大化の全社戦略 …………………………………… 32
　　　3.5　相乗価値最大化の全社戦略 …………………………………… 34
　　　3.6　事例―日産自動車のリバイバル・プラン …………………… 35
　§ 4　事業戦略と事業価値 ………………………………………………… 35
　　　4.1　事業戦略の先行研究 …………………………………………… 35
　　　4.2　事業価値モデル ………………………………………………… 40
　　　4.3　事業価値向上の事業戦略と業務改善 ………………………… 42
　§ 5　機能別戦略と相乗価値 ……………………………………………… 44
　§ 6　企業価値向上と業績評価 …………………………………………… 45

第 2 章　企業価値向上のマーケティング戦略　　（紺野　剛）　51

　§ 1　マーケティング戦略の概要 ………………………………………… 51
　　　1.1　マーケティング戦略の意義 …………………………………… 51
　　　1.2　マーケティング戦略の意思決定 ……………………………… 54
　§ 2　企業価値向上のマーケティング戦略 ……………………………… 55
　　　2.1　企業価値向上とマーケティング戦略の関連 ………………… 55
　　　2.2　成果バリュー・ドライバー・指標と先行バリュー・ドライバー・指標 ‥ 56
　　　2.3　日本の時価総額トップ企業の顧客価値創造主要ドライバー ……… 57
　§ 3　企業価値向上のマーケティング戦略関連の
　　　　バリュー・ドライバー・指標 ……………………………………… 57
　　　3.1　マーケティング戦略関連のバリュー・ドライバー・指標 …………… 57
　　　3.2　KVD・KVI の選定 …………………………………………… 64

第3章　企業組織の境界に関する戦略的意思決定
　　　　──企業価値の視点から部品取引を事例にして──　（原田　昇）　71

§1　戦略的意思決定の重要性………………………………………………… 71
§2　戦略的意思決定規準としての企業価値と資本コスト………………… 73
　　2.1　企業価値の創造と残余利益………………………………………… 73
　　2.2　企業価値と Ohlson モデル………………………………………… 74
　　2.3　企業の境界に関する戦略的意思決定と企業価値の創造………… 76
§3　企業の境界に関わる戦略的意思決定…………………………………… 77
　　3.1　企業の境界に関するコースの命題………………………………… 77
　　3.2　取引コストの経済理論の新展開…………………………………… 78
　　3.3　部品取引を事例とした取引の統治機構…………………………… 80
　　3.4　部品の内外作や部品メーカーの選択……………………………… 85
§4　企業の境界とケイパビリティ・アプローチ…………………………… 86
　　4.1　企業の本質と所有…………………………………………………… 86
　　4.2　企業の境界とケイパビリティ……………………………………… 87
　　4.3　企業の境界に関する動態理論……………………………………… 89

第Ⅱ部　製品開発の戦略と管理

第4章　新たな事業戦略・製品戦略と技術経営　（西口泰夫）　97

§1　日本企業の競争力の低下傾向…………………………………………… 97
§2　情報化時代への日本の電気機器産業の対応…………………………… 99
　　2.1　産業化時代から情報化時代へのパラダイムシフト……………… 99
　　2.2　デジタル技術化が引き起こす様々な変化と情報化時代の到来… 102
§3　情報化時代における日本電気機器産業の技術経営…………………… 105
　　3.1　新製品事業化プロセスと技術経営………………………………… 105
　　3.2　技術開発投資と営業利益について………………………………… 106
§4　事業戦略・製品戦略と新たな技術経営………………………………… 108

4.1　新製品事業化プロセスの運営課題……………………………… 108
　4.2　情報化時代の新たな技術経営の要素……………………………… 109
　4.3　OIBMSの活用モデル……………………………………………… 113

第5章　新製品開発活動の管理　　　　　　　　　（田中雅康）　117

§1　新製品開発の戦略的展開……………………………………………… 117
　1.1　戦略的新製品開発の必要性………………………………………… 117
　1.2　開発設計体制の強化………………………………………………… 119

§2　新製品企画活動の管理……………………………………………… 123
　2.1　新製品企画活動の概要……………………………………………… 123
　2.2　新製品コンセプト創りに有益な方法……………………………… 127
　2.3　新製品コンセプト案の経済性評価………………………………… 128
　2.4　新製品コンセプト案に対する採算性分析………………………… 134
　2.5　開発設計活動の管理………………………………………………… 136

第6章　自動車産業における開発戦略　　　　　　（増田譲二）　143

§1　開発戦略を展開するうえでのキーポイント……………………… 143
　1.1　ありたい姿・めざす姿の明確化…………………………………… 143
　1.2　開発戦略の全社的整合性…………………………………………… 145

§2　開発戦略の展開……………………………………………………… 146
　2.1　新製品・新商品の開発と新技術開発……………………………… 146
　2.2　開発戦略の位置付け………………………………………………… 149
　2.3　開発戦略の中核をなすコア技術…………………………………… 151
　2.4　先行技術開発の展開方法…………………………………………… 155
　2.5　新製品開発の展開方法……………………………………………… 157
　2.6　ウォンツ情報の具現化……………………………………………… 159

§3　開発戦略の具体的展開……………………………………………… 162
　3.1　日産リバイバルプランの展開……………………………………… 162

3.2 知識創造の場づくり（Knowledge Creating Community）……… 164
3.3 人財の育成………………………………………………………… 167
3.4 筆者が提案した3-3-3 Spirit（日産再建の精神）………………… 169

第Ⅲ部　企業価値向上のマネジメント

第7章　レピュテーション・マネジメントによる企業価値の向上　　（﨑　章浩）　175

§1　レピュテーション・マネジメントはなぜ必要か ……………… 175
§2　コーポレート・レピュテーションの意義 ……………………… 176
　2.1　コーポレート・レピュテーションとは ……………………… 176
　2.2　コーポレート・レピュテーションと，コーポレート・イメージ，
　　　コーポレート・ブランド ………………………………………… 178
§3　コーポレート・レピュテーションと企業価値との関係 ……… 179
　3.1　コーポレート・レピュテーションと財務業績の関係 ……… 179
　3.2　コーポレート・レピュテーションと企業価値の関係 ……… 180
§4　コーポレート・レピュテーションの測定 ……………………… 181
　4.1　残差アプローチによる超過収益力の測定 …………………… 182
　4.2　レピュテーション指標を用いたレピュテーションの測定 … 184
　4.3　わが国のレピュテーション指標──日本経済新聞社のNICES … 186
§5　レピュテーション・マネジメント ……………………………… 187

第8章　バランスト・スコアカードによる企業価値の創造　　（伊藤和憲）　195

§1　BSC研究の狙い …………………………………………………… 195
§2　BSCとは何か ……………………………………………………… 196
§3　BSCの導入理由 …………………………………………………… 199
　3.1　経営指標の日米比較 …………………………………………… 199

　　　　　　　　　　　　　　　　　　　　　　　　目　次　xiii

　　3.2　戦略観の日米比較……………………………………… 200
　　3.3　インタンジブルズの日米比較………………………… 201
　§4　BSC 導入の成果………………………………………… 201
　　4.1　キャプランとノートンの BSC の狙い……………… 202
　　4.2　森沢・黒崎の BSC の狙い…………………………… 202
　　4.3　BSC の目的と成果…………………………………… 204
　§5　BSC をいかに導入するか……………………………… 205
　§6　BSC の特徴……………………………………………… 207
　　6.1　意図した戦略と創発戦略……………………………… 207
　　6.2　シングル・ループの学習とダブル・ループの学習… 209
　　6.3　手段としての戦略的実施項目………………………… 210

第 9 章　事業部間での業績の比較可能性と知識移転の頻度　（福田淳児）　213

　§1　問題提起………………………………………………… 213
　§2　これまでの研究と仮説の設定………………………… 215
　§3　サンプルと変数の測定………………………………… 218
　　3.1　研究方法とサンプル…………………………………… 218
　　3.2　変数の測定……………………………………………… 219
　§4　仮説の検証……………………………………………… 221
　　4.1　仮説 1 および 2 の検証………………………………… 221
　　4.2　仮説 3 の検証…………………………………………… 223

第10章　リコールと企業価値　（長谷川泰隆）　229

　§1　製品創りの基本としての原価企画…………………… 229
　§2　製品リコールの現状と原因への接近………………… 230
　§3　海外のリコール研究…………………………………… 234
　　3.1　Jarrell & Peltzman の研究成果……………………… 236

3.2	Barber & Darrough の研究成果	238
3.3	自動車製品に関連しないリコール	240
3.4	リコールコスト論	240

第Ⅳ部　企業価値向上の評価

第11章　多次元業績尺度の最適調整　　（佐藤紘光）　247
- §1　シングル・タスクの業績評価問題 …… 247
- §2　マルチ・タスクへの拡張 …… 251
- §3　整合性とリスクのトレードオフ …… 255

第12章　企業価値評価法の類型　　（青木茂男）　261
- §1　企業価値の評価法 …… 261
  - 1.1　企業価値の概念 …… 261
  - 1.2　企業価値の評価方法 …… 262
- §2　各方式の具体的適用 …… 269
- §3　裁判例における株式評価 …… 271
  - 3.1　裁判での争点 …… 272
  - 3.2　上場株式と非上場株式の評価 …… 272

索　引 …… 279
執筆者紹介 …… 285

序章　企業価値向上の視点と本書の狙い

石　崎　忠　司

§1　企業価値の考え方

1.1　ステークホルダーにとっての企業価値

　企業価値は複数の意味で捉えられる．「価値は対象が主体の欲求を満たす程度」をいい，これを企業価値についていえば，企業という対象がステークホルダーという主体の欲求を充足する良さということができる．企業の所有者が株主であるとする視点からは，企業価値は株主にとっての価値であり，企業をステークホルダーの利害充足の場とする視点からは，企業価値は各ステークホルダーにとっての価値の総和ということができる．

　前者は，企業価値を株主価値とみなす捉え方であり，ファイナンスの理論において一般的にみられる株主の視点に立った見方である．後者は，企業価値＝株主価値＋従業員価値＋顧客価値＋……の式に示されるように，企業価値をステークホルダーの価値の総和とみなす捉え方である．この捉え方は，CSR論等の考え方であるが，測定・評価が困難であり理論段階で止まっている．

　企業価値を株主価値と考える場合，そこで意識されているのは株主価値向上の視点に立った経営である．株主志向の経営では，株主価値＝企業価値－(従業員価値＋顧客価値……) の式から明らかなように，非資本提供者の価値を下げることによっても，株主価値の向上を図ることもできる．ただし，非資本提供者の価値を貨幣数値では測定できないので，株主価値の計算は，資本提供者のみを対象にして企業価値から負債価値を控除した金額として計算される（図表序 - 1 参照）.

図表序-1　企業価値

資産総額	MVA（市場付加価値）	投下資本を超える価値	株式時価総額	企業価値（時価）
	投下資本（簿価）	株主資本（簿価）		
		負債資本（簿価）	負債資本（時価）	

　このように企業価値を株主価値と負債価値の合計と考えた場合，金利の変化によって変動する負債価値は金利の変動幅が小さいので，株主価値の向上は企業価値の向上に連動する．株主価値は発行済み株式の時価総額（一株当たり株価×発行済み株式数）であり，新株を発行しなければ株価の上昇が株主価値の向上になるので，企業価値向上を目的とすることは，株価の上昇を目的とすることと同じである．

　バブル経済崩壊前後から株主志向の経営が強くなる一方で，ステークホルダー志向の経営が重視されるようになってきた．企業価値を各ステークホルダーの価値の総和と考える場合，最大公約数的な利害の調整が重視される．株主価値志向の特徴を「株主価値アプローチ」「株主資本主義」というならば，後者は「ステークホルダー・アプローチ」「ステークホルダー資本主義」ということができる．

　ステークホルダーは，資本提供者と非資本提供者，内部のステークホルダーと外部のステークホルダーに分けられる．バブル経済崩壊以前には，わが国の企業のガバナンスは資本提供者である銀行が掌握するとともに，「人本主義」と特徴付ける理論にみられるように，従業員志向の経営が行われてきた．しかし，現在は銀行支配と従業員志向の経営が弱体化し，株主を中心に消費者，地域住民，取引先，公共などの多様なステークホルダーを考慮に入れる経営に変化してきている．CSR（企業社会責任）の理念は，企業が持続的に成長するために，ステークホルダーに対して企業が負っている社会的責任を調和的に果たすことを求める．換言すれば，各ステークホルダーに対するCSRを果たす

ことが，結果として総和としての企業価値を高めることになる．株主価値極大化という場合も，長期視点に立った経営を志向する限り，経営者の利害調整機能が偏向しない形で発揮されると期待できる．

1.2　ステークホルダー間の利害対立

　企業の持続的成長を図るためには，ステークホルダーの企業への参加が求められ，そのためには企業と各ステークホルダー間において誘因≧貢献の関係が必要である．バブル経済崩壊前後から誘因と貢献の関係に変化が生じ，ステークホルダー間において利害の対立が先鋭化している．株主が重要化する半面で，ステークホルダーとしての銀行と従業員の重要性は相対的に低下してきた．前者は資金調達における間接金融から直接金融への比重の移行を反映し，後者は日本的経営の変質を反映している．間接金融から直接金融への移行，従業員志向の経営から株主志向の経営への変質は，付加価値分配率の趨勢に明確に現れている．図表序‐2に示す二つの図からバブル経済崩壊後，従業員分配率（付加価値から配分される賃金・給与の割合）の低下と株主分配率（付加価値から配分される配当金の割合）の増大が読み取れる．

　人件費の引き下げは，賃金・給与の圧縮，教育訓練や各種手当の削減に加えて正規従業員の非正規従業員化によっても進められ，その結果格差社会を生み出した．ヨーロッパのCSRにおいて重視されるのが人権であることはよく知られている．その核心をなすものは雇用であり，雇用なくして人権は成立しないと考えられている．

　わが国の企業が成長を回復するためには，従業員をコスト要因とみなすのではなく，戦略要因として捉える必要がある．企業価値には貨幣価値で測定・評価できない質的要素が含まれており，少なくとも従業員のロイヤリティとモチベーションが高くなければ，従業員が企業に対してもつ満足感，つまり従業員にとっての企業価値は高いといえない．生産性向上を求める成果主義経営の失敗は，短期的には業績の向上をもたらしても長期的には従業員を疲弊させ，結果として生産性向上にも企業価値向上にも繋がらないことを示した．

4　序章　企業価値向上の視点と本書の狙い

図表序-2　付加価値分配率と一人当たり人件費

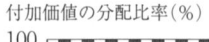

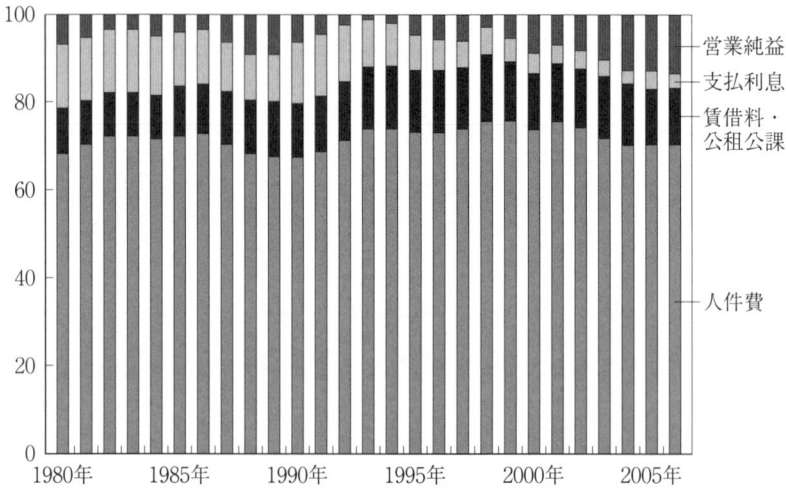

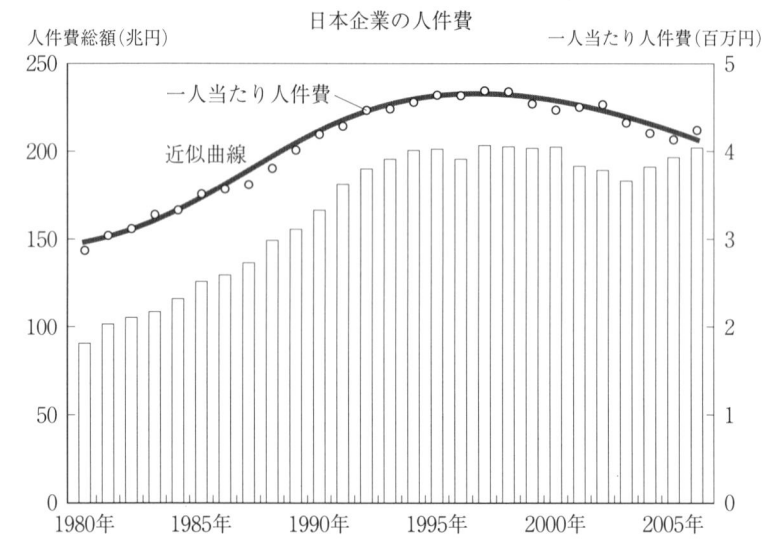

付加価値の分配比率(%)

営業純益
支払利息
賃借料・公租公課
人件費

日本企業の人件費

人件費総額(兆円)　　　　　　　　　　　　　　　一人当たり人件費(百万円)

一人当たり人件費
近似曲線

注：財務省『法人企業統計調査』から作成．
出典：池田和明『利益力の源泉』ダイヤモンド社，2008年．

この意味で企業価値の向上を図るためには，人的資源管理において従業員を囲い込んだ内部労働市場からグローバルな外部労働市場での人材の獲得・育成への制度変更，従業員の意欲と創造性が発揮できる人事管理が求められる．企業価値の向上に陰りをもたらしている国際競争力の低下は，製造，販売などの戦略を的確に樹立できないことに原因がある．企業環境の変化を察知できる人材なくして変化に適応できる戦略の樹立はできない．この意味で企業価値向上の長期的戦略として，人材戦略を軽視できない．

　また，長期雇用・年功型の日本的雇用が維持できないとすれば，少なくとも非正規従業員が展望をもって雇用システムの確立が急がれる．そうしたモデルの一つとして，パートタイマーとフルタイム従業員の均等待遇を法的に保障しているオランダの例がよく知られている．

　貨幣的に測定した企業価値が同じであったとしても，各ステークホルダーにとっての企業価値には，現在の測定システムでは把握できない質的要素，あるいは無形資産としての要素が含まれている．取引先との安定的な取引，顧客の満足，雇用の安定，環境への配慮，地域住民への貢献など，貨幣価値での把握ができない企業価値の要因である．ステークホルダー間における利害対立が深まるようでは，長期的な企業価値の向上は望めない．この意味で，経営者の利害調整の仕方が，企業価値を左右することを看過してはならない．

1.3　持続的成長に求められる要件

　企業が持続的に成長していくためには，グローバル競争において必要となる諸条件を満たすことが求められる．そのなかでも資本市場のグローバル化への対応が急がれてきた．その一つが海外の株主・投資家が増えるにともなって，重要になってきた自己資本当期純利益率（ROE）の向上である．

　株主・投資家が満足する株主価値を創造するためには，何よりも利子率以上の資本効率をあげることが重要である．いうまでもなく，投下資本の効率を端的に示す指標が ROE である．成長経済の下では，ROE が低くても増収増益と，それによる株価の上昇という企業成長が期待できた．株価の上昇が期待で

きれば，配当が低くてもあるいは無配当でも株主・投資家にとっての株主価値は創造できた．成長さえ期待できれば，以前のアップル社のように利益をすべて再投資に回し，配当金を支払わない政策も取れる．わが国でも堀江謙一時代のライブドアは，M&Aによる規模拡大と経営者のカリスマ性で将来の成長が期待され，創業以来赤字経営で配当金がなくても株価を上昇させ，株価収益率（PER＝株価／1株当たり当期純利益）は70倍にもなった．

　株主の関心事は，一般的には安定的配当と株価の漸次的上昇であり，売上高増大 → 利益増大 → 配当金増大 → 株価上昇 → 再投資という好循環での企業成長によって実現される．しかしバブル経済崩壊後，次のような株主志向への環境変化から，ROEが重視されるようになった．

① 配当金増大の要求
② 株主による監視機能の強化
③ 法人間での株式持ち合い解消の進展による，相互不干渉主義の弱体化
④ 外国人株主，個人株主の増大

　従来わが国のROEは10％以下が多く，ROE10％以上が一般的な欧米企業と比較して，大きく見劣りがしていた．それでも株主・投資家を引き付けたのは，くり返しになるが成長性が高かったからである．ROEの低さは，規模拡大による利益額の最大化を目的として，資本効率軽視の設備投資が行われた結果である．

　株主価値の向上には，フローの面からはリターンである当期純利益を増やし，ストックの面からは自己資本を減らすか，発行済み株式数を減らすことが必要である．当期純利益を一定とすれば，自己資本を減らせばROEが高くなり，発行済み株式数を減らせば一株当たり当期純利益が高くなる．

　バブル経済崩壊後の不況による減量経営やリストラ，資本効率向上を目指した「持たない経営」，投資ファンドのターゲットになるのを避けるための剰余金の削減は，ROEを高めることに寄与した．しかし，資産の削減が行き過ぎると組織スラック（余剰資源）がなくなり，成長の機会が生じたときに設備投資に充当できる原資の不足を惹起する．ROEを持続的に維持・向上させるた

めには，長期的視点から変化に適応できる柔構造の組織とコアコンピタンスをもつことが重要といえる．

§2　戦略樹立に求められる視点

2.1　長期的視点

　経営戦略を樹立する場合，中・長期的視点と短期視点に分けて考えることが必要である．成長要因は図表序‐3のように，原因変数—中間変数—結果変数として捉えられる．原因変数は経営環境と自社資源に基づいて立てる中・長期的戦略である．中間変数は戦略を受けて行われる経営管理であり，その結果は結果変数としての業績に現れる．企業を持続的に成長させるためには，原因変数において活性化された企業文化と資源の選択と集中に基づいた的確な経営戦略が求められる．短期的視点に捉われ過ぎたコスト削減策は，業績を一時的には向上させてもそれ以上は持続しない．

　日産自動車の経営破綻の原因の一つが，労使の対立にあったことはよく知られている．労働貴族といわれた委員長の下で指導されてきた日産の労働組合に縛られ，経営者は有効な戦略を立てられなかった．ルノーの傘下に入り労働組合との縛りが取れたことによって，ゴーン社長は革新的な戦略を立てることができたといえる．企業価値を高めるためには原因変数としての人的，物的，財務的資源がキーポイントになる．抜本的な対応がなければ，持続的な企業価値向上は望めない．

　戦略樹立にあたっては，長期的な展望が重要である．経営環境の変化が大きければ大きいほど中期的，長期的な視点に立った戦略構築が重要である．例えばエコカー補助金やテレビの地デジ化とその促進のための補助金は，メーカーの売上高に大きく寄与した．しかし，補助金の打ち切りとともに販売不振に陥った企業は少なくない．このように将来予測が容易な場合でも，当面の業績向上に目を奪われやすい．シャープは，テレビの地デジ化に対応して集中的に設備投資を行い，亀山工場で製造される液晶パネルの「亀山モデル」はシャー

図表序-3　経営活動と成長要因

```
原因変数 ────────→ 中間変数 ────────→ 結果変数

戦略的経営活動           経営管理活動              会計および財務活動

研究開発  人材開発  設備投資        購買  生産  販売・マーケティング  ロジステック     会計処理  利益分配
```

プのブランド価値を高めた．しかし，地デジ化が一巡するとともにテレビの販売は急降下し，業績の低迷，財政状態の悪化に歯止めがかからない状態に追い込まれている．2012年8月2日に，2013年3月期の連結純損益を2500億円の赤字になる見通しと発表した．12年3月期決算で3760億円の赤字を計上してから株価は急落し，経営再建を加速せざるを得ない状況に陥っている．金融機関の支援を受ける一方，複写機やエアコンなどの主要事業の売却と亀山工場を別会社にして，台湾のホンハイ精密工業からの出資を受け入れる交渉に入ったものの，中断に追い込まれている．選択と集中によるオンリーワン戦略が常に成功するとは限らない．資源を集中する事業の将来予測が成否を分ける．

2.2　CSRとカンパニー・ブランドの視点

　ステークホルダーの多様な利害は，図表序-4のように持続的発展のトリプル・ボトムラインといわれる経済，環境，社会・文化に対応する環境価値，経済価値，社会・文化価値とそれらの上に生み出されたブランド価値としてまとめることができる．

　環境維持はグローバルな課題であるとともに，すべてのステークホルダーに共通する関心事である．そのため環境価値を高めることは，企業価値向上に寄

§2 戦略樹立に求められる視点　9

図表序 - 4　企業価値の構成要因

```
          ブランド価値
         ↑   ↑   ↑
    環境価値 経済価値 社会価値
```

図表序 - 5　環境ブランド指数のトップ20

順位	前年	企業ブランド名	指数
1	1	サントリー	100.2
2	2	トヨタ自動車	93.2
3	4	パナソニック	85.5
4	5	シャープ	84.3
5	7	日産自動車	83.6
6	3	イオン	81.7
6	12	日本コカ・コーラ	81.7
8	6	アサヒビール	80.9
9	10	キリンビール	79.1
10	11	ホンダ	78.2
11	15	サッポロビール	77.0
12	22	キリンビバレッジ	76.2
13	20	セブン・イレブン・ジャパン	75.6
14	8	東芝	75.1
14	17	ブリヂストン	75.1
16	27	日本たばこ産業（JT）	74.7
17	25	コスモ石油	74.4
18	28	ヤマト運輸	74.3
19	9	日立製作所	73.6
20	19	日本マクドナルド	72.9

出典：「環境ブランド調査 2012」『日経ビジネス』7月9日号.

図表序-6　CSRの段階

```
　　　　　　経　営　戦　略
　　　　　（他社より進んでやる）
　　　　　　　　経　営　管　理
　　　　　　　　（他社並みにやる）
　　　　　　　　　　リスクマネジメント
　　　　　　　　　　（仕方がないからやる）
```

| 社会貢献【フィランソロピー】
（やったほうがいいこと） | 資本提供者 | 従業員 | 顧客 | 地域住民 | NPOなど |
| 倫理的責任【正義・公平・公正 etc.】
（やるべきこと） |
| 法的責任【コンプライアンス】
（やってはいけないこと） |

与する戦略的要因になっている．ただし省エネや環境ビジネスなどを除けば，環境維持の戦略が直接的に経済価値の向上につながる場合は多くない．しかし，環境経営は企業イメージを向上させブランド価値向上に寄与する．図表序-5の環境ブランドのランキングから窺えるように，ランキングの高い企業は一般的に業績が良く，環境経営と経営業績の間に相関関係のあることが知られている．

　環境報告書がサスティナビリティ報告書へ，さらにはCSR報告書へと変化し内容を拡大していることに示されるように，CSRの履行は企業価値向上の必要条件となっている．CSRは図表序-6のように三層構造の立方体として捉えることができる．CSRの根底にはコンプライアンスがあり，コンプライアンスに抵触すると業績に大きく響いてくる．経営理念にコンプライアンスを掲げていても，独禁法違反，談合，不当廉売，押し込み販売などの違法行為を起こす企業が少なくない．コンプライアンスを徹底する企業文化がないと問題が発生しやすく，海外企業のM&Aなどのときには調査していても，契約を締結してから独禁法違反が判明するケースが少なくない．

§2 戦略樹立に求められる視点　11

図表序-7　理念と実行の乖離

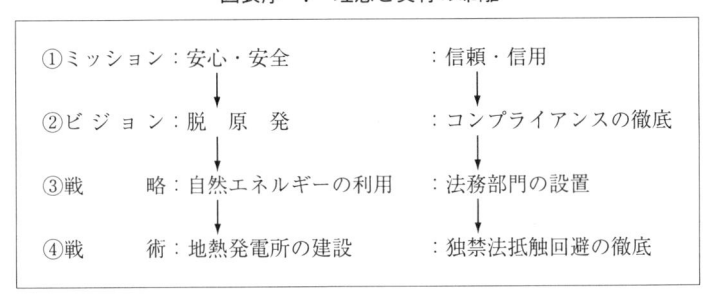

```
①ミッション：安心・安全        ：信頼・信用
      ↓
②ビ ジ ョ ン：脱 原 発         ：コンプライアンスの徹底
      ↓
③戦      略：自然エネルギーの利用  ：法務部門の設置
      ↓
④戦      術：地熱発電所の建設    ：独禁法抵触回避の徹底
```

　CSRの第二層目は，公平・公正，安全・安心，信用・信頼などの価値観の実現であり，戦略的に履行することによって企業価値を向上させることができる．ここで戦略的とは他社に先駆けて積極的に履行することである．CSR経営において，ミッション⟶ビジョン⟶戦略⟶管理と具体的な経営行動になるにしたがって，理念と実践に乖離が生じてくる（図表序-7参照）．経営理念として掲げていても，行動に移すのは簡単ではない．

　CSRの第一層目は社会貢献であり，2011年3月の東日本大震災を機に広く認知されるようになった．義捐金やボランティアの派遣などの従来からの社会貢献に加え，売上高の向上に効果のあるコーズ・リレーテッド・マーケティングが注目されるようになった．これは目的のある販売といわれるように，寄付を伴う販売戦略である．例えばアサヒビールは，震災以前から缶ビールのスーパードライ一本につき1円を販売エリアに寄付している．震災発生後，多くの企業がコーズ・リレーテッド・マーケティングに力を入れ，飲食業界でも餃子の王将が，震災発生時に仙台で提供した野菜煮込みラーメンを1杯550円で売り出し，そのうち50円を被災地に寄付するキャンペーンを行った．

　社会的責任・貢献を地道に果たしている企業は，カンパニー・ブランドの価値を向上させているといえるが，コンプライアンスの逸脱があるとカンパニー・ブランドの価値は簡単に瓦解する．このため，ガバナンス体制，平常時のリスク・マネジメント，危機発生時の危機管理を絶えず見直し，緊張感を維持することが求められる．

2.3 顧客満足と製品ブランドの視点

　ブランド価値が大きくなることは，企業価値が創造されていることを端的に示す．ただし，ブランドは企業価値の要因としては脆弱である．カンパニー・ブランドも製品ブランドも，その向上には時間を要するが下落は早い．

　ブランド価値の創造に密接に関係しているステークホルダーは消費者である．顧客満足によって増収増益を図ることは，企業価値の向上に直接的に寄与し，結果的にそれ以外のステークホルダーにとっての価値を高めることが可能になる．製品ブランドは顧客満足によって創造される．この意味で超過収益力の要因としてブランドは，大きな割合を占めている．製品ブランドを市場に浸透させることによって企業価値を創造することができる．しかし，ブランドの確立と維持は，技術力の平準化，市場の成熟化と製品ライフサイクルの短縮化によって，困難になってきている．

　ブランドは，「ブランド・ロイヤリティ」，「ブランド・エクイティ」，「ブランド・アイデンティティ」として具体的に捉えられる．ブランド・ロイヤリティは，消費者行動の視点から，特定の製品に対する消費者の選択度，購買頻度が大きいことをいう．消費者心理からは特定の製品に対する消費者の選考の時系列的な安定度，認知度が大きいことをいう．

　ブランド・ロイヤリティの確立は，マーケティング戦略においては差別化，市場細分化の方法として考えられていた．近年，ブランド・ロイヤリティは，企業ブランドの主要な要素として捉えられるようになった．

　製品ブランドの価値は，単に製品やサービスの機能的な価値ではなく，ブランド・マークなどによって知覚された知覚品質である．機能が優れていても，知覚品質が低ければブランド価値は高いとはいえない．ブランド価値はブランド・エクイティといわれ，会計的に表現すればブランド資産である．ブランド資産は，製品・サービスに関わる商標権，特許権，知覚品質，ブランドの認知・連想，ブランド・ロイヤリティなどを要素とする無形資産である．

　製品・サービスが使用とともに消費されるという意味でフローであるのに対して，ブランドは企業と顧客のインタラクションによって，蓄積された価値で

あるという意味でストックである．ブランド戦略のための管理会計は，競争優位の源泉であるブランドの創造と維持，換言すれば資産としてのブランド・エクイティに関する情報の提供である．

ブランド・エクイティを構築するためには，①品質の要素と②製品の識別や差別化に役立つ視覚的，言語的な情報であるブランドの要素（製品の名称，ロゴ，スローガン，キャラクター）を，顧客志向で考えることが必要である．

ブランドと密接に関係しているのが，レピュテーションである．レピュテーションはブランドと相関関係が高く，ブランドよりも操作性が高いため，近年レピュテーション・マネジメントに関心が高まっている．

§3 企業価値向上へのアプローチ

3.1 企業価値の向上と創造

企業価値向上と企業価値創造はニュアンスにおいて異なる．企業価値向上は，企業全体としての価値を対象とし，その増大を図ることに焦点を置いている．それに対して企業価値の創造は，製品やサービスを対象とし，顧客が満足する新しい価値の発見・提案に焦点を置いている．経営活動は，①事業活動，②事業に必要な資金調達活動，③事業への投資活動，④事業成果の配分活動，⑤事業遂行に関わる間接的活動に分けられる．②③④の経営活動は財務活動であり，⑤の経営活動とともに企業価値向上の戦略に関わる．それに対して，企業価値創造の戦略に関わってくるのが，次節で取り上げる①の経営活動である．

②の資金調達活動においては，資本コストと財務リバレッジ（総資本/自己資本）を考慮に入れて，エクイティ・ファイナンスか社債発行によるかなどを，安全性と収益性の兼ね合いで決定することが戦略的課題になる．③の投資活動においては，期待リターンと予想リスクに基づいて投資額を決定することが戦略的課題になる．

④の成果配分活動においては，株主還元（配当，株価の上昇，自己株式の買い上げ）と内部留保の決定が戦略的課題になる．例えば，株主還元策としての

自己株式の買い上げは，当期純利益が同じであっても，自己株式の買い上げによって株式数が減少するので，一株当たり当期純利益は大きくなり，株式市場がプラスに反応する．実際に企業は，株価維持のために戦略的に自己株式を買い上げ，株価を上昇させている．

⑤の事業遂行の間接的活動は，経理，情報，法務・総務，教育訓練など多面にわたっており，固定費を発生させている．こうしたスタッフ的活動においては，経理部門や情報部門の子会社化・アウトソーシング化，中途採用者や修士課程など高学歴卒業者の採用を増やし，企業内教育訓練費の節減を図るなど，直接的には企業価値向上には繋がらないものの有効な政策が多い．

3.2 企業価値創造戦略
3.2.1 環境変化と価値創造

企業価値を創造するためには，消費者のニーズを知ること，あるいはニーズの掘り起こしが必要である．環境の変化とそれに伴う消費者動向の変化についていけず，危機に直面している企業が少なくない．

1980年代から今日にかけてわが国では，情報化，グローバル化，高所得化，高学歴化，価値観の多様化，少子化，高齢化，地球環境の重要化といった経営環境の変化が，相互に関連しながら進行している．この中で情報化とグローバル化は，全世界に共通した現象である．

情報化は，IT技術の発展によるものであり，国際間でのM&Aや事業の多角化，デリバティブなどの金融商品の開発，IT技術を応用した新製品開発，物流の飛躍的な合理化など，多面にわたる技術革新を可能にした．グローバル化は，情報化によって促進されており，グローバル市場，グローバル・スタンダードを現出した．グローバル市場の象徴は，「金融ビックバン」であり，金融取引が網の目のように繋がっている国際市場を前提にしていることを意味している．それは時としてリーマンショックにみられるように，世界同時不況をもたらすこともある．

グローバル・スタンダードは，「会計ビックバン」といわれる会計基準の国

際化のみならず，環境維持，CSR，危機管理などの ISO 化にみられるように，多方面に亘っている．そのため，わが国独自の行動基準を選択する余地は少なくなっている．

経営環境の変化は必然的に産業構造の変化をもたらし，産業構造の変化に適応する戦略を樹立していかないと持続的成長は望めない．失われた10年が15年，20年と延びていったのは，抜本的な構造改革が求められる企業に資金を注入し，延命を図った国の政策に原因の一つがある．構造改革は従来の延長線上では進められず，また財務的に追い込まれてからではダメージが大きすぎる．企業価値を持続的に創造していくためには，人的，物的，財務的資源が固定化しないことが重要である．

成功体験は保守的な経営に陥らせやすく，また優れた経営資源の保有は管理に緩みを生じさせやすい．例えば，優秀な従業員がいると，その従業員に依拠しすぎて次代を担う従業員の育成が疎かになりやすい．生産性の高い設備を有していると，更新投資の必要性に気付くのが遅れ，剰余金が多いと安心感と失敗による減少の恐れから，投資に消極的になりやすい．この意味で，剰余金の多寡は財務安全性のメルクマールとされてきたが，多すぎると資本効率の低下を招く．同様に，フリー・キャッシュ・フローは財務安全性の視点からは一定程度の保有が必要であるが，多すぎるキャッシュ・フローは経営者のモラル・ハザードを示すものに他ならない．

製品・サービスの価値創造は，顧客が求める満足の内容によって時代によって異なる特徴があり，競争優位の要因が相違する．わが国のものづくりは大まかに3つの時代に分けられ，各時代に特徴的な傾向を示すと図表序-8のようになる．各時代区分の特徴は，絶対的ではないが，将来を予測する手がかりとなる．

わが国は，少なくとも「一億総中流」といわれた所得格差が小さく均一的な価値観の社会から，価値観の多様化が進む社会へと大きく変化してきている．その結果，21世紀は「新たな価値創造経済の時代」と『通商白書 2004年』が指摘するように，物の生産に比重を置く資本集約型産業（物的生産型経済）か

図表序-8 製造コンセプトの変化

時代区分	戦後～高度成長半ば	高度成長半ば～バブル経済崩壊	バブル経済崩壊以降
生活の質	もの不足	ものの充足	もの余り
競争要因	規模の経済	規模の経済から範囲の経済へ	時間の経済 無形資産の活用
生産原理	少品種・大量生産	多品種・少量生産	適品種・適量生産
価格政策	低原価低価格	低原価高価格	差別化高価格
評価基準	製品の生産能率	製品の生産量	製品の効果性
製品コンセプト	ほぼ同一	わずかな差	顕著な差
製品価値の特質	物的付加価値	サービス的付加価値	意味的付加価値

ら，無形資産の生産に比重を置く知識・情報集約型の産業（知識創造型経済）に移行している．価値創造経済においてはレピュテーション，ブランド，ノウハウ，ナレッジ，ソフトウェア，デザイン，情報など無形資産をドライバーにした価値の創造が優位性をもつ．消費者は，「ものを買うのではなく，ものに対する思い入れを買う」といわれるように，同じ技術水準にある企業でも，売れる製品をつくる企業とそうでない企業がある．その差は，多分に消費者のニーズを掘り起こした新しい製品・サービスを市場に提供しているかどうかにある．

新しく創造された価値を付加価値として捉えた場合，付加価値は売上高－外部購入価値として計算される．物的付加価値が求められていた時代には，低価格実現のために外部購入価値の削減が有効であったが，意味的付加価値が求められる時代には，高価格設定が可能な新製品開発が必要である．所得水準が向上するとともに，安全・安心な製品，欲求水準の高まりに応える製品，言い換えれば付加価値の高い製品が求められる傾向にある．

例えば食についていえば，健康被害の心配がない高品質の食品，健康志向に応える機能性食品，生活に便利なレトルト食品，嗜好性の強い食品など，価格が高くても販売が伸びている．JTのように，タバコ産業から食品産業への進出，キリンビールやアサヒビールのように，ノンカロリーのビールの発売は消

図表序-9　アジア企業の時価総額ランキング

	日本たばこ産業＝617.14	
1	貴州茅台酒〈中国，酒〉	405.67
2	ITC〈インド，たばこ〉	359.89
3	江蘇洋河酒廠〈中国，酒〉	241.75
4	HM サンプルナ〈インドネシア，たばこ〉	238.36
5	宜賓五糧液〈中国，酒〉	211.09
6	ウィルマー・インターナショナル〈シンガポール，パーム油〉	168.41
7	中国旺旺控股〈中国，菓子〉	157.87
8	康師傅控股〈中国，即席麺〉	139.83
9	サンミゲル・ブルワリー〈フィリピン，ビール〉	124.90
10	グダン・ガラム〈インドネシア，たばこ〉	118.15
	キリンホールディングス＝108.72	
	アサヒグループホールディングス＝108.34	

■は日本企業，数字は時価総額（ドル）．
出典：『日経産業新聞』2012年8月1日．

費者の健康志向に応えるものに他ならない．日本の食品企業が販路として期待しているアジアで，時価総額が100億ドルを超える企業が12社ある．それらの時価総額上位企業には，豊かさと奢侈的消費を反映して嗜好品を生産する企業が多い（図表序-9参照）．

3.2.2　ものづくりと価値創造

　わが国の企業が従来，ものづくりのモデルとして重視してきたのは，開発，生産の一貫体制であった．自社内で開発，生産を一貫して行うことは，技術の流出を防ぐメリットを有するものの，リードタイムが長くなり市場の変化に後れをとりやすいため，モジュール型生産が志向されるようになった．モジュール型生産は，標準化された部品を組み合わせることで新製品をつくろうとする

ものである．標準規格の部品を組み合わせることによるものづくりは，部品のすりあわせや部門間の調整を得意とする日本企業にとって，短期間での新製品開発，製品機能の改善や多機能化，コストダウンを可能にした．

しかし，モジュール型生産が一般化するに伴って品質競争，コスト競争の優位性が小さくなってきた．もっとも危惧されるのは，革新的な製品開発に後れをとるようになってきたことである．価格競争では中国をはじめとするアジアの諸国に容易に対抗できない．もしそうであるとすれば，ものづくり精神の重視，コア技術の確立，収益をあげる事業モデルの構築という経営の基本に立ち返る必要がある．

カンパニー制，EVA といったファイナンス志向のマネジメント手法は，部分最適，短期的経営を招来しやすく，一時的に利益を増大できても，長期的には競争力を落とす可能性がある．コスト引き下げのために研究開発投資を削減すると，技術開発に遅れが生じ，革新的な製品開発の芽を摘んでしまいかねない．新技術の開発にリスクが伴うのは必然であり，それは利益捻出のための研究開発費の削減とは異なる．

ソニーの競争力の低下は，革新的な製品，技術に裏付けられた製品を出せなくなったことに一つの要因がある．例えば，有機 EL テレビの開発を中断したことは，短期的にはコスト低減にはなっても中・長期的には競争力低下を招いた．電気機器業界では高い技術を有した製品を，持続的に市場に出せないと製品ブランドを維持できない．カンパニー・ブランドがあっても製品ブランドが弱いと，ソニーにみられるように，結果的にカンパニー・ブランドの低下をもたらす．

優れた製品を他社よりも早く市場に売り出して獲得する「時間の経済」が得られる期間は長くない．特定の製品の優位性だけでは他社に追随されやすい．競争相手に模倣されにくい事業モデルの構築が重要である．例えば，業界をリードするコア技術をもち，それ以外の技術はオープンにして主導権を握るモデル，米インテル社のように記憶用の半導体 DRAM から，演算処理用の MPU の生産に方向転換し，高付加価値化を図る戦略転換のはっきりしたモデ

ル構築などが有効な戦略と指摘されている．

§4　本書の狙いと構成

4.1　戦略樹立の前提条件

　企業価値向上戦略は戦略だけの問題ではない．戦略が成功するためには，その前提として企業文化が活性化し，コーポレート・ガバナンスが機能していることが求められる．企業文化が保守的，官僚的，独裁的，放漫・放任などの言葉で形容される沈滞化した文化では，革新的な戦略が構想されにくい．仮に戦略が立てられても実行できず，机上の理論に終わりかねない．戦略樹立の意思決定は必ずしも分析的な検討のうえで行われるわけではなく，直感的に行われる場合もある．経営者の洞察力とリーダーシップで，直感的な意思決定によって成功する場合も少なくない．いずれのタイプの意思決定であっても，沈滞化した経営風土では成功に導けない．企業文化は，企業の歴史と経営者の掲げる経営理念や行動スタイルによって形成されるものであり，良くも悪くも経営者によって左右される．

　企業文化は企業価値向上の前提と述べたが，企業文化は経営活動の結果ともいえる．経営者 → 経営戦略 → 組織・管理 → 製品 → 財務的・非財務的業績 → 企業文化 → 経営者という循環過程が好ましい方向へ流れるならば，組織構成員のモチベーションは高まり，競争力を発揮できる企業文化を生み出す．

　コーポレート・ガバナンスは，誰が企業を統治するのか，誰が企業の所有者かなど，その定義は多様であるが，経営の効率化を目指すシステムと考えればよい．外資および外国人投資家が増大するにともなって，ガバナンスが不正防止，株主価値志向の経営を担保する仕組みとして，重視されるようになってきた．ガバナンスを機能させるシステムとして，取締役会の委員会制，社外役員（社外取締役，社外監査役），ストック・オプション，株主代表訴訟，株主提案権，独立委員会，公認会計士による内部統制の監査，役員報酬の開示などの制度が導入されている．

上記の各種の制度が経営効率の向上を理念としているのに対して，IR は株主・投資家に対する説明責任の履行によって，株価維持を期待する制度である．トップの経営者自らが海外での株主・投資家への説明会に出かけており，ガバナンスを側面から機能させるものとして意味がある．

バブル経済崩壊後，このような制度の導入を背景にして ROE 重視の姿勢がみられるようになってきた．既述したように「持たない経営」が志向され，持ち合い株の解消，効率の悪い資産の売却が進められた．しかし，スチール・パートナーズや村上ファンドのような禿鷹ファンドと恐れられる一部の投資ファンドに対する防衛から，安定株主の保有株式数を増大する方向に逆戻りしている．いうまでもなく持ち合い株は資本の増大には繋がらず，会計上は充実しても設備投資などの戦略遂行に利用できるわけではない．経営効率が高く株価が上昇していくならば，敵対的防衛に腐心する必要はない．重要なことは，経営者が革新を持続することである．短期的な株価対策は，企業価値に寄与するものではない．

本書では，ガバナンスには触れていない．ガバナンスが機能していることを前提に，戦略と管理のあり方を論じている．

4.2 本来の企業価値の追求

企業価値は，広く捉えれば非財務価値まで含み，狭く捉えれば発行済み株式の時価総額になる．短期的な株価に捉われ過ぎると，長期的な企業価値の向上が犠牲になりやすい．経営者の行う革新は，持続的な企業価値向上を追求するものでなければならない．この意味で，企業が行う事業の企業価値への貢献の最大化が求められる．事業の企業価値への貢献は，フリー・キャッシュ・フローあるいは EVA で測定できる．フリー・キャッシュ・フローは，減価償却費控除前税引後営業利益から，必要継続投資と正味運転資本の増加分を差し引いた金額であり，EVA は税引後営業利益から資本コストを差し引いた金額である．

長期的に企業価値を向上させるためには，将来のフリー・キャッシュ・フ

ローを大きくすることがもっとも重要である．この意味で，フリー・キャッシュ・フローを生み出す事業価値が本来の企業価値，あるいは本源的企業価値ということができる．

　本書は，本来の企業価値を創造する戦略に焦点を当て，4部12章から構成されている．第Ⅰ部「企業価値向上の戦略」は，企業価値向上戦略の考え方と方法を論じている．経営戦略の概要を体系的に説明するとともに具体的な戦略を示しており，全体の基礎理論としての位置付けになる．

　第Ⅱ部「製品開発の戦略と管理」は，わが国のものづくりに焦点を当て，製品開発戦略を説明している．ここには本書の特徴が出ており，企業経営の第一人者が製品開発の具体的な事例をあげている．わが国の製造業の国際競争力は近年低下しており，ものづくりのあり方を原点から見直すことが求められている．第Ⅱ部の各章は，競争力回復の糸口を提示するものである．

　第Ⅲ部「企業価値向上のマネジメント」は，企業価値を毀損しないためのマネジメントと，企業価値向上を促進するためのマネジメントを取り上げている．前者は戦略を遂行するために欠かせないマネジメント，後者は戦略の推進に役立つマネジメントと言い換えることができる．持続的に企業価値を向上させている企業であっても，不祥事を起こすと，大王製紙やオリンパスにみられるように，それまでの企業価値は簡単に瓦解してしまう．平常時のリスク・マネジメント，危機発生時の危機管理は，企業価値向上とは直接的に関係していないように見受けられるかもしれない．しかし，企業における危機管理の嚆矢とされるジョンソン＆ジョンソン社が，風邪薬のタイレノールへの毒物混入事件を的確に解決し，事件発生前より売上高を増大させたことに示されるように，信頼性の確保が企業価値向上の要件である．レピュテーション・マネジメントは信頼性が基礎となっており，バランスト・スコアカードによる戦略・管理も，文字通り株主・投資家，顧客，従業員，社会・環境のバランスを考慮することにより，企業への信頼を得ようとするものといえる．

　第Ⅳ部「企業価値向上の評価」は，PDCA のサイクルに必要な評価の考え方と方法を取り上げている．本章では企業価値の測定方法や評価指標に言及し

ているので，企業価値とは何かを具体的に理解できる．

参 考 文 献

「テレビ惨敗の教訓は？」『日本経済新聞』2012年6月12日．
「経済教室：成長戦略待ったなし」『日本経済新聞』2012年8月23日．
「経済教室：逆風下の企業経営」『日本経済新聞』2012年9月5日．
「シャープ逆境化で迎えた創業100年」『日本経済新聞』2012年9月15日．
「シャープの苦境」『朝日新聞』2012年9月9日．
「アジア企業　戦略解剖」『日本経済新聞』2012年4月30日．
青松英男，2008，『企業価値講義』日本経済新聞出版社．
石崎忠司・中瀬忠和編著，2007，『コーポレート・ガバナンスと企業価値』中央大学出版部．
井手正介・高橋文郎，1998，『株主価値創造革命』東洋経済新報社．
恩蔵直人，2002，『ブランド要素の戦略論理』早稲田大学出版部．
高橋伸夫，2004，『虚妄の成果主義――日本型年功制復活のススメ』日経BP社．
J.ドノバン，R.タリー，B.ワートマン著，デロイト・トーマツ・コンサルティング戦略事業部訳，1999，『価値創造企業』日本経済新聞社．
R.E.フリーマン，J.S.ハリソン，A.C.ウイックス著，中村瑞穂（訳者代表），2010，『利害関係者志向の経営』白桃書房．

第Ⅰ部　企業価値向上の戦略

第1章 企業価値向上の全社戦略と事業戦略

川　野　克　典

本章の概要

2000年代に入り，企業価値（重視）経営，そしてほぼ同じような取り組みとして，株主価値（重視）経営，キャッシュ・フロー経営，VBM（Value-Based Management），EVA®[1]（Economic Value Added）経営，SVA（Shareholders' Value Added）経営が提唱された．その結果，日本企業にも企業価値の向上を目指した変革に取り組む企業が増加した．本章では，本書全体の序論として，企業価値経営を振り返り，企業価値向上のための戦略の策定，戦略を企業価値につなげる業績評価について論じる．

---

§1 企業価値の定義と企業価値モデル

　企業価値とは，当該企業が他人資本，自己資本を用いて生み出すことができる価値総額であり，株主や債権者などの利害関係者から見た企業の価値評価額でもある．

　第11章，第12章において詳細に論述されているため，本書においては詳細に述べることは避けるが，企業価値評価には複数のアプローチがあり，企業の保有する資産の再取得価額を基礎とするコスト・アプローチ，将来のキャッシュ・フローやEVA®などを基礎とするインカム・アプローチ，株式の時価総額に負債の時価総額を加えた額を基礎とするマーケット・アプローチなどがある．

　しかし，そのいずれの方法に対しても批判があり，こうした経済的な価値の

図表 1-1　企業価値の構成

```
                  ┌─ 事 業 価 値
                  ├─ 非事業資産価値
  企業価値 ────────┼─ 社 会 価 値
                  ├─ 組 織 価 値
                  └─ 相 乗 価 値
```

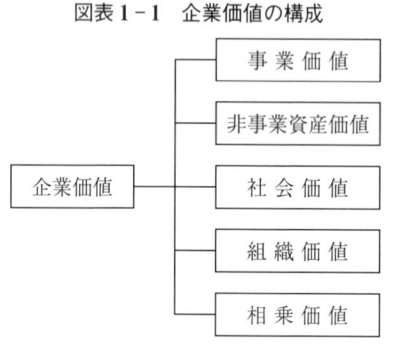

みならず，非経済的な価値を加えた価値を，企業価値とすべきとする見解もある．日本経済団体連合会が発表した「企業価値の最大化に向けた経営戦略」（経団連，2006）では，統計解析の結果として，人材育成，研究開発，企業倫理，情報開示，環境などに積極的に取り組むことが，企業価値のプレミアムにつながることを確認できたとしている．櫻井（2011）は，こうした先行研究や分析結果を踏まえて，経済価値に加えて，社会価値，組織価値から構成される企業価値モデルを主張している．

筆者は，櫻井のモデルを基礎としたうえで，図表1-1のように企業価値が事業価値，非事業資産価値，社会価値，組織価値，相乗価値から形成されるモデルを提案し，本章を展開する．ここで，事業価値とは，企業が主たる事業を営むことにより，将来にわたって創造される経済的価値を言い，そのもっとも一般的な測定方法がインカム・アプローチで，主な事業から得られる将来キャッシュ・フローの現在価値額を事業価値とするものである．これは後述の戦略との整合性が高い測定方法であるため，戦略の有効性の評価にも，しばしば用いられる．また，非事業資産価値とは，主たる事業以外の投融資などの公正価値である．

一方，社会価値とは，環境保全活動，社会貢献活動，寄附，メセナ（文化芸術支援活動）など，企業が果たすべき社会的責任や社会貢献により生成される価値である．組織価値とは，企業文化，企業風土，組織に浸透した経営理念（ミッション），優れた従業員や経営者などにより生成される価値である．そして，相乗価値とは，事業価値，非事業資産価値，社会価値，組織価値の相乗（シナジー）効果により生成される付加価値をいう．（グループ）本社部門が全社戦略の実行により付加する価値は相乗価値に他ならない．筆者が相乗価値を区分したのは，本社部門の創造する価値を明確化するためである．

§2　戦略の定義と分類

　経営戦略，企業戦略あるいは戦略（以下戦略）という経営用語は多様な意味で用いられ，日本企業ではその言葉が安易に使われている．

　チャンドラー（Chandler, Alfred）は，戦略は組織体の基本的長期目標と目的の決定，採るべきコースの選択，および目標遂行に必要な資源配分（Chandler, 1962）と定義したが，チャンドラー，アンドリュース（Andrews, Kenneth R.），アンゾフ（Ansoff, Igor H.）に代表される初期の戦略の定義は，事業の位置付けと企業の経営資源の配分，すなわち，後述の全社戦略に力点が置かれていた．

　しかし，戦略は，もともと strategos を語源とする軍事用語である．軍事用語において，戦略とは，戦場全体において自軍が敵軍に対し，戦闘上の優位に立つための長期的な策略を指す．単にどの戦場を重視して経営資源を投入するかを決定しただけで，戦いに勝てるわけではない．戦場での戦い方も重要であり，企業においては，後述の事業戦略がこれに当たる．

　ポーター（Porter Michael E., 1980）は，企業内部の経営資源の観点からだけではなく，産業自体の観点から戦略を捉え，戦略を産業内で防衛可能な地位を築き，5つの競争要因（競合，売り手，買い手，新規参入業者，代替品や代替技術）に適切に対処し，組織体の投資収益を最大化するための攻撃的，または防衛的アクションであると定義し，コスト・リーダーシップ，差別化，集中（ニッチ）からなる競争戦略を主張した．

　これらの議論も踏まえたうえで，筆者は，戦略を組織体の経営理念（ミッション）や経営目標を達成するために，産業全体の経営環境の変化に対処し，顧客に高い満足度を与えて，競合に対して継続的な優位性を築くことを目的として策定される経営資源配分の方針，中長期的な意思決定の指針であると定義して論を進めたい．

　さて，戦略は，図表1-2のように一般に全社戦略，事業戦略，機能別戦略に区分される．

図表 1-2　戦略の構成

全社戦略			
事業戦略	事業戦略	事業戦略	
			機能別戦略
			機能別戦略

　全社戦略とは，組織体の経営理念（ミッション）や目標に基づいて，自社の事業や機能，組織を位置付け，資源配分などを行うための方針をいう．全社戦略においては，どの事業でキャッシュ・フロー（利益）を得て，そしてどの事業に経営資源を重点的に配分するかが重視される．全社戦略は，最近ではグループ戦略と呼ばれることも多い．グループ戦略と呼ぶ場合，関係会社（子会社，関連会社）やグローバルの視点が強調されることも多いようだ．すなわち，事業という視点のみならず，連結経営あるいはグループ経営の視点からの関係会社や各地域の位置付けも全社戦略に含まれる．

　次に事業戦略とは，全社戦略に基づき，特定の製品群，サービス市場において，全社戦略により位置付けられた事業の目的を達成するための意思決定の指針，方向付けである．事業の成長を指向した成長戦略のみならず，撤退戦略も事業戦略である．

　日本企業においては，この事業戦略が安易に，そして誤解されて用いられていることが多い．もっとも多いのが，主要成功要因[2]（Key Success Factor, Key Factor for Success）との混同である．経営戦略論において主要成功要因とは，事業を成功させるうえで押さえておくべき主要な要因であり，事業戦略を策定する際に，他社に対する優位性を築くために，もっとも重要な要因である．しかし，主要成功要因は事業戦略そのものではない．例えば，価格の下落が著しい市場に属する製品について，原価低減は主要成功要因になるが，事業戦略ではない．また，原価低減を実現するために，中国に進出する，これも事業戦略にはならないことがある．競合企業がすでに中国で製造を開始しているなら，後追いで中国に進出しても競争優位性を築くことが難しいからだ．中国よりも賃金の安い国に進出するなど，競合を打ち負かすための策が必要となる．

一方，機能別戦略とは，研究開発機能，生産機能，販売機能，人事機能，情報システム機能などの全社的な（グループの）共通戦略として，全体最適化を図った機能や組織単位の方向付けである．各事業，企業が部分最適に陥ることがないように，全体最適の観点から調整するための方向付けが機能別戦略に他ならない．そして，本社部門がこの機能別戦略を適切に策定，実行することにより，新たに付加される価値が筆者の主張する相乗価値である．

§3 全社戦略と企業価値

企業（グループ）の価値は，事業価値，非事業資産価値，社会価値，組織価値，相乗価値から構成されることはすでに述べた．本節では，これらの価値と全社戦略との関連を考察する．

3.1 事業価値最大化の全社戦略

複数の事業を営む企業の場合，事業価値の総和を最大化するためには，キャッシュ・フローを生む事業を立ち上げ，あるいはキャッシュ・フローを生む既存事業を維持，成長させ，一方で，キャッシュ・フローを生まない事業を縮小，撤退することが必要である．いわゆる「選択と集中」である．ある企業の経営者と議論した際，彼は「選択と集中」ではなく，「集中と選択」と呼んでいた．彼によれば，集中する事業がないと選択はできないので，先に集中する事業を見出すことが重要であると述べた．

「選択と集中」の戦略の意思決定を行うために，有名なツールにボストン・コンサルティング・グループ（BCG）によって開発された PPM（Product Portfolio Management）がある．PPM では，市場成長率と相対的市場シェアを使って，事業の位置付けを整理していく．ここで市場成長率とは，産業あるいは市場の魅力度であり，相対的市場シェアは，優位性，競争力の指標として用いられている．市場成長率と相対的市場シェアから4つの象限（マトリックス）に分け，市場成長率が低いが相対的市場シェアが高い象限を「金のなる

木」(Cash cow)，市場成長率も相対的市場シェアも高い象限を「花形製品」(Star)，市場成長率は高いが相対的市場シェアが低い象限を「問題児」(Question mark, Problem child)，市場成長率も相対的市場シェアも低い象限を「負け犬」(Dogs) と呼ぶ．「金のなる木」は成熟製品であり，大きな投資をすることなく，キャッシュ・フローを稼ぎ，「花形製品」は市場が成長しているので，市場の成長に合わせて投資を続けるべき製品，「問題児」は積極的な投資をするか，撤退の選択が必要な製品，「負け犬」は撤退すべき製品とすることが基本的な全社戦略となる．PPM は，キャッシュ・フローに基づく手法であり，「金のなる木」から得られるキャッシュ・フローを「問題児」に投入し，将来の「花形製品」「金のなる木」に育成して，将来キャッシュ・フローの最大化を図る．

　PPM に関しては，市場成長率と相対的市場シェアの 2 軸からなる 4 象限の使用は単純すぎ，成長率は産業全体の魅力度としては不十分，また市場シェアは市場をどう定義するかにより異なるという批判があり（野中，1985），GE (General Electric) は，マッキンゼーと共同で，戦略的事業計画グリッドという手法を開発した．これは，産業魅力度と事業強度の 2 軸からなる 9 象限に分けるが，PPM との最大の違いは，複数の要素を用いて，産業魅力度，事業強度を評価する点である．産業魅力度は，市場規模，市場成長率，利益マージン，競争度，循環的変動性，季節性，規模の経済性，学習曲線，事業強度は，相対的市場シェア，価格競争力，製品の質，顧客や市場の知識，販売効率，地理的カバレッジのそれぞれをウエイト付けして，その平均値で評価する．

　PPM や戦略的事業計画グリッドは，非常に分かりやすい手法であるため，日本企業の多くで採用されているが，筆者が企業で経営企画を担当していた当時，これらは経営者に説明する際のプレゼンテーション手法に過ぎないのではないかという疑問を持った．すなわち，全社戦略を導くツールではなく，結論を正当化するツールになりかねないという点であり，活用時にはこの点にも留意する必要がある．

3.2 非事業資産価値最大化の全社戦略

非事業資産には，現預金，売買目的有価証券，本社部門の保有する土地建物，持ち合い株式などがある．2000年度以前は，土地や株式を長期保有することで含み益を生み出し，本業である事業が不振に陥ったときに，その含み益を吐き出すことで利益を確保するという施策が実施されていた．しかし，「金融商品に係る会計基準」による有価証券の時価（公正価値）評価，また不動産についても「賃貸等不動産の時価等の開示に関する会計基準」により，含み益，そして含み損を隠すことは難しくなり，非事業資産についても，企業価値を形成するか否かが問われるようになった．

非事業資産による企業価値を最大化するためには，まず非事業資産から得られるキャッシュ・フローを測定し，経済性の評価を行うことである．その結果，事業に投資したり，有利子負債の返済を進めた方が，より多額のキャッシュ・フローが得られるならば，非事業資産の売却を進め，資本構成の最適化を図っていく．資本構成の最適化とは，負債比率の最適化と，資産と負債の期間構成のマッチングを図ることである．

負債の調達レート以上の利益を獲得できる限りにおいて，一般に負債による資本調達の方が，税金の節約分だけ企業価値が高くなる．しかし，負債依存度が高まれば高まるほど，倒産のリスクが高まり，倒産リスクが一定限度を超えると，逆に負債比率の上昇が企業価値の低下を招くようになるので，資本コストが最少化するように負債比率を最適化する．また，資産と負債の期間構成のマッチングのためには，資金の回収期間が長期となる資産は長期（固定）負債で調達し，短期となる資産は短期（流動）負債で調達することが基本となる．

3.3 社会価値最大化の全社戦略

社会価値とは，環境保全活動，社会貢献活動，寄附，メセナ，法令順守，企業倫理などにより生み出されたプレミアムとしての価値である．社会価値は，貢献活動価値（環境保全活動，社会貢献活動，寄附，メセナなど）と，社会的責任価値（法令順守，企業倫理など）とに大別できる．

前者は，これらの社会に対する企業内外の活動により，当該企業に対する期待が生じ，プレミアム（正の）価値が形成されるが，後者は法令や倫理の違反が発生すると，企業価値の棄損を生むという点で，負の価値である．不二家，雪印乳業，三菱自動車，西武鉄道など不祥事の発生により，企業価値が大幅に棄損し，企業の存続の危機に見舞われた事例は少なくない．一方で，古くはジョンソン・エンド・ジョンソン（J&J）のタイレノールの毒物混入事件，最近ではパナソニックの FF 式石油温風機事故など，対応が評価され，社会価値が向上した事例もある．

「企業価値の最大化に向けた経営戦略」（経団連，2006）では，経営理念の明確化・社内外への徹底および法令順守を含む企業倫理の徹底，IR（Investor Relations）をはじめ情報開示の推進，女性・障害者・高齢者などの雇用機会の提供，環境負荷の軽減については企業価値のプレミアムにつながることを確認できた反面，執行と監督の明確な分離，財務報告に関わる内部統制の充実，商品の安全性確保・品質向上および消費者・顧客への対応向上，従業員の人権保護などの推進，社会貢献および内外の地域社会との共生については，企業価値に対して中立的であるとしている．中立であるということは，企業価値向上への因果関係が認められない反面，株主以外の利害関係者を重視することが，企業価値に悪影響を及ぼしていないことでもある．

このように社会価値を生み出すための活動は，地道で長期間を要するため，全社的，グループとしての活動として取り組む必要がある点で，全社戦略として実行される必要がある．

3.4 組織価値最大化の全社戦略

組織価値は，企業文化，企業風土，組織に浸透した経営理念（ミッション），優れた従業員や経営者などにより生成される価値である．

優れた従業員が企業価値向上に貢献した例としては島津製作所の田中耕一氏のノーベル賞受賞が挙げられる．一方，優れた経営者の場合には数多くの事例がある．しばしば成功した創業者が継続して社長を務めている場合には，経営

者プレミアムが付いていると言われるが，最近の例として，アップルの故スティーブ・ジョブズ（Jobs, Steven P.）を挙げることができるだろう．創業者でなくとも，スズキの2代目（娘婿）の鈴木修代表取締役社長兼会長，ルノーから派遣された日産自動車のカルロス・ゴーン（Ghosn, Carlos）社長兼最高経営責任者のように優れた経営者には，将来に対する期待というプレミアムが付いている．

　日本でもベストセラーとなり，パート4まで出版された『ビジョナリー・カンパニー』は，パート1において変わることのないビジョン（あるべき姿）と，ビジョンに基づく進化が企業を継続的に成長させること（Collins & Porras, 1994），そして，パート2では，個人としての謙虚さと職業人としての意思の強さという矛盾した性格を合わせ持っている第五水準の指導者が，飛躍した企業を率いてきたことを明らかにした（Collins, 2001）．しかし，そうして成功した企業でも，成功から生まれる傲慢，規律なき拡大路線，リスクと問題の否認，一発逆転策の追及，そして屈服と凡庸な企業への転落か消滅の5段階で衰退することもパート3で明らかにしている（Collins, 2009）．また，最新刊パート4では，パート2を補完して不確実な環境において，指導者が採るべき行動について分析している（Collins & Hansen, 2012）．この『ビジョナリー・カンパニー』シリーズは，企業価値向上における組織価値の重要性を主張したものである．

　組織価値が企業価値を形成するのは，創発戦略を誘発するためである．ここで創発戦略とは，従業員が価値を創造しようとして行う実験と，そこから得られた小さな成功の組織全体での模倣により，自然発生的に作られた戦略である（Mintzberg, 1978）．意図した戦略，すなわち公式なプロセスにより形成された戦略は，策定した時点から陳腐化が始まる．しかし，創発戦略を形成できる組織は，企業文化や企業風土，経営理念（ミッション），従業員，経営者の作用により，常に環境に適合した戦略を策定し，実行できるので，この組織としての潜在能力が組織価値を形成する．

3.5 相乗価値最大化の全社戦略

　相乗価値とは，事業価値間の相乗効果，そして事業価値と非事業資産価値，社会価値，組織価値が統合されたことによる価値をいう．

　トヨタ自動車の有価証券報告書では，自動車等事業（セグメント）と金融事業（セグメント）が区分されて，連結財務諸表が公表されている．その2012年3月期の連結損益計算書を見ると，（当社株主に帰属する）当期純利益が自動車等103,978百万円，金融179,625百万円と記載されていることが示す通り，金融事業の利益が本業の自動車の製造販売の利益を上回っている．金融事業は，自動車販売時の分割払いや車両機器のリースなどを行っているが，これは自動車販売を補完するだけでなく，金融事業を兼業することで，顧客の利便性を高め，同時に企業価値を高めている．しかし，金融事業は自動車販売を行うことで成り立っており，この両事業の関係は相互補完的で，相乗効果が働いている．このように事業価値単独よりも，補完的な事業を営むことで，企業価値を高めることができる．

　トヨタ自動車のような例は少なくない．韓国のサムスン電子は，スマートフォン「Galaxy」を販売し，アップルの「iPhone」とシェア No.1 を競い合っているが，Galaxy で自社の最新の有機 EL ディスプレイや半導体を用いることにより，これら事業の量産効果を高めて原価低減を図り，競争優位性を築こうとしている．また，ソニー生命やソニー銀行は，「SONY」というブランドから来る安心感も加わって顧客を増やしているが，これは SONY というブランドによる相乗価値である．

　この事業価値間の相乗効果による価値である相乗価値の向上は，（グループ）本社経営者あるいは本社部門の役割である．事業間などの相乗効果を追求し，事業の売却や買収，関連事業への進出により，各事業が部分最適に陥ることがないように，全体最適の観点から調整を行っていくことが，相乗価値追求の全社戦略である．

3.6 事例—日産自動車のリバイバル・プラン

 全社戦略による企業価値向上の成功例として，日産自動車の「リバイバル・プラン」がある．日産自動車は，1999年度（2000年3月期）の連結決算で，当期純損失6,844億円を計上した．このような状況の中で，リバイバル・プランは，1999年10月18日に日産自動車から発表され，実行に移された．その結果，2年後の2001年度（2002年3月期）の連結決算では，当期純利益は3,723億円の黒字となり，劇的な復活を遂げることができ，日産自動車の企業価値向上をもたらした．

 日産自動車のリバイバル・プランが成功した理由として，以下のような成功要因を挙げることができる．

① 経営者（カルロス・ゴーン）がその実行について，コミットメント（Commitment）を行ったこと ⇒組織価値
② 高い目標を設定して過去のしがらみを断ち切り，事業構造（生産体制，製品種類，販売体制）を変えることによって，利益を生み出す体質に転換することを狙ったこと ⇒事業価値
③ 実行する戦略，戦術の優先順位を明確化したこと ⇒相乗価値
④ プロジェクトチームを作り，既成概念との打破と従業員のモチベーションの向上を図ったこと ⇒組織価値
⑤ 持ち合い株式を含む株式について，その保有により得られる価値を測定し，価値のないあるいは低い株式については売却し，資金を捻出したこと ⇒非事業資産価値
⑥ 工場閉鎖などについては，従業員に対して配慮を行い，社会的評判の低下を回避したこと ⇒社会価値

§4　事業戦略と事業価値

4.1 事業戦略の先行研究

 次に事業価値を向上させるための事業戦略について，ベストセラーとなった

著書に基づいて振り返りたい．

① ポーターの競争戦略

　ポーターは，業界の構造分析，基本戦略の確定，競争業者と業界内部の詳細分析，自社の状況に合った競争戦略策定の4つのステップが必要であると主張し，業界の構造分析の手法として5つの競争要因，そして競争戦略として3つの基本戦略があることを主張した（Porter, 1980）．ポーターによると，5つの競争要因は，ファイブ・フォース（Five forces）とも呼ばれ，業界内の競争関係，売り手の交渉力，買い手の交渉力，新規参入の脅威，代替品による脅威である．この5つの競争要因から市場を分析することにより，採るべき戦略を明らかにできるとした．そして，これらの5つの競争要因に対処し，市場で打ち勝つための基本戦略として，コスト・リーダーシップ（Cost leadership）戦略，差別化（Differentiation）戦略，集中（Niche）戦略の3つがあると主張した．

　コスト・リーダーシップ戦略とは，コストを武器に競争に勝ち抜く戦略である．サムスン電子はスマートフォン，薄型テレビの販売において，コスト・リーダーシップ戦略を採り，成長を続けている．日本では，牛丼のすき家，ハンバーガーのマクドナルド，衣料品のユニクロ（ファーストリテイリング）が該当する．コスト・リーダーシップ戦略を採るためには，原材料を安い仕入価格で調達するなど，あらゆる面での効率化が必要となる．

　一方，差別化戦略とは，他の企業が真似をすることができない製品，サービスの特徴を打ち出して行く戦略である．ハンバーガーでいえば，モスバーガーが味を追求した差別化戦略を採っている．

　集中戦略とは，特定の市場，顧客，用途などにターゲットを絞って，経営資源を集中する戦略である．より狭い範囲にターゲットを絞るニッチ（隙間）戦略が効果的である．ハンバーガーでいえば，佐世保市で販売されているボリューム感のある佐世保バーガーが，自動車ではスーパーカーを製造販売するフェラーリ（Ferrari）が該当するだろう．

② コトラーの競争的マーケティング戦略

　コトラー（Kotler, Philip, 1980）は，市場で競争する企業をマーケットリー

ダー（市場シェア1位企業），マーケットチャレンジャー（市場シェア第2～3位で，シェアの拡大を狙っている企業），マーケットフォロアー（チャレンジャーより市場シェアの小さい企業），マーケットニッチャー（小さな市場セグメントに特化した企業）に区分し，それぞれに応じたマーケティング戦略の展開を主張した．

マーケットリーダーは，市場シェアの維持，拡大および市場全体の規模拡大を目標として，市場浸透，市場拡大の施策を採り，また十分な経営資源を活用して多角化を推進する．また，マーケットリーダーは，価格競争を自ら仕掛けることは行わず，市場の健全化を追求する．

マーケットチャレンジャーは，リスクを採ることが必要であり，差別化戦略により，シェア1位を狙う．マーケットリーダーと同じことをしていては，チャレンジャーのままであり，価格，品質，製品機能，広告宣伝などで差別化を図る．また，単一の差別化では効果がなく，複数の差別化要因の組み合わせが必要である．

マーケットフォロアーは，後追い企業のため，一定のキャッシュ・フロー（利益）が得られる戦略が必要である．リーダーやチャレンジャーに比べて，製品の研究開発費，販売促進費を投入せず，低価格販売や，特定セグメントへの集中が必要である．

そして，マーケットニッチャーは，特定のセグメントでのNo.1を維持，拡大を図るため，特定のセグメントを対象とする集中戦略を採る．

国内自動車市場において，マーケットリーダーはトヨタ自動車，マーケットチャレンジャーはホンダ，日産自動車，フォロアーはマツダ，三菱自動車，マーケットニッチャーは富士重工（SUBARU）になるだろう．

③ コアコンピタンス戦略

ハメル（Hamel, Gray）とプラハラード（Prahalad, Coimbatore K., 1994）は，全社戦略，事業戦略策定の段階では，「未来のための競争」の決着は着いており，未来をイメージする競争，構想を優位に展開する競争がより重要で，その競争に勝つための力がコアコンピタンス（Core Competence）であると主張し

た．彼らによると，コアコンピタンスとは，個々の技術や技能ではなく，学習の積み重ねにより，組織に蓄積された一連の技術や技能であると定義して，コアコンピタンス戦略の重要性を主張する．彼らの主張は，外部にのみ目を向けるのではなく，新製品や新事業を生み出す企業内部の能力にも注目している点が特徴である．事業戦略においても，市場における競争にだけ目を向けるのではなく，企業内部の能力，知識の蓄積にも注目し，卓越したコアコンピタンスを構築する事業戦略を採ることが重要となる．

工場で使われるセンサーを販売するキーエンスは，極めて高い収益力を誇っており，2012年3月期決算の売上高営業利益率は，45.7％に達している．このキーエンスの収益力の源泉は，画期的な新製品を生み出す開発力と，工場を持たないにもかかわらず実現できている柔軟な生産体制，顧客の問題点を解決するコンサルティング営業にある．開発，生産，営業のコアコンピタンスが他社に対して秀でており，またコアコンピタントを基礎とした創発戦略の形成によって，市場でも競争優位性を築き，高収益を可能としている．

④ イノベーション戦略

イノベーションには，従来の延長線上にある持続的イノベーションと延長線上にない，すなわち既存顧客が求める性能とは，異なる性能や特性を持つ破壊的イノベーションがある．破壊的イノベーションが起きると，顧客のニーズに応えて，より高品質，高機能な技術や製品の開発，すなわち持続的イノベーションで勝負する既存の優良企業も競争優位性を失ってしまう．その理由として，投資家が低価格で収益性の低い破壊的イノベーションを持つ技術（破壊的技術）に投資することを妨げること，破壊的技術の市場規模が小さく，優良企業の成長ニーズを解決できないこと，破壊的技術により価値基準やプロセスが変わり，優良企業の組織能力が無能力化すること，そして優良企業の顧客も当初は破壊的技術を求めないことから，優良企業は破壊的製品に投資することができず，破壊的製品が改善されて，シェアを拡大していることに気付いたときには，勝負が着いてしまう．すなわち，顧客のニーズ，そして管理会計を含む企業内部の管理システムが，既存の優良企業の破壊的イノベーションを阻害す

ることとなる．これをクリステンセン（Christensen, Clayton M.）は，イノベーションのジレンマ（Innovator's Dilemma）と呼んだ（Christensen, 1997）．

クリステンセンによると，破壊的技術を育成するためには，破壊的技術の開発を，その技術を必要とする顧客がいる組織に任せ，その組織に経営資源を投下すること，その組織は小さな勝利にも前向きになれるように小規模にすること，試行錯誤で開発を進めること，破壊的技術の特性に合った市場を探すことが必要であるという．

アップルのオーディオプレイヤー「iPod」が2001年に登場したとき，iPodはHDDを使用するため，非常に壊れやすかった．実際，筆者のiPodも何度も修理に出され，その都度，修理ではなく，新品が送られてきたのを記憶している．当時，日本のオーディオメーカーは，ソニーが開発した光ディスクを用いた「MD（Mini Disc）」を用いたオーディオプレイヤーを製造販売しており，MDの規格にこだわった結果，対抗製品の開発が遅れ，アップルに市場を奪われる結果となった．よく知られた話ではあるが，当時，日本メーカーでもiPod同等製品の企画はあったが，販売に至ることはなかった．

事業戦略あるいは製品開発戦略の策定において，持続的イノベーションは従来の価値基準，プロセスで評価ができるが，破壊的イノベーションにおいては，従来の価値基準，プロセスで評価ができないことに留意する必要がある．

⑤　ブルーオーシャン戦略

キム（Kim, W. Chan）とモボルニュ（Mauborgne, Renée, 2005）は，差別化や原価低減といった戦略から脱却し，競争相手のいないブルーオーシャン（青い海）を創造することを提案した．そして彼らは，ブルーオーシャンを創造するためには，バリューイノベーション（価値を高めるとともにコストを引き下げる）が必要であると主張する．差別化戦略と類似しているが，他社に対して競争優位性を築くという観点ではなく，新しい市場を創造するということに主眼に置いている．

アップルのiPodに続いて上市された「iPhone」や「iPad」は，従来の携帯電話やノートパソコンとは異なるコンセプトで発売されたため，競争相手のい

図表 1-3　各戦略の位置付け

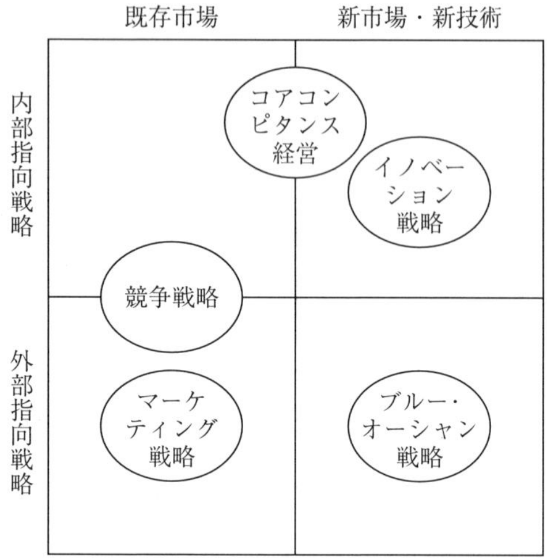

	既存市場	新市場・新技術
内部指向戦略	コアコンピタンス経営	イノベーション戦略
外部指向戦略	競争戦略／マーケティング戦略	ブルー・オーシャン戦略

ないブルーオーシャンの市場を創造することができた．現在では，グーグルのAndroid OS を採用した携帯電話やタブレット端末が発売され，ブルーオーシャンに他社も参入しているが，先行企業の優位性は依然として保ち，アップルは高収益を続けている．

　これらの事業戦略に関する提案は，決して相互排他的なものではなく，図表1-3のように補完的である．したがって，経営者はこれらの著書から示唆を得て，自らの企業に適用，応用することが望まれる．

4.2　事業価値モデル

　事業価値を整理する前に，ドライバー（Driver）という用語について整理をしておきたい．管理会計において，ドライバーは配賦基準を指す場合と作用因を指す場合がある．前者には資源ドライバー（Resource Driver），活動ドライバー（Activity Driver）があり，後者にはバリュー・ドライバーの他，レベニュー・ドライバー（Revenue Driver），コスト・ドライバー（Cost Driver），バランスト・スコアカードで用いられるパフォーマンス・ドライバー

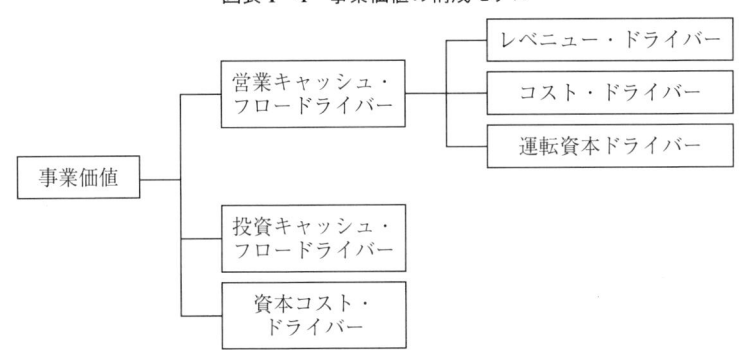

図表 1-4　事業価値の構成モデル

```
事業価値 ┬ 営業キャッシュ・フロードライバー ┬ レベニュー・ドライバー
         │                                  ├ コスト・ドライバー
         │                                  └ 運転資本ドライバー
         ├ 投資キャッシュ・フロードライバー
         └ 資本コスト・ドライバー
```

(Performance Driver) がある．本章では，後者の意味でドライバーという用語を用いる．

　バランスト・スコアカードで用いられるパフォーマンス・ドライバーは，将来の成果（Output）に影響を与える要因のことであり，業務遂行の原動力となる先行指標と同義語で用いられる（櫻井，2003）．これに対して，バリュー・ドライバーは，一般に企業の最終的成果（Outcome）である企業価値を向上させる要因と説明されるため，バリュー・ドライバーは，成果指標を含む概念として用いられている．

　ラパポート（Rappaport, Alfred, 1986）は，事業価値（Business Unit Value）を構成するバリュー・ドライバーを大区分たるマクロ・バリュー・ドライバー（Macro Value Driver）と，小区分であるミクロ・バリュー・ドライバー（Micro Value Driver）に分けた．バランスト・スコアカードにおいては，マクロ・バリュー・ドライバーが重要成功要因（Critical Success Factor），ミクロ・バリュー・ドライバーがパフォーマンス・ドライバーに対応する．そして，ラパポートは，マクロ・バリュー・ドライバーを収益（Revenue），営業利益（Operating Margin），税金，運転資本，資本支出，資本コストの6つに区分した（Rapapport, 1986）．

　これらラパポートなどの先行研究を考察したうえで，専門委員会において提案され，検討されたバリュー・ドライバーのモデルが図表1-4の事業価値の

構成モデルである.本モデルにおいては,事業価値を営業キャッシュ・フロードライバー,投資キャッシュ・フロードライバー,資本コスト・ドライバーに区分し,営業キャッシュ・フロードライバーをレベニュー・ドライバー,コスト・ドライバー,運転資本ドライバーに区分している.

また,田中(2002)は,バリュー・ドライバーを戦略的ドライバーと業務的ドライバーに区分しており,前者には新製品開発,新規事業,提携,設備投資,リストラが含まれ,後者にはプロセス改善,原価低減,棚卸資産管理,TQC(Total Quality Control)が含まれるとしている.田中は,戦略的ドライバーとバランスト・スコアカードが整合性を有していることも指摘しているが,営業キャッシュ・フロードライバー,投資キャッシュ・フロードライバー,資本コスト・ドライバーを抜本的に改革するための要因が戦略的ドライバーとなる.一方で,現行の事業,業務プロセスに対する業務的ドライバーが企業価値を維持していることも忘れてはならない.

4.3 事業価値向上の事業戦略と業務改善

事業価値を向上させるためには,バリュー・ドライバーに対して,戦略面(戦略的ドライバー)と業務面(業務的ドライバー)から改革,改善を進めることが必要である.

① 戦略的ドライバーと事業戦略

レベニュー・ドライバーに対する事業戦略としては,新規事業開発,新製品開発,販売提携などがある.これらの事業戦略の検討において,前述のベストセラーから得られる示唆が参考になるだろう.

コスト・ドライバーに対する事業戦略としては,BPO(Business Process Outsourcing)やEMS(Electronics Manufacturing Service)の活用,原価企画の実施などがある.

BPOとは,業務プロセスを外部の業者に委託することを指すが,アウトソーシングと異なり,BPOが意図するのは機能の一部ではなく,機能すべてを外部に委託するような,抜本的な取り組みを指すことが多い.

EMS は BPO の中でも，特に電子機器の受託生産を行うサービスを指す．PC（Personal Computer）やゲーム機器，液晶テレビの製造がこれらの EMS を活用していることは有名である．

　原価企画は，経営計画で設定された利益目標や目標キャッシュ・フローを達成するために，製品の企画段階から取引先を含むグループ全体で取り組む戦略的な原価低減活動であり，目標利益，目標キャッシュ・フローの実現活動である．

　次に運転資本ドライバーに対する事業戦略には，SCM（Supply Chain Management）の導入などがある．SCM は，材料や部品の調達から生産，在庫，販売という，顧客に至るまでの流れをサプライチェーン（供給の鎖）と考え，企業内組織，企業外との間で情報を共有化することで，リードタイムの短縮，在庫の削減，販売機会ロスの削減を図る経営手法，あるいは情報システムである．

　一方，投資キャッシュ・フロードライバーに対する事業戦略としては，M&A（Mergers & Acquisitions），新規工場建設，事業撤退，事業売却などがある．日本経済新聞によると，日本企業による2011年の海外 M&A は609件，684億ドルに達し，過去最高となった．内需低迷に危機感を抱いた企業が，新興国などに成長機会を求めたことが要因である（日本経済新聞 2011年12月29日電子版）．

② 業務的ドライバーと業務改善

　業務的ドライバーは，企業価値を維持するための経常的な改善活動に他ならない．企業価値を向上させるために，新製品の開発や新事業への進出は不可欠である．しかし，新製品の開発や新事業への進出にはリスクが伴うので，既存製品や既存事業からもたらされる多額のキャッシュ・フローが不可欠である．また，既存事業の事業価値は，固定的な価値として，企業価値を下支えすることとなるため，業務的ドライバーに対する継続的な業務改善も欠かすことはできない．

　レベニュー・ドライバーに対する業務改善としては，販売価格の値上げ交渉，

新規顧客の開拓，クロスセリング，アップセリングなどがあり，コスト・ドライバーに対する業務改善としては「カイゼン」に代表される原価低減，TQCなどがある．そして，運転資本ドライバーに対する業務改善としては，製造リードタイム短縮による棚卸資産の削減，売上債権の早期回収，投資キャッシュ・フローに業務改善としては TPM（Total Productive Maintenance）などがある．

§5 機能別戦略と相乗価値

　機能別戦略における相乗価値とは，(グループ) 本社組織が，各事業に属する機能に対して事業内の部分最適にならぬように，全体最適化を目指して機能別戦略を策定，実行することにより，企業全体で生み出される価値である．ここでの機能戦略の例には，SSC（Shared Services Center）設立，ERP（Enterprise Resource Planning）導入，CMS（Cash Management System）導入などがある．

　SSCは，複数の組織で実施している内部の業務を集中化し，組織として独立させることにより，顧客の視点でサービスの向上と，原価削減を図る仕組みである．経理，人事などは，各事業，各関係会社単位でその機能を有すると，機能が重複し不効率が発生して，費用の増加をもたらすことがある．機能を集約化し，1人の担当者が複数の事業や会社を担当することなどにより，効率化を図る．NTTデータグループは，グループ全体の管理業務の効率化を目的として，2008年に，「グループ・シェアード・サービスセンター」を設立し，NTTデータ，およびNTTデータグループ各社の財務，人事，総務，購買の4領域の業務の集約を図り（NTTデータ，2008），現在では，これら業務の中国移管を進めている．

　ERPは，本来は経営資源の最適化を図るという経営概念であるが，基幹業務統合パッケージソフトウェアの意味で用いられることが多い．購買，生産，販売，会計などの分断されていた業務を統合化して，効率化を図るパッケージ

ソフトウェアで，2000年前後から日本企業にも導入が進んだ．世界市場でSAPのSAP ERP，OracleのE-Business Suiteのシェアが高い．

　CMSは，プーリング（資金の集中），ネッティング（資金の相殺），決済の集中，資金の調達と運用の集中，金融資産管理の集中のすべて，あるいは一部の実行により，企業内や企業グループ内にある資金を一元的に管理するシステムである．昨今の円高に対応するためには，外貨建債権の多い事業と外貨建債務の多い事業の，債権債務を相殺するなどの戦略的な資金管理が求められている．

§6　企業価値向上と業績評価

　適切な戦略が企業価値の増加に結び付くためには，いわゆる経営管理サイクル，(Plan-Do-Check-Act, Plan-Do-See, (Definition-) Measurement-Analysis-Improvement-Control など）を迅速かつ適切に循環させることが必要であり，戦略自体の評価，戦略実行の評価のために，統合的な業績評価システムの構築が不可欠となる．

　企業価値向上のために用いられる代表的な業績評価システムには，バリュー・ドライバー・ツリーとバランスト・スコアカードがある．

　バリュー・ドライバー・ツリーとは，企業価値や事業価値を最上位としたデュポン・チャート・システム，イシュー・ツリー，ロジック・ツリーと言い換えてもよいだろう．また，日本企業の多くで採用されている方針展開にも近い．図表1-5は企業価値のバリュー・ドライバー・ツリーの例である．企業価値や事業価値を構成するバリュー・ドライバーを，大区分から小区分へと分解して，そのバリュー・ドライバーを改善させる施策，行動計画を策定する．そして，先行指標（パフォーマンス・ドライバー）と成果指標を用いて，それらの施策や行動の実行の進捗と成果を測定評価して，企業価値向上に結び付けていく．

　一方，バランスト・スコアカードは，財務的視点だけでなく，顧客の視点，

図表1-5 バリュー・ドライバー・ツリー

企業価値	事業価値	営業キャッシュ・フロードライバー	レバニュー・ドライバー	売上高	新製品の開発	新製品開発期間
			コスト・ドライバー	総費用	原価低減	原価低減件数
			運転資本ドライバー	運転資本額	棚卸資産の削減	製造リードタイム
		投資キャッシュ・フロードライバー		投資キャッシュフロー額	M&A	M&A件数
		資本コスト・ドライバー		加重平均資本コスト率	資本構成の最適化	自己資本比率
	非事業資産価値			非事業資産利回り	非事業資産の売却	非事業資産売却額
	社会価値			社会貢献認知度	社会貢献活動	社会貢献活動参加従業員数
	組織価値			新卒入社希望ランキング	資格取得の奨励	1人当たり資格取得数
	相乗価値			キャッシュフロー額	事業構造の見直し	不採算事業数

図表1-6 バリュー・ドライバー・ツリーとバランスト・スコアカード

	バリュー・ドライバー・ツリー	バランスト・スコアカード
記述の対象	価値を構成する要素（ドライバー）を記述し，その要素を改善する施策，行動計画を記述	財務的視点を最上位として，主として戦略，施策，行動計画を記述
記述の細かさ	広くかつ詳細に記述	選択された戦略を記述
記述の期間	短期志向	中長期指向
記述の水準	改善指向になる傾向あり	改革指向
導入の困難度	比較的容易	簡単ではない

社内ビジネスプロセスの視点，学習と成長の視点など，多角的な視点から，ビジョン（ミッション，バリュー），戦略の策定，実行，戦略そのものの是正を促進し，企業改革を進める戦略的マネジメントシステムである．最上位の財務的視点の指標として，企業価値を掲げ，企業価値向上に結び付く戦略を策定し，

その戦略の実行と成果を先行指標と成果指標を用いて測定評価して，企業価値向上に結び付けていく．両者の違いは，図表1-6のように整理できる．

　戦略は策定されただけでは企業価値の向上には結びつかない．IRとして戦略を対外発表することにより，一時的には株価は上昇するかもしれないが，それは長く続かず，確実に戦略を実行し，成果を生み出していく必要がある．しかし，実際の企業では，戦略自体が不適切で，最初から企業環境に適合していないケース，また戦略を策定しても実行されないケース，時間の経過とともに企業環境が変化して，戦略自体が不適合になってしまったケースなど，成果を生み出せない企業が少なくない．戦略は策定された時点から陳腐化する．成果を生み出すためには，バリュー・ドライバー・ツリーやバランスト・スコアカードなどの管理会計のツールを用いて，経営管理サイクルを循環させていく必要がある．

　本章では，戦略に関して常識的な記述がなされているが，企業価値向上に関する戦略に特別な方法など存在しない．当たり前のことを大胆かつ着実，確実に実行することが重要である．
　一方で，サムソンが半導体，液晶テレビにおいて，多額の投資を継続し，市場での勝利を手にしたのに対して，日本のエレクトロニクス企業は撤退，縮小を余儀なくされた．また，アップルが独創的な新製品を上市にするのに対して，同じく日本のエレクトロニクス企業からは，独創的な新製品が誕生していない．その結果，企業価値においても大きな差が生じてしまった．その原因は何か．
　筆者は，経営目標の水準の違いであると考える．経営目標を高く掲げる．高い目標を掲げるから抜本的な戦略が生まれる．抜本的な戦略であるがゆえに，全グループが一丸となって目標に向かって戦略を実行に移す必要がある．すなわち，高い目標を掲げるから，高い成果が得られるのである．サムスン会長の李健熙（イ・ゴンヒ），アップルの前CEOの故スティーブ・ジョブズは高い目標を設定し，その達成にこだわり続けた．日本の経営者は，無意識のうちに自分の地位を守るために，達成可能な経営目標を設定しているのではないだろうか．この時点

で勝負はついている．日本企業の強さは，カイゼンに代表されるように継続的，確実に実行する力である．高い目標を達成しようとする実行力はある．株主の期待が反映された企業価値向上という高い目標を掲げることで，その達成のための戦略は生まれてくるのではないか．そう信じて本章を終えたいと思う．

注
1) EVA® は米国スタンスチュアート社の登録商標である．
2) 重要成功要因に関しては，経営戦略論とバランスト・スコアカードの定義に差異がある．経営戦略論は，事業を成功させる上で押さえるべき主要な要因，事業目標を達成するために不可欠な要因を指すが，バランスト・スコアカードでは，業界などの戦略目標をアクションプランとして具体化するにあたり，重要な要因，業績評価指標を指す．したがって，両者を区分するために本章では前者を主要成功要因と呼んでいる．

参　考　文　献

Chandler, Alfred, 1962, *Strategy and Structure ; Chapter in the History of American Industrial Enterprise*, MIT Press, 13.（三菱経済研究所訳，1967,『経営戦略と組織』，実業之日本社，17.）

Christensen, Clayton M., 1997, *THE INNOVATOR'S DILEMMA*, Harvard Business School Press.（玉田俊平太監修，伊豆原弓訳，2000,『イノベーションのジレンマ──技術革新が巨大企業を滅ぼすとき』，翔泳社.）

Collins, Jim C. & Porras, Jerry I., 1994, *BUILD TO LAST*, Curtis Brown.（山岡洋一訳，1995,『ビジョナリーカンパニー──時代を超える生存の原則』，日経 BP.）

Collins, Jim C., 2001, *GOOD TO GREAT*, Curtis Brown.（山岡洋一訳，2001,『ビジョナリーカンパニー②──飛躍の法則』，日経 BP.）

Collins, James C., 2009, *HOW THE MIGHTY FALL*, Curtis Brown.（山岡洋一訳，2010,『ビジョナリーカンパニー③──衰退の五段階』，日経 BP.）

Collins, Jim & Hansen, Morten T., 2012, *GREAT BY CHOICE*, Harper Business.（牧野洋訳，2012,『ビジョナリーカンパニー④──自分の意志で偉大になる』，日経 BP.）

Hamel, Gray & Prahalad, Coimbatore K., 1994, *COMPETING FOR THE*

FUTURE, Harvard Business School Press.（一條和生訳，1995，『コア・コンピタンス経営――大競争時代を勝ち抜く戦略』，日本経済新聞社.）

Kim, W. Chan and Mauborgne, Renée, 2005, *Blue Ocean Strategy*, Harvard Business School Press.（有賀裕子訳，2005，『ブルー・オーシャン戦略』，ランダムハウス講談社.）

Kotler, Philip, 1980, *Marketing Management 4thedition*, Prentice Hall.（村田昭治監修，小坂恕，疋田聡，三村優美子訳，1983，『コトラー マーケティング・マネジメント――競争的戦略時代の発想と展開 第4版』，プレジデント社，196-220.）

Mintzberg, Henry., 1978, *Patterns in strategy formulation*, Management Science, Vol. 24, 934-948.

Porter Michael E., 1980, *Competitive strategy*, Free Press, 29-30, 34-46.（土岐坤・中辻萬治・服部照夫訳，1985，『競争の戦略』，ダイヤモンド社，50＆55-71.）

Rappaport, Alfred, 1986, *Creating Shareholder Value*, New York, The Free Press, 172.

一般社団法人日本経済団体連合会，2006，『企業価値の最大化に向けた経営戦略』，11-15.

櫻井通晴，2003，『バランスト・スコアカード――理論とケース・スタディ』，同文館出版，39.

櫻井通晴，2011，『コーポレート・レピュテーションの測定と管理』，同文館出版，70-71.

田中隆雄，2002，『管理会計の知見 第二版』，森山書店，308-311.

日本経済新聞，2011年12月29日電子版.

野中郁次郎，1985，『経営管理』，日本経済新聞社，111-112.

NTTデータ，2008，「NTTデータグループ各社の管理業務を集約する『グループ・シェアード・サービスセンタ』を設立」，2008年9月30日付プレスリリース，http://www.nttdata.co.jp/release/2008/093000.html.

第2章　企業価値向上のマーケティング戦略

紺　野　　　剛

―――――― 本章の概要 ――――――

　マーケティング戦略についてはより科学的な理論化を進め，現在のマーケティング戦略を評価し，今後のマーケティング戦略の策定を改善させて，各マーケティング戦略の効果をできる限り測定していく．企業価値を向上させるためには，マーケティング戦略を機能面などから多面的に考察し，マーケティング戦略をより具体化・可視化して管理し，マーケティング戦略に関連する重要な主要ドライバー・指標の抽出・管理に関しても，体系的な検討を加える．

　企業価値の向上を検証するには，測定可能な企業価値関連指標は欠かせない．指標化するには会計的指標は必要不可欠であり，もっとも基本的な情報である．マーケティング活動の全般的な測定・指標化も進めながら，同時に個別的なより具体的な指標をも組み合わせて体系化し，より積極的に顧客との関係性を持続的に強化していくことが重要である．企業価値を向上させるために，マーケティング戦略の視点から総括的に今後の方向性を展望する．

§1　マーケティング戦略の概要

1.1　マーケティング戦略の意義

　マーケティングそのものの内容が多様で体系的な整理が難しく，より実践的なマーケティング活動は，複雑化しているために，一般化が困難な課題であるが，かなり単純化してでも，ある程度定義を明確にしていかなければならない．そこで，アメリカ・マーケティング協会（AMA；American Marketing Association）2004年によれば，「マーケティング（Marketing）とは，顧客に

向けて価値を創造，伝達，提供し，組織および組織をとりまくステークホルダーに有益となるよう顧客との関係性をマネジメントする組織の機能および一連のプロセスである」と定義している．AMA の定義も改定をくり返し，領域を拡大している．

　Kotler（1994）によれば，「マーケティングとは，製品の価値を作りだし，提供し，他の人と交換することによって個人およびグループが必要で求めるものを手に入れる社会的かつマネジリアルなプロセスである」と定義している．マーケティングの本質は，顧客へ価値を提案し，実行するプロセスである．顧客価値の向上を実現するために，顧客との関係強化が重要であり，必要に応じては，顧客とともに価値を共創していくことも考えられる．

　マーケティングの定義は，様々に定義され，時代とともに変遷・拡大してきている．マーケティングの基本機能は貨幣による交換過程であり，共通的な基本構造の特質としては，マーケット，顧客志向を強調してきている点にある．それゆえに，顧客の創造と維持が究極目的となる．本章におけるマーケティングは，営業・販売活動を包含したより広い範囲を対象とする．財・サービスを介して顧客との関係を長期的かつ総合的に構築していくための，企業全般にわたる広範囲な活動である．マーケティング活動の起点は，顧客とのマーケティング関係構築にある．顧客を創造し持続的に維持していくことである．どのようにして顧客とのリレーションを確立，醸成するのか．顧客データベースを整備し，顧客とのリレーションシップを強化するのか．マーケティング戦略（Marketing Strategy）は，標的顧客における差別的優位性の構築・維持のために，マーケティング諸手段の組み合せとしてのマーケティング・ミックスを方向付ける役割を果たす．マーケティング戦略は，企業戦略を前提にしながら深く関わっている．

　顧客満足を通じて，顧客をより維持し，顧客価値を向上させることが，マーケティング戦略の主要内容となる．顧客との共存共栄のマーケティングを展開していかなければならない．主要顧客との継続的な関係構築により，より安定的な企業成長が可能となる．製品の単純な交換取引でなく，その後のアフター

フォローを包含する取引は，より長期的な関係性を重視する方向である．このように，安定的な関係を模索，構築，そして維持していくことが重要になっている．関係者の満足度を同時に高め，臨機応変にカスタムメイドの対応をし，ロイヤルティ，そしてブランド化へと関係性を高めていく．複雑不透明な環境下では，信頼に基づく長期的な関係を構築していくことが基本である．すべての企業価値は顧客から生まれ，顧客との相互作用として共有される．マーケティング活動の成果の測定，評価が不十分で，コスト，効率に関しても調査・分析不足であり，マーケティングプロセスをより定量的に把握・評価することにより，マーケティング戦略を支援したい．

　価値は，知覚された有形および無形のベネフィットと，顧客にかかるコストの差額である．価値は，主として Q (Quality) S (Service) P (Price) の組み合わせでもあり，品質とサービスを高めて，そして価格を下げれば，価値は高まる．高品質・サービスで，価格は安ければ安いほど望ましい．

　マーケティング戦略は複数の施策を同時に行うことが多いので，どの施策がどれだけの効果を上げたのかを個別に測定することが難しい．インターネット時代は，個々の顧客に合わせてカスタマイズし，非常に強固なリレーションを構築することが，より可能となっている．

　共創の例示としては，セブン-イレブンと商品供給業者（ベンダー）との商品開発，菱食と取引業者との関係，ウォルマートとメーカーの情報共有などが思い浮かぶ．

　成熟した市場では，消費者の欲求は「モノ」から「コト」へ，モノづくりから価値づくりへの転換が求められている．機能的価値より意味的価値を，より重視するマーケティング戦略への移行である．意味的価値は，顧客が主観的に意味付ける価値である．コンテンツサービスなどの新たなサービスの側面が，より求められている．機能的価値は，技術志向で新しい機能開発に重点を置くのに対して，意味的価値は，顧客志向で新しい市場・使用方法・サービスなどに重点を置く．しかし，どのように潜在ニーズ，新しい価値・市場を見つけるのかは，極めて難しい．

54　第2章　企業価値向上のマーケティング戦略

図表2-1　顧客との関係プロセス

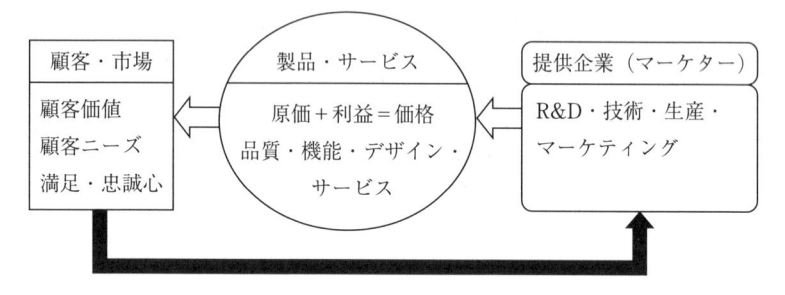

顧客・市場	製品・サービス	提供企業（マーケター）
顧客価値 顧客ニーズ 満足・忠誠心	原価＋利益＝価格 品質・機能・デザイン・サービス	R&D・技術・生産・マーケティング

図表2-2　企業価値とバリューチェーン（価値連鎖）

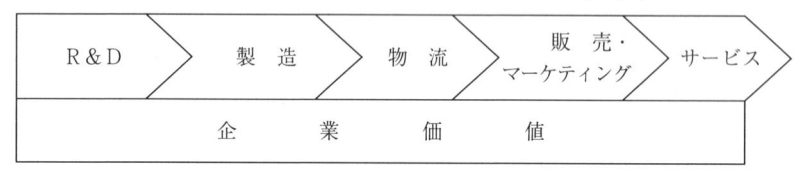

R&D ＞ 製造 ＞ 物流 ＞ 販売・マーケティング ＞ サービス

企　業　価　値

　マーケティングは，顧客のニーズを満たし，顧客の信頼とロイヤルティを向上させながら，関係を強化して，差別的優位性に基づき企業価値を向上させる．顧客に価値を提供するのは，製品・サービスそのものではなく，製品・サービスを媒介とした知識により，顧客の問題を解決できるからである．

1.2　マーケティング戦略の意思決定

　最初に，マーケティング目標（Marketing Objectives）を策定して，マーケティング戦略を展開する．マーケティング戦略により，顧客価値が創造される．顧客価値創造とは，顧客価値を将来創造できるかどうかが問題になる．そこで，「創造」は新しく生み出すことを意味している．そこで顧客価値創造とは，フローとしての期間変動額として捉えることになる．

　　　（将来の）顧客価値創造＝将来時点の顧客価値－現在時点の顧客価値

　マーケティング戦略を選別するには，マーケティング戦略を比較検討して，

図表2-3 各マーケティング戦略の比較

各マーケティング戦略	MS 1	MS 2	MS 3
投資額	100億円	100億円	100億円
成　果			
売上高	100億円	150億円	200億円
利　益	10億円	10億円	15億円
シェア	10%	15%	20%
ロイヤルティ	20%	20%	25%
顧客満足度	70%	65%	60%
顧客数	2億人	3億人	4億人
価　格	@¥20	@¥25	@¥30
ブランド	5%	6%	5%
認知率	30%	35%	40%
推奨意向	10%	12%	10%
顧客生涯価値	200億円	150億円	250億円

その優劣を判断することになる．重要でない，不適切なものを取り除き，望ましい戦略を推進する．各マーケティング戦略を比較検討するには，マーケティング戦略の成果を予測し，比較・検討すべきである．マーケティング戦略代替案から，もっとも望ましいマーケティング戦略が選択される．

§2　企業価値向上のマーケティング戦略

2.1　企業価値向上とマーケティング戦略の関連

　顧客価値向上プロセスを明確化するために，その価値向上を促進するもっとも重要な要因であるKVD（Key Value Drivers），さらにより具体的な測定可能な指標であるKVI（Key Value Indicators, Indices）を確定していくことが，最重要課題である．各指標は，基本的に各社の状況により選択されるが，その定義と算出方法の妥当性をも確認しておくことが必要である．KVDとKVIを具体的に抽出することは，今後の中心課題である．顧客価値創造ドライバーの選定条件は，測定可能であり，マーケティング活動に影響を与え，価値創造に直結するものでなければならない．

図表 2-4　マーケティング戦略と企業価値向上の連鎖

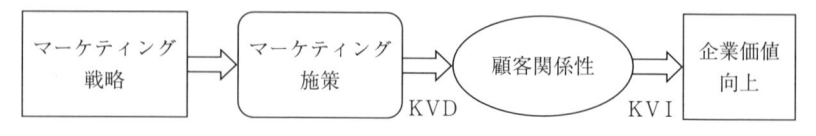

マーケティング戦略 → マーケティング施策 → 顧客関係性 → 企業価値向上
　　　　　　　　　　　　　　　　KVD　　　　　　　　　KVI

2.2 成果バリュー・ドライバー・指標と先行バリュー・ドライバー・指標

　バリュー・ドライバーと指標を整理・体系化しておこう．バリュー・ドライバーは，企業価値を創造する要因そのものであり，それを具体的に測定するための指標とは区別する．バリュー・ドライバー・指標を，成果バリュー・ドライバー・指標と，先行バリュー・ドライバー・指標とに区分する必要性がある．しかし，個別具体的事例に応じて区別しなければならない場合も多い．これまでの，実務では成果ドライバー・指標の視点だけを重視してきたのではないか．先行ドライバー・指標を可視化して，マーケティング戦略，マーケティング活動のプロセスを変革していかなければ，成果ドライバー・指標に結び付けられない．本質的企業価値を高めると同時に，IR などにより現象的企業価値に，それを正しく反映させることも重要となる．

　顧客価値創造戦略においては，顧客価値（お客が価値があると認める価値）の測定が特に問題となり，期待の品質，サービスか，期待の価格か，業務対応は良いか，良好なコミュニケーションが取れるかなどが問題となる．正味の顧客価値は，製品・サービスの効用から期待する品質に対する対価を差し引いて求められる．満足・不満度とは，事前の期待から事後の成果の差引として算定される．顧客自身の価値創造，知識創造に貢献する製品・サービス提供も考えられる．これらから，顧客価値を創造する KVD・KVI を選定していくことになる．顧客 KVD・KVI を選定する場合には，図表 2-5 のように，各条件とその分類の組み合わせに基づいて，選定条件ごとにそれらにふさわしい KVD・KVI を決定することになる．

図表2-5 顧客KVD・KVIの選定条件

1 外部経営環境分類	A 高成長・好景気	B 安定成長・安定景気	C 低成長・景気後退
2 製品・サービス分類	a 一般消費財	b 耐久消費財	c 生産財
3 顧客分類	① 富裕層	② 中間層	③ 低所得層

2.3 日本の時価総額トップ企業の顧客価値創造主要ドライバー

日本の時価総額トップ200社の，企業価値を創造する要因を調査・整理した．顧客価値の要因（54％）からもっとも企業価値創造に繋げられている．顧客価値の要因としては顧客重視（17％），技術志向（12％），開発重視（11％），品質重視（8％），市場拡大（4％）が重視されていると判定した（紺野，2012，pp.100-120）．

社内のマーケティング関連の情報を整理・集約し，マーケティング戦略の体系的な可視化を推進し，企業価値の向上に役立つように変革させる．顧客に知識として蓄積されて，長期的には企業価値向上に繋がる．どのような市場に，どのような顧客をターゲットに，どのような製品・サービスを供給するのかが課題となる．

§3 企業価値向上のマーケティング戦略関連のバリュー・ドライバー・指標

企業価値向上のために，マーケティング戦略と関連するバリュー・ドライバー・指標を以下の通りに体系化して整理する．

3.1 マーケティング戦略関連のバリュー・ドライバー・指標

3.1.1 レベニュー・ドライバー（Revenue Driver）

マーケティング戦略の究極的な目的は，より多くの顧客に，より高い頻度で，より多額の購入をしてもらうことである．その結果が会計上売上として計上される．売上を増加させるためには，レベニュー・ドライバーの考察が要となる．

レベニュー・ドライバーは，収益を変化させる要因，収益に影響を与える要因である．収益発生のメカニズムを解明し，相互依存性の問題を踏まえて，どのレベニュー・ドライバーが企業価値向上に貢献するかを検討する．市場規模，顧客収益，売上高成長率，既存店成長率などに関連させて分析される．価格，種類，店舗網，販売チャネル，製品機能・品質，デザイン，広告宣伝，販売促進（景品，クーポン），ブランドロイヤリティ，サービス，クレームなどに区分して収益に対する影響を検討する．レベニュー・ドライバーは，同時に顧客価値にも影響を与える要因でもある．

3.1.2 マーケット・シェア（Market Share）

マーケット・シェア（市場占有率）は，当該市場における自社の売上割合を示している．市場規模に基づく市場全体に占める，計算対象企業（製品）の割合であり，市場の成長と競争構造との関係を判断する指標である．市場の意味が市場の定義により相違する難しさがある．顧客シェアは，顧客の支出に占める自社の割合，個々の顧客にできるだけ多くの製品を販売しているのかを測定する指標である．PIMS（profit impact of market strategies）プロジェクトの研究では，市場シェアと収益性の関係を調べ，市場シェアとROIとの強い相関関係が指摘されている（バゼル・ロバート・D. 他, 2008, pp. 74-89）．

3.1.3 マーケティングコスト・投資

マーケティングコストは，マーケティング活動に関わるすべてのコスト（費用）である．マーケティング・ミックスの各要素の創出と維持・運用に関わるすべての費用を意味している．マーケティング費用を管理の視点から分けると，注文獲得費（order-getting cost）と注文履行費（order-filling cost）である．注文獲得費には，販売費と販売活動管理費が含められる．販売費は，広告宣伝費，販売促進費，人的販売費などから構成される．販売促進費は，販売を促進するための催事関係（キャンペーン）の費用，試供品提供の費用，リベート，報奨金，POP（point of purchase）ツール関係の費用，交際費などが例であり，注文獲得のインセンティブとして用いられる．注文獲得費は，（将来も含む）収益に貢献するので，企業価値向上に関連している．すなわち企業価値向上のド

ライバーとなる．しかし関連効果を明確にすることが難しい課題でもある．顧客獲得 (acquisition) 費用，顧客維持 (retention) 費用，顧客維持率としても分析できる．

マーケティング費用は，財務会計的には全額，期間費用として総額で管理されている．そのために短期的視点から考えられがちである．ABC (Activity-based Costing) により，製品別・顧客別に測定可能となれば，どのようなマーケティング活動により，顧客価値が向上し，そのためにどれだけのマーケティング費用が必要なのかの情報提供は可能となる．

1997年日本会計研究学会特別委員会「市場・製品・顧客と管理会計の新しいパラダイム」の調査によれば，「販売促進費と広告宣伝費は，売上高との相関は予測困難か相関関係なしの比率が圧倒的であった」と述べられている (pp. 89-90)．

マーケティング投資は，マーケティングに関わる費用のうち，収益との関連が不確実なものを，特に投資として取り扱う．マーケティング費用は，短期的に管理されるが，マーケティング投資は中長期的に取り扱われる．

3.1.4 マーケティング収益性

マーケティング戦略は，最終的には利益を目指し，マーケティングコスト・投資に見合うリターンを期待している．マーケティング戦略から得られるマージン，ベネフィット（便益）を測定する．

$$\text{マーケティング利益（または限界利益）} = \text{収益} - \text{マーケティング費用（またはマーケティング変動費）}$$

マーケティングコストを ABC などによりコストを配分して把握できれば，マーケティング活動が，顧客にどれだけの価値をもたらすか，そのためにどれだけのコストがかかるかを判断できる．各種売上収益性として分析することもできる．製品別収益性，顧客利益，顧客別収益性・回転率，販売チャネル別収益性などにより細分化して分析可能である．

3.1.5 マーケティング ROI (Return on Investment)

ROMI とも表現され,マーケティングに投下した投資総額に対する成果を,割合(%)として評価する方法である.マーケティングの多くは長期にわたる結果を求めているので,投資として扱われる.マーケティング投資がどの程度効果を上げたかを合理的に判断でき,マーケティング投資の利益率を最大化する意思決定に導く.より多くの売上,より多くの顧客,より高い頻度で,もっとも効率的に,より多くの金を使わせることである.キャンペーン別,顧客別のマーケティング ROI 改善機会に結び付けることもできる.会計・財務上の用語,尺度と整合する指標を用いるために,理解しやすく,しかも使いやすい.

$$\text{マーケティング ROI} = \frac{\text{粗利益} - \text{マーケティング投資}}{\text{マーケティング投資}}$$

3.1.6 マーケティング関連指標

マーケティング関連のデータの多くは,顧客関連指標であり,外部から収集しなければならない.マーケティングに関しては,絶対的な指標が存在せず,そこで,関連する複数の指標を組み合わせて評価しなければならない.膨大なデータから重要なデータを選別する機能が求められている.

顧客との関係を重視して,顧客関連指標を最初に検討する.CRM (customer relationship management) により,顧客を詳細に把握し,顧客により対応することにより,企業価値を向上させる.顧客情報管理として,購買(購入)金額,購買(購入)頻度,顧客期間,顧客特性などを分析し,顧客ごとの対応を考える.RFM 分析は,最終購入日(Regency),来店頻度(Frequency),購入金額(Monetary)で顧客を区分してアプローチする分析方法である.

①顧客数

顧客とは,当該企業から購買を行う人,または企業のことである.契約(者)数,会員数,取引数として活用する場合もあり,測定目的により顧客の定義・範囲は相違する.潜在顧客の顕在顧客化過程も関係しており,顧客の定義は課題である.新規獲得顧客数,新規顧客獲得率,潜在顧客数,見込み客化

§3 企業価値向上のマーケティング戦略関連のバリュー・ドライバー・指標　61

図表2-6　顧客の進化プロセス

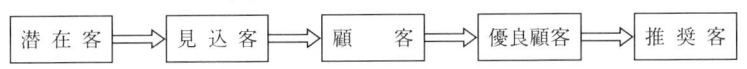

潜在客 → 見込客 → 顧　客 → 優良顧客 → 推奨客

率，来店者数，優良（コア，バリュー）顧客数，反復購買顧客数，顧客保持（維持・定着）率，顧客化率，失った顧客数，離反顧客数，顧客喪失（確）率としても用いられる．特に，顧客獲得（Customer Acquisition）プロセスが注目される．

②営業マン数，訪問回数

③販売網，店舗数

④認知（Awareness）率・知覚（Perception）率・購買意向（Purchase intention）率

　顧客は最初に製品を認知・知覚し，購買行動に繋げる．認知・知覚率を改善するには，独創的な価値や娯楽的な価値を高めることが考えられる．知覚価値として測定することも考えられる．

⑤顧客満足度（Customer Satisfaction；CS）

　顧客満足度とは，期待されたレベルと実際に知覚されたレベルの差である．知覚された実績成果と事前期待・価値犠牲との相関関係で決まり，成果が期待通りであれば，顧客は満足する．CSが高いと顧客志向であるが，CSは，一般に徐々に下がるので維持活動が必要である．CSは，信頼性が乏しいが，ある高い臨界値を超えると再購買率は上昇する．不満がクレームとして現れるので，不満原因を解消することで企業価値を向上できる．好感度，紹介率，推奨者指数，推奨意向率，接客時間，苦情数，欠品率としても測定される．

⑥顧客ロイヤリティ（忠誠度：Customer Loyalty）

　顧客ロイヤリティは，当該企業から継続的に購買したいという顧客の意向であり，喜んで再購買を増加させ（ファンづくり），収益との関連も期待される．顧客満足を増大させればロイヤリティも増大するが，直接的な関係はなく非線型であることが多い．顧客維持率（Customer Retention Ratio）として測定され，試買率，入比率，再購入比率（リピート率，反復購買率，再購入確率），

推奨率，離脱率という指標を用いることもできる．顧客自体指標と顧客購買結果指標とに分けることもできる．

⑦顧客価値（Customer Value）

顧客価値は，期待するベネフィットと価値犠牲・費用との差額であり，厳密に定義すれば，顧客にとって，将来にわたって生み出す付加価値（Cash Flow；CF）の割引現在価値と定義できる．顧客価値は全顧客の顧客生涯価値（Customer lifetime value；CLV）の合計となる．顧客価値は期待するベネフィットの束であり，顧客総コストを控除した純額である．顧客生涯価値の主な決定要因は，顧客維持率である．製品それ自体の価値の他に，サービス価値，イメージ価値，人的関連価値なども含める，相対的価値であり，常に変動する．理想的には人的価値を創造し，顧客価値の創造に繋げる．増分顧客価値が算定できれば，より望ましい．顧客価値を創造すれば，通常は利益・CFも増えていくだろう．顧客関係性マネジメントを強化することにより，顧客との絆を築き，顧客生涯価値の最大化を目指す方法が注目されている．需要創造の鍵は，顧客とのインタラクト（interact）にある．口コミ（推奨）の側面に注力すれば，顧客紹介価値（Customer referral value；CRV）を算定することも考えられる．

⑧ブランド（Brand）

ブランドは，顧客の心の中で識別するための，複合的な名前・ロゴ・イメージ・知覚であり，ブランドの本質は記号の一つである名である．この名が様々なイメージを連想させる．ブランド・エクイティ（資産），浸透率としても用いられる．

主なKVD・KVIを分類して整理すると，図表2-7，2-8の通りとなる．結果指標はマーケティング活動の達成度を示す結果としての指標である．先行指標は，結果に繋げる要因としての先行的なプロセス，努力指標である．

3.1.7 マーケティング総合指標

各種の指標は，柔軟に設定・管理・更新できるので，マーケティング戦略に関するPDCA（Plan-Do-Check-Action）のサイクルを効率的に回しながら，

§3 企業価値向上のマーケティング戦略関連のバリュー・ドライバー・指標　63

図表2-7　各プロセスの視点別指標

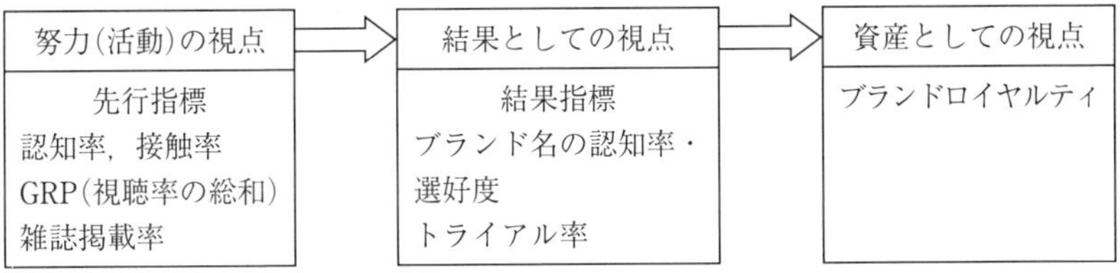

努力(活動)の視点	結果としての視点	資産としての視点
先行指標 認知率，接触率 GRP(視聴率の総和) 雑誌掲載率	結果指標 ブランド名の認知率・ 選好度 トライアル率	ブランドロイヤルティ

図表2-8　KVD・KVIの分類・例示

視　点	先行指標	結果指標
財務的指標	マーケティング費用 マーケティング投資	売上高 利　益 資本利益率 顧客収益性
市場的指標	新製品数 新規顧客数 店舗数 営業人員	マーケット・シェア 顧客数 ブランド価値
顧客的指標	認知率 顧客関係性	知覚価値 顧客満足度 ロイヤルティ 顧客生涯価値 苦情件数 推奨率

管理を進めていかねばならない．

　マーケティング・メトリクス（Marketing Metrics）の総合指標として提案されている，マーケティングダッシュボード（Marketing Dashboard）は，図形的描写により，視覚的に複合的な一覧指標から，兆候や予測をより容易に発見しやすく，把握でき，異常を発見できる優位性がある．ばらばらなデータソースをシステム的に情報集約・解析・予測し，リアルタイムにマーケティン

図表2-9 マーケティング・メトリクス総合ランキング

順位	メトリクス	大変有効回答率
1	純利益	91%
2	粗利益	78%
3	投資利益率	77%
4	顧客満足	71%
5	目標販売高	71%
6	総販売高	70%
7	目標販売数量	70%
8	売上高利益率	69%
9	ロイヤルティ	69%
10	年間成長率	69%
11	金額ベースの市場シェア	67%
12	顧客数	67%
13	単位粗利益	65%
14	顧客維持率	63%
15	予測潜在販売高	62%
16	数量ベースの市場シェア	61%
17	ブランド認知率	61%
18	変動費／固定費	60%
19	推奨意向	57%
20	予測販売数量	56%
21	営業部隊の効果	54%
22	価格プレミアム	54%
23	マーケティング費用	52%
24	平均単価	51%
25	浸透度	50%
26	トップオブマインド	50%

出典：小野他監訳，2011, pp.14-15.

グ意思決定を支援できる．適切な重要指標の集合体は，各企業によりKVD・KVIが相違するから，企業ごとに異なる．

マーケティング・メトリクスの有効回答の総合ランキングを参考までに示す．

3.2 KVD・KVIの選定

指標数は，多過ぎても，少な過ぎても問題であり，測定やデータ入手可能性も配慮しなければならない．マテリアリティ分析を基に，KVD・KVIの抽

§3 企業価値向上のマーケティング戦略関連のバリュー・ドライバー・指標 　65

図表 2 - 10　企業価値向上へのマテリアリティ分析

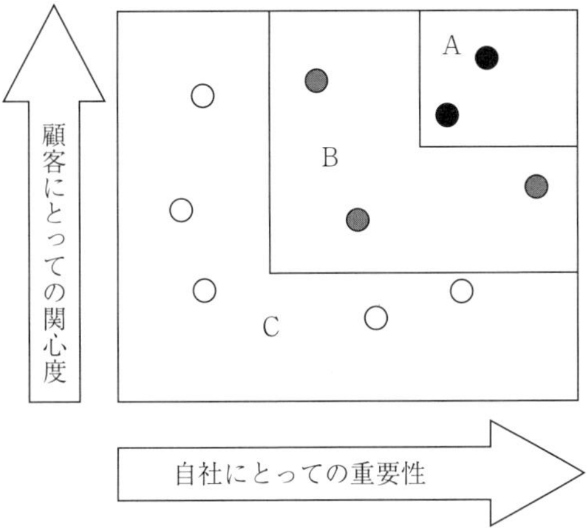

出典：日本通運 CSR 報告書 2011, p.10 など参照.

出・整理方法を検討する．重要課題（マテリアリティ，materiality：企業価値向上に重要な影響を及ぼす要因）の特定を，顧客の視点と企業経営（自社）の視点の2軸でプロットし，KVD・KVIを抽出する．縦軸には，顧客にとっての影響・関心度合い，重要性から評価する．横軸には，自社にとっての影響度合い，重要性から評価し，各KVD・KVIをプロットする．A領域は顧客，自社にとっても重要性が高いので最優先する．B領域は顧客，自社にとってもある程度重要であり，C領域は顧客，自社にとってそれほど重要でないと判定する．評価する場合には，顧客など関係者に調査，ヒアリングを行い，主観性を極力避けなければならない．必要に応じては，マテリアリティの見直しをし，積極的に取り組む課題を常に明確にし，対応を強化しながら検証をくり返していくのである．

　各KVD・KVIを関連付けるために，各KVD・KVIの因果連鎖を一覧にして整理する．顧客・株主価値創造戦略は，顧客により積極的に応えながら，会計業績を上げ，株主還元を増やし，株価を上昇させれば，顧客価値と株主価値を同時に創造することになる．経営本来の中心的業務プロセスそのものでもある．

66　第2章　企業価値向上のマーケティング戦略

図表 2-11　企業価値向上へのマーケティング KVD の因果連鎖例示

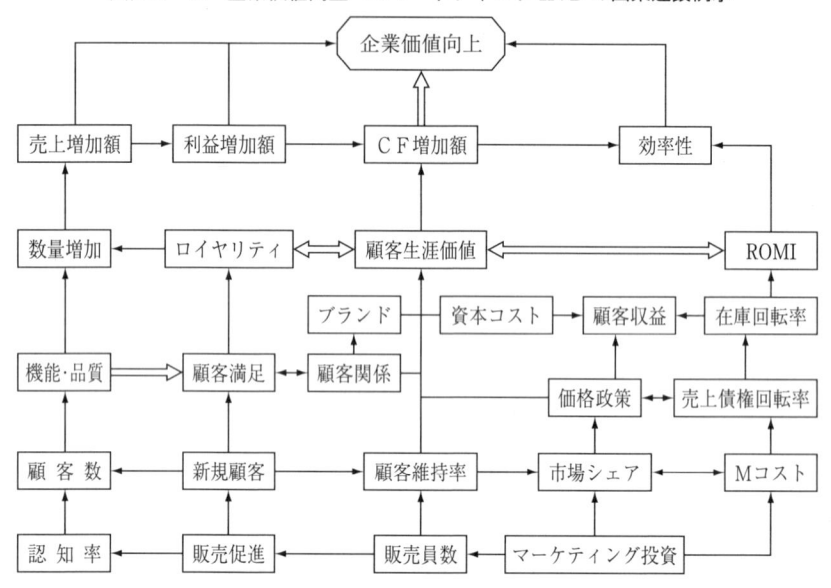

図表 2-12　企業価値向上へのマーケティング KVD の因果連鎖（携帯電話会社の例示）

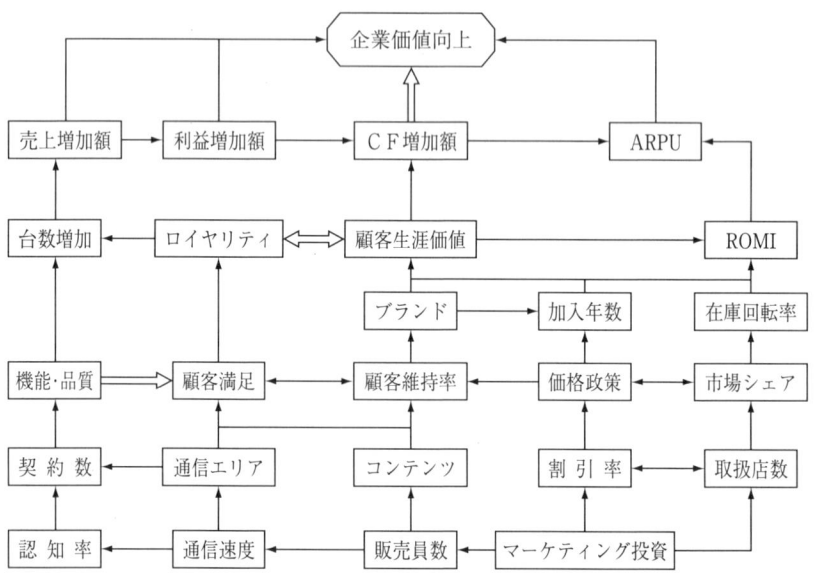

§3 企業価値向上のマーケティング戦略関連のバリュー・ドライバー・指標　67

これまでの企業価値向上のためのマーケティング戦略の検討から，特に重要な事項を要約整理しておこう．

① 市場，顧客は変化するので，常に鮮度を高める．耐えず検証，見直し更新を続けなければならない．

② 企業価値向上のためのマーケティング戦略に関連する，マーケティングKVD・KVIを体系的に整理，活用する．

③ マーケティング戦略を全体的視点と，個別具体的な視点に整理・統合する．

④ 企業価値の向上には，顧客KVDがもっとも重視されている．

⑤ 企業価値創造の顧客KVDの要因としては，顧客重視（16％），技術志向（12％），開発重視（11％），品質重視（6％），市場拡大（5％）が重視されている．

⑥ 顧客のニーズ，情報，関係度を把握し，顧客価値向上の追求に繋げることを重視する．

⑦ 企業価値創造KVD連鎖の関係を体系的に整理し，活用する．

企業価値向上のためのマーケティング戦略だけに焦点をあててきたが，企業活動のバリューチェーン全体を連鎖させるためには，顧客志向に基づきR&D，生産などとの関連性を重視するのは当然である．

企業価値向上のマーケティング戦略の分析を試みてきた．マーケティング戦略を変革することにより，企業価値の向上に結び付けることは可能である．しかし，マーケティング戦略の視点から各企業の非財務的視点をも加味した，企業価値向上への接近を試みてきたが，まだ不十分である．さらに，より精度を高めるように発展させていかなければならない．これまでの論点をより追求することにより，マーケティング戦略の効果を常に確認しながら，マーケティング戦略の全体最適化への道筋へと繋がれば，必ず企業価値向上へと結び付くと期待している．

参 考 文 献

AccountAbility, 創コンサルティング訳, 2007, 『マテリアリティ・レポート』.
Becker, Brian E., etc., 2001, *The HR Scorecard*, Harvard Business School Press.
Daum, Juergen H., 2003, *Intangible Assets and Value Creation*, Wiley.
Kotler, P., 1994, *Marketing Management 8th ed.*, Prentice-Hall.
Olve, Nils-Göran, etc., 1999, *Performance Drivers*, Wiley.
Olve, Nils-Göran, etc., 2003, *Making Scorecards Actionable*, Wiley.
Scott, Mark C., 1998, *Value Drivers*, Wiley.
Sullivan, Patrick H., 2000, *Value-Driven Intellectual Capital*, Wiley. (森田松太郎監修, 2002, 『知的経営の真髄』, 東洋経済新報社.)

有吉秀樹, 2007, 『企業価値向上のマーケティグ戦略』, 中央経済社.
池尾恭一他, 2010, 『マーケティグ』, 有斐閣.
大石芳裕編, 2009, 『日本企業のグローバル・マーケティング』, 白桃書房.
片山富弘, 2009, 『顧客満足対応のマーケティング戦略』, 五絃舎.
企業価値創造会計研究会, 紺野剛代表, 2009, 『企業価値創造会計——エレクトロニクス業界の事例分析』, 学文社.
紺野 剛, 2011, 「日本トップ100社の比較研究による企業価値創造会計」, 『CGSAフォーラム』(中央大学大学院国際会計研究科) 第9号, 2011年3月, 33-55.
紺野 剛, 2012, 「日本トップ200社の比較研究による企業価値創造会計」, 『CGSAフォーラム』(中央大学大学院国際会計研究科) 第10号, 2012年3月, 72-94.
嶋口充輝, 1994, 『顧客満足型マーケティングの構図』, 有斐閣.
嶋口充輝・内田和成編著, 2004, 『顧客ロイヤルティの時代』, 同文舘出版.
嶋口充輝他, 2004, 『マーケティング戦略』, 有斐閣.
多田正行, 2004, 『コトラーのマーケティング戦略』, PHP研究所.
田中隆雄, 1997, 『管理会計の知見』, 森山書店.
田村正紀, 2010, 『マーケティング・メトリクス』, 日本経済新聞出版社.
常盤猛男, 2007, 『顧客満足経営事典』, ファーストプレス.
西川 徹, 1996, 『価値創造のマーケティング』, 国元書房.
日本会計研究学会特別委員会報告, 1997, 『市場・製品・顧客と管理会計の新しいパラダイム中間報告』.
日本会計研究学会特別委員会報告, 1998, 『市場・製品・顧客と管理会計の新しいパラダイム最終報告』.
延岡健太郎, 2011, 『価値づくり経営の論理』, 日本経済新聞出版社.

マーケティング史研究会, 2010, 『日本企業のマーケティング』, 同文舘出版.
本橋正美, 2011, 「マーケティング活動の有効性評価」『会計論叢』(明治大学大学院会計専門職研究科) 第6号, 2011年2月, 55-65.
門田安弘, 2001, 『管理会計』, 税務経理協会.

クマー・ニラマルヤタ, 井上崇通・村松潤一他訳, 2008, 『戦略としてのマーケティング』, 同友館.
ケネス・R・フェリス他, 村上雅章訳, 2003, 『企業価値評価』, ピアソン・エデュケーション.
コトラー・フィリップ, 村田昭治監修, 1996, 『マーケティング・マネジメント』, プレジデント社.
コトラー・フィリップ, 恩蔵直人監修, 2003, 『コトラーのマーケティング・コンセプト』, 東洋経済新報社.
コトラー・フィリップ, ゲイリー・アームストロング, 恩蔵直人監修, 1999, 『コトラーのマーケティング入門 (第4版)』, ピアソン・エデュケーション.
コトラー・フィリップ, ケラー・ケビン・R, 恩蔵直人監修, 2008, 『マーケティング・マネジメント (第12版)』, ピアソン桐原.
サットン・デイブ, クライン・トム, 博報堂ブランドソリューションマーケティングセンター他訳, 2006, 『利益を創出する統合マーケティング・マネジメント』, 英治出版.
ドイル・ピーター, 恩蔵直人監訳, 2004, 『価値ベースのマーケティング戦略論』, 東洋経済新報社.
ニーリー・アンディ編著, 清水 孝訳, 2004, 『業績評価の理論と実務』, 東洋経済新報社.
バゼル・ロバート・D. 他, 編集部訳, 2008, 「PIMS: ROIは市場シェアに従う」『Diamond Harvard Business Review』, November, 74-89. ダイヤモンド社.
バーンド・シュミット・H., 嶋村和恵・広瀬盛一訳, 2004, 『経験価値マネジメント』, ダイヤモンド社.
ファリス・ポール・W. 他, 小野晃典・久保知一監訳, 2011, 『マーケティング・メトリクス (原著第2版)』, ピアソン桐原.
マクドナルド・マルコム, 浦郷義郎訳, 1999, 『マーケティング監査』, 白桃書房.
ミッタル・バン, ジャグ・シェス, 陶山計介他訳, 2004, 『バリュースペース戦略』, ダイヤモンド社.
レビット・セオドア, 有賀裕子訳, 2007, 『T. レビット マーケティング論』, ダイヤ

モンド社.

レンズコールド・ジェームズ・D., ベリングポイント戦略グループ訳, 2004,『マーケティング ROI』, ダイヤモンド社.

第3章　企業組織の境界に関する戦略的意思決定
―― 企業価値の視点から部品取引を事例にして ――

原　田　　昇

―― 本章の概要 ――

　不完全競争経済のもとで企業経営は，経営者による意識性や経営構想力を反映した競争優位戦略が重視され，かつその戦略が経営成果を左右するために，経営戦略が比較的実効性を持つ重要なファクターになってきている．

　管理会計では，戦略的意思決定において「差額収益・差額費用分析」や「正味現在価値」を主要な会計情報として利用して，選択可能な代替案の中からもっとも経済的に有利な案を選択し，経営者の意思決定に有用な情報を提供しようとする．しかしこのような差額情報や現在価値情報に基づく伝統的な意思決定は，それに影響を及ぼす重要な要因を必ずしも十分に考慮しているとは言えず，意思決定を誤って導く可能性があるという限界や批判が指摘されている．

　そこで本章では，「企業の境界」に関わる戦略的意思決定，特に部品の内製か外注かの問題に焦点を当て，内外作の経済性判断において考慮されるべき重要な諸要因を定量的かつ定性的に析出し，これらの要因に応じた「取引の統治機構」の選択とその経済的インプリケーションを解明する．

§1　戦略的意思決定の重要性

　管理会計は，近時「企業の境界」(the boundaries of the firm) に関する戦略的意思決定を支援するために，有用な情報を提供する役割が期待されている．もとより完全競争市場において企業は，産業構造に応じた製品の市場ポジショ

ニングに対応する経営行動を選択できるに過ぎない．この見解は「均衡ベーストビュー（equilibrium-based view）」といわれる．

ところが不完全競争市場において企業は，経営者の意識性や経営構想力を直裁に反映した経営戦略の形成を通じて，企業の行動や業績に意図的な影響力を行使することができる．このとき，経営戦略が有効性を発揮し，その有効性は企業価値創造に関わる潜在的能力によって判断される．この見解は「戦略ベーストビュー（strategy-based view）」といわれる．現代では，後者の見解が一層支配的になり，企業は不完全競争市場に直面し，経営戦略の形成が極めて重要な役割を果たすとみなされる．

不完全競争市場において企業は，長期にわたる将来の見通しに基づく経営戦略の形成を長期経営計画に具現して，将来の環境変化に適応的に対応する制度上の装置を工夫している．管理会計の分野では，長期経営計画は「個別計画（project planning）」に表現され，「個別構造計画（戦略的意思決定）」と「個別業務計画（業務的意思決定）」に分類される．個別構造計画は，経営能力（capacity）といわれる経営資源の物的・人的構成への長期投資やその構成の変更を伴う，長期計画の性格を有する戦略的意思決定を意味する．これに対して，個別業務計画は一定の経営能力を前提にして，その運用に関わる日常的な業務に関する意思決定を示す．

前者はキャッシュ・フロー基準による「正味現在価値（net present value）」が有用な会計情報として利用され，後者は差額収益と差額費用が有用な会計情報となる．ここでは前者の戦略的意思決定に焦点を当て，代替的戦略計画案が企業価値の視点から評価される仕組みを取り扱う．このとき，戦略的意思決定と企業価値を結ぶ重要な結節点は，一般に資本市場が要求する必要資本利益率を示す「資本コスト（cost of capital）」に集約され，これが代替案の棄却率（cut-off rate）としての役割を果たす．各代替案から生ずる将来のキャッシュ・フローや利益の流列をこの資本コストで割り引いて算定された，正味現在価値の大小を評価規準として代替案の採否を決定することによって，企業価値の創造を計算的に確保することができる．しかし，正味現在価値の比較によ

る単純な代替案の選択は，一定の限界が潜んでいる．例えば，企業間の継続的取引を含む部品内外作の選択は，それを規定する重要な諸要因を十分に考慮したうえで，各代替案の正味現在価値に基づき，より高度な形で合理的に解決されなければならない．そこで本章では，「企業の境界」に関わる戦略的意思決定，特に部品内外作の経済性判断において考慮すべき重要な諸要因を析出し，それらの要因に応じた「取引の統治機構（governance mechanism）」の選択と，その経済的インプリケーションを解明することを目的とする．

本章の構成は次の通りである．まず第2節では，Ohlsonの企業価値モデルに基づき，企業価値の創造が経済的合理性を持つ意思決定規準を提供することを検討する．第3節では，「企業の境界」の包括的整序枠組みを提供するCorse(1937)を端緒とする「取引コストの経済理論」を取り上げ，その後の理論展開をサーベイし，企業間関係を含む「取引の統治機構」の選択やその経済的インプリケーションを探求するとともに，「企業の境界」に関する戦略的意思決定を規定する重要なメルクマールを析出する．そのうえで，比較制度分析の視点から部品取引を事例とし，4つの「取引の統治機構」に分類し，それらの代替的機構の選択に関わる経済性分析を検討する．第4節では，「取引コストの理論」は，均衡理論に基づき市場の効率的な資源配分の結果として，「企業の境界」を分析し合理的な説明を提供するが，それは経営戦略の側面を軽視し，学習プロセスやイノベーションによる動態的側面を考慮していない．そこでケイパビリティの観点から環境の変化に適応する「企業の境界」に関する選択を，経営者の立場から再把握し，経済的意味にさかのぼって合理的に説明する．最後に，得られた知見を整理して，問題点を示唆する．

§2 戦略的意思決定規準としての企業価値と資本コスト

2.1 企業価値の創造と残余利益

企業活動の目的は多様性を持つとしても，究極的には利害関係者の利害調整

のうえでの長期にわたる持続的な相互満足的な利益の確保であり,「企業価値の創造」にある.経営者は,「企業の境界」に関する戦略形成にあたって,この企業価値の創造に及ぼす影響を考慮しなければならない.この企業価値の創造は,他人資本価値の付加(利子分)を除けば,株主が利益変動のリスクをすべて引き受けるので,残余持分権者としての株主に帰属する.もちろん企業価値は債権者価値と株主価値から構成されるので,企業価値と株主価値は形式的には異にするが,両者は一般性を失うことなく実質的には同一の特徴を持つ.この株主価値創造は,経常的活動から稼得される利益から自己資本コストを控除した残余利益(residual income)に基づき測定される.この残余利益は「超過利益(excess income)」や「異常利益(abnormal earnings)」といわれる.

ところで,この超過利益や異常利益はどのような源泉から生まれるのであろうか.この超過利益の収益還元価値は「のれん」(goodwill)といわれ,資本コストを超える超過利益がその源泉となる.超過利益は,後述するように,物的資源,人的資源,intangibles の組み合わせによるシナジー効果から生まれる.ところが,超過利益は一般的に「収穫逓減の原則」により傾向的に逓減するので,経営者は競争優位を確保するために,イノベーティブな経営諸資源の有効な配分を通じて,資本コスト(市場の期待利益)を上回る成果と市場の時価を超える価値(正ののれん)を求めて,絶えず自律的で多大な努力を行使しつづけなければならない.したがって,企業は常に市場における期待利益を超える超過利益を追求することが重要になる.

2.2 企業価値と Ohlson モデル

本節では,会計的利益に基づき,株主価値を定式化する Ohlson (1995) と Feltham and Ohlson (1995) に焦点を当ててその定式化を検討する.彼らは株主価値の定式化に利用する変数を次のように定義する.

P_t:t 期末の純資産価値, bv_t:t 期末の純資産簿価, d_t:t 期末の配当,

x_t:期間 $(t-1, t)$ の稼得利益, fa_t:t 期末の純金融資産,

oa_t:t 期末の純営業資産, ox_t:期間 $(t-1, t)$ の営業利益,

§2 戦略的意思決定規準としての企業価値と資本コスト 75

i_t：期間 $(t-1,\ t)$ の純受取利息,

R_F：リスクフリーレートに1を加えたもの

まず株主価値 P_t は，配当割引モデルによって，次の式で与えられる．

$$P_t = \sum_{\tau=1}^{\infty} R_F^{-\tau} E_t[d_{t+\tau}] \qquad (3.1)$$

ここで $E_t[\cdot]$ は t 期首に利用可能な情報に基づく期待値のオペレータである．この式は「現在価値関連（present value relation）」を表している．

次に純資産そのものの直接的増減を除く純資産の増加または減少は，すべて損益計算書の収益または費用の認識に結び付けられる．この関係は「クリーン・サープラス関係（clean surplus relation）」といわれ，次の3つの式で与えられる．

$$bv_t = fa_t + oa_t \ (1), \quad x_t = i_t + ox_t \ (2), \quad bv_t = bv_{t-1} + x_t - d_t \ (3) \qquad (3.2)$$

また純受取利息を示す「純利息関係（net interest relation）」は，次の式で与えられる．

$$i_t = (R_F - 1) fa_{t-1} \qquad (3.3)$$

さらに異常利益 x_t^a は，次の式で定義される．

$$x_t^a = x_t - (R_F - 1) bv_{t-1} \qquad (3.4)$$

この(3.4)式とクリーン・サープラス関係の(3.2)式の(3)から，次の式が導き出される．

$$d_t = x_t^a + R_F \cdot bv_{t-1} - bv_t \qquad (3.5)$$

(3.5)式を(3.1)式に代入すると，次の式が導き出される．

$$P_t = \sum_{\tau=1}^{\infty} R_F^{-\tau} E_t[x_{t+\tau}^a] + \sum_{\tau=1}^{\infty} R_F^{-\tau} E_t[-bv_{t+\tau} + R_F \cdot bv_{t+\tau-1}] \qquad (3.6)$$

ここで $\tau \to \infty$ に近づくと，$R_F^{-\infty} E_t[bv_{t+\infty}]$ は，$R_F > 1$ であるので 0 に収束する．

したがって，株主価値 P_t は，次の式で与えられる．

$$P_t = bv_t + \sum_{\tau=1}^{\infty} R_F^{-\tau} E_t[x_{t+\tau}^a] \qquad (3.7)$$

また異常利益を示す(3.4)式は，次の式に示すように書き換えられる．

$$x_t^a = \left(\frac{x_t}{bv_{t-1}} - \frac{i \cdot bv_{t-1}}{bv_{t-1}}\right) bv_{t-1} = (r-i) bv_{t-1} \qquad (3.8)$$

ここで r は純資産利益率を，また i はリスクフリーレートを意味する．もちろん割引率 i は，CAPM（capital asset pricing model）で算出される，資本市場の求める必要資本利益率でも妥当する．この場合，もちろん異常利益やのれんの経済的内実が異なる．

2.3　企業の境界に関する戦略的意思決定と企業価値の創造

以上の結果を残余利益の立場から考えると，統合，結合および企業間提携による「企業の境界」の拡大に関する戦略的意思決定は，(3.8)式から純資産利益率 r と資本コスト率 i との超過利益率の相対的順序で決定するのが，経済的合理性を持つといえる．すなわち，$r=i$ ならば，「企業の境界」に関する戦略的意思決定を実行しても，株主価値は変化しない．他方，$r<i$ の場合には，この意思決定は内部利益率を低下させるので，株主価値の毀損を招くことになる．したがって，この意思決定は $r>i$ の場合にのみ株主価値を創造する．

株主価値の評価にあたって，正常化（normalization）の手続きを採用し企業に固有な経営資源を考慮して異常または臨時の特別項目を除外して，正常な営業活動から生まれるはずの成果を将来の長期にわたるキャッシュ・フローや利益の流列として予測し，株主価値を算定する．

また株主価値の実証的な計算可能性を確保するためには，企業は企業の経営資源を考慮したうえで，シナリオ（経済状況）ごとに異常項目や特別項目を除く正常な営業活動から稼得される，予測可能期間 n における経常利益の流列を見積もり，その期待値を算出したうえで，株主価値 p_t は(3.7)式を書き換え，予測可能期間 n までの企業価値にその後一定の経定利益が持続すると仮定し

て，計算された「継続価値」を加えて，次の式で与えられる．

$$P_t = bv_t + \sum_{\tau=1}^{n} \frac{E_t[x_{t+\tau}^a]}{(1+i_R)^\tau} + \frac{E_t[x_{t+m+1}^a]}{i_R(1+i_R)^{n+1}} \quad (3.9)$$

この右辺 bv_t を左辺に移項し左辺 $(P_t - bv_t)$ を 0 と置いて，i_R について解くと，内部利益率 (internal rate of return：IRR) が計算される．$i_R > i$ であるとき，この戦略は企業価値を創造する価値関連性を有することになる．

§3 企業の境界に関わる戦略的意思決定

3.1 企業の境界に関するコースの命題

完全競争市場における取引は，市場の「見えざる手」による需要供給関係や価格システムに基づく「市場による取引の統治機構」によって，自動的に効率的な資源配分を達成するといわれる．他方，企業の内部資源配分は，経営者の指令や命令の形で権限による「階層組織による取引の統治機構」に基づく内部取引として行われる．

Coase (1937) は，この 2 つの「取引の統治機構」のギャップを埋めるために「取引コストの経済理論」を提唱し，「企業の存在」を合理的に説明する．彼はそのために差額原価（コスト・プレミアム）ΔC を次の式で定義する．

$$\Delta C = H - M \quad (3.10)$$

ここで H は「階層組織に内部組織化する製造原価」であり，M は「市場を利用する取引コスト」である．次頁に示す図表 3-1 によれば，x 軸上に相対的に内部製造原価の低いものから順次活動を配列する．このとき，もし $\Delta C < 0$ であるならば，企業は $\Delta C = 0$ すなわち B^* に至るまで取引の「階層的内部組織」形態をコスト優位として選択する．OB^* における活動は「企業の境界」の内部にあり，$\Delta C > 0$ すなわち B^* 以上の活動は市場がコスト優位となり「市場」に帰属すると説明される．

以上のような「オークション型市場と内部組織」に焦点をあてる二分法は，

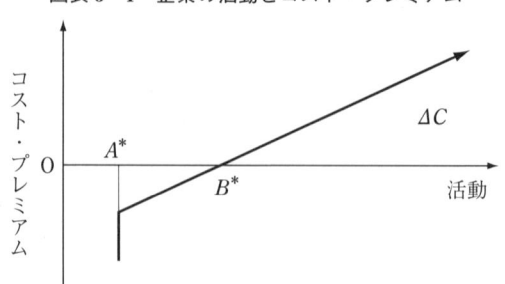

図表 3-1　企業の活動とコスト・プレミアム

出典：Langlois and Robertson (1995：32).

Coase (1937) や Williamson (1975) で採用されているが，長期契約に基づく自律的で独立の企業の間における継続的取引の存在を合理的に説明できるとは言い難い．そこで，取引コストの概念を拡大する考えが生ずる．

3.2　取引コストの経済理論の新展開

3.2.1　洗練された取引コスト

Williamson (1975) や Klein *et al.* (1978) では，「取引の統治機構」の選択問題について取引を最小の分析単位とし，新しいキー概念「不確実性」，「限定された合理性」，「不完備契約 (incomplete contract)」，「資産の特殊性」などを導入し，「市場・階層組織」の二分法から今井ら (1982) のいう「中間組織」を加えた「市場・階層組織・ハイブリッド中間組織」の三分法に拡大的に豊富化した．

長期契約による継続的取引を考慮に入れた「洗練された取引コスト」は，次の諸要因に規定される．まず第1に，不確実性下の不完備契約が取引コストの規定要因である．ここで個別に所有する購買企業と販売企業との間で事前に契約が締結され，その運用結果として大きな余剰が実現し，この余剰を事後に分配するとしよう．不確実性と人間の「限定された合理性」のもとで2人の経済主体は，事前の契約に将来のあらゆる状況を想定して，事後の余剰分配に関する条件付き「完備契約」の作成や明確な規定に禁止的なコストがかかるとしよ

う.この「不完備契約」のもとで,規定されていない未契約事象が生起すると,その余剰の分配決定が経済主体間の「相対的交渉力」に依存するために,いずれかの経済主体が機会主義的で非効率な利己的行動を選択する確率が高くなる.

第2に,「関係特殊的資産 (relation-specific assets)」や「取引特殊的資産 (transaction-specific assets)」への投資が取引コストの規定要因になる.いずれかの経済主体が外部よりも内部の関係において,使用価値が高くなるような投資を伴う取引は不完備契約とともに,「資産の特殊性」が重要な役割を演じ,ある経済主体による機会主義的で利己的な行動選択が事前の不効率を生む可能性が高い.このとき,この種の投資を抑制する動機「ホールドアップ問題」が働くかもしれない.そこで「関係特殊的資産」への持続的な投資は,スポット的市場取引よりも,取引の内部組織化(垂直的統合)や自律的な企業間の継続的取引に基づく「ハイブリッド中間組織」による「囲い込み (lock-in)」効果によって,取引コストが節約されるかもしれない.

第3に,企業間の継続的取引を担保するためには,「長期契約」が重要な役割を演じる.現代社会において複数の企業間の提携関係は,「連結の経済 (economies of combination)」を実現するために,「ハイブリッド中間組織」形態を採用する.例えば,ある企業が自社で保有しない経営資源の調達・購入が,市場利用や内部組織利用のいずれの取引によっても経済的に実行可能でないとき,必要な経営資源を保有していない企業は,他の企業の持つ経営資源を共通要素として相互に利用する,合弁や連合の形で経済性発揮の途が拓かれる可能性がある.各企業はそれぞれ自律性を保持しながら,他企業との相互依存関係を形成することによって,自企業だけでは達成できないより大きな結合成果の配分額を確保することができる.

しかしながら,企業間提携は,市場の「見えざる手」や階層組織の「権限」による統治機構を装備していないので,ルーズで脆弱な関係になる.もちろん提携関係が各企業にとって,経済的便益が認められるときには,この円滑な協調関係が維持し発展する.ところが,両企業または一方の企業にとって,固有

な経営資源が重要性を失い不必要になるか，またはいずれかの企業が利己的利害で他の企業を出し抜くような機会主義的な行動を選択するか，いずれかが生起すれば，その提携関係は容易に崩壊する．このことを防ぐためには，信頼や「評判（reputation）」という「信頼財」を組織付けに繋げる機能を装備しなければならない．この協調関係の維持は，提携や協定の明示化，調整メカニズムの装備，役員の派遣や交換，提携メンバーの価値共有化などを通じた，提携関係の目的や価値の内在化と共有化によって実現されるであろう．

このような企業間連携は，ある企業にとって「企業の境界」を自由に伸縮し，「連結の経済」による経済的利益を確保するための短期的な手段として有効である．しかしながら，企業間関係の持続的な発展は「市場原理」に反し，独占禁止法（antitrust act）にも抵触する．その意味でも「連結の経済」による無原則的な「企業の境界」の拡大は一定の限界を持つと考えられる．

3.3 部品取引を事例とした取引の統治機構

Williamson（1975, 1996）は，取引前に発生する伝統的な事前費用（市場情報収集や価格発見の費用，交換取引の都度交渉や契約締結の費用）ばかりでなく，将来の条件により発生の可能性のある「隠れたコスト」や機会原価を含む事後費用（契約の再交渉，訴訟，機会主義的行動等による機会損失）まで，取引コストを拡大している．前述した諸要因を考慮に入れると，取引コストは不確実性・複雑性の程度 u，取引の頻度 q，および資産の特殊性 s の関数として定義される．

Williamson（1996: 93-119）は，比較制度分析の観点から3つの「取引の統治機構」の選択を合理的に説明するために，資産の特殊性 s の関数として「市場の統治コスト」と「階層組織の統治コスト」を，それぞれ $M=M(s;\theta)$ と $H=H(s;\theta)$ として表現し，さらに「ハイブリッド統治機構の統治コスト」を $X=X(s;\theta)$ と表現される．ただし，各関数の関係は $M(0)<X(0)<H(0)$ であり，微分係数は $M'>X'>H'>0$ であるとする．このとき，図表3-2に示す3つの原価関数のコスト・ビヘイビアが得られる．効率的な供給は，包絡線上に

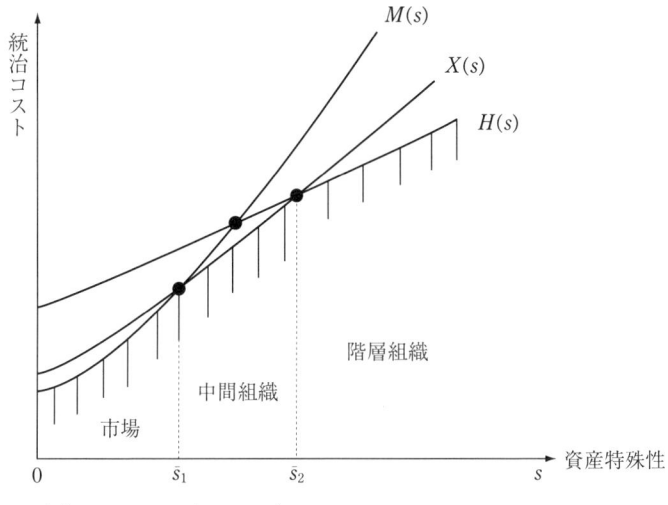

図表3-2 資産特殊性の関数としての統治コスト

(図)

出典：Williamson (1996: 108).

ある．ここでs^*が資産特殊性sの最適値であるとすれば，最適供給のためのルールは，次のように与えられる．$s^*<\bar{s}_1$のとき「市場」が，$\bar{s}_1<s^*<\bar{s}_2$のとき「ハイブリッド中間組織」が，さらに$s^*>\bar{s}_2$のとき「階層組織」がそれぞれ経済的に有利になる．

Williamson（1979）はこの3変数の組合せに応じて，「取引の統治機構」を下記に記述する4つのタイプに分類している．そこで彼の分類に即して代替的な「取引の統治機構」の選択問題を，自動車メーカーと部品メーカー間の部品取引を事例として簡潔に説明することにしよう．

3.3.1 市場による取引の統治機構

特殊的資産への投資を必要としない「非特殊的な投資」の場合には，多数の買い手と売り手が市場に集い，スポット均衡価格で標準的な財またはサービス（ここでは部品を意味する）を交換する「市場による取引の統治機構」が適合的である．

この非特殊的な部品は，一般的生産技術を持つ部品メーカーであれば，技術的に一定の品質が保証される，標準的で汎用的な製品を供給できるので，企業

間競争の基本が価格にある．そこで自動車メーカーは，国内外の生産拠点において一定の品質を持つ安価な部品を求めて，グローバル市場からオープンに調達することが経済的に有利になる．

3.3.2 統合された取引の統治機構

Monteverde and Teece (1982) の調査によれば，GM やフォードでは，部品コンポーネントが企業特殊的であり，かつその設計が自動車の他の部品との間で高度に調整される必要性の高いカスタム部品であれば，取引コストが高くなるために，部品の内作比率が高いことを示唆している．例えば，フレーム，ボディ，エンジン，トランスミッション，ブレーキなどの部品は自動車の機能上極めて重要であるので，機密性の高い内作部品に属する．

このように部品取引が高度に特異的（idiosyncratic）であれば，取引コストが高まり，市場で取引する誘因が弱まる．その結果，階層的内部組織に「統合された取引の統治機構（unified governance）」が採用される．その理由は，「高度に特殊化した投資」が必要であり，専門的な人的資産や物的資産が１つの利用に特定化すれば，また他の利用への移転可能性が低くなれば，それだけ自動車メーカーは内作することによって，「規模の経済」を十分に実現することができるので，「垂直的統合」による内部組織化戦略が経済的に有利になるからである．この統治機構では，１つの所有権のもとに統合され，結合利益の分配が必要でないので，企業は結合利益を確実に最大化する行動を選択することができる．

3.3.3 三者による取引の統治機構

取引の頻度が間欠的（occasional）である場合には，投資が半特殊的である場合も，高度に特殊的である場合も，いずれも「三者による取引の統治機構（trilateral governance）」が採用される．取引特殊的な統治機構のセットアップ費用は，間欠的な取引である場合には，容易に回収することができない．例えば，投資が高度に関係特殊的であるとしても，間欠的な取引はそれほど頻度が多くない．そのため，内部組織に移行することは経済的に有利といえず，市場取引が経済的に有利である．しかし，市場取引の継続に古典的契約法の制限

が与えられるか,「双務的な取引の統治機構 (bilateral governance)」に禁止的コストがかかる場合には,「内部組織」形態が採用される.

標準性や汎用性を持つ財やサービスの取引は,一般に市場取引が適合するので,紛争が生じたとき,その解決や業績評価は裁判所で行われる.しかし,非標準的な財やサービスの場合には,紛争の解決や業績の評価は,契約の内容を決定するために独立の専門家のような第三者の支援(裁定・仲裁:arbitration)が利用される.裁定・仲裁が行われる市場は,「三者による取引の統治機構」といわれる.

3.3.4 双務的な取引の統治機構

市場と内部組織が混合した取引において,投資が半特殊的である場合には,内部組織よりも企業間の長期に及ぶ継続的取引関係における外部調達,すなわち「双務的な取引の統治機構」が「規模の経済」を考慮すると,経済的に有利である.長期契約に基づく外部購入は,垂直的統合の内部組織と比較しても,安定的供給を確保するために,コストのコントロールを「見える化」するには適合的であることも考えられる.しかし,外部購入は内部調整と異なり,権限による調整が不可能であることから,市場インターフェースを通じた調整が経済的に合理的である.

しかしながら,事後の調整可能性や契約コストを考慮すると,いくつかの問題が生じる.事後調整の必要性が最初から予想されていないために,契約によって明白に規定されていないならば,市場インターフェースを通じた調整は,「相互的な継続的協定」による取引によってのみ達成される.両経済主体は関係特殊的な経済価値の犠牲を避けるために,経済主体間の関係を持続する誘因を持つ.しかしながら,各経済主体は自律性を確保しているので,別々の利益の流列が専有可能であるために,機会主義的行動による契約を調整する要求に対して容易に同意を示すとは限らない.この調整は経済学でいう「パレート原理」が適用され,両経済主体が信頼できる範囲で許容され,少なくとも他者の犠牲にならないように,自己の利益シェアを増加させることである.そうであれば,数量調整は価格調整よりも,相手の信頼を確保することが容易である誘

因両立（incentive compativility）の属性を持つ．しかし価格調整は不幸にもゼロサムゲームになり，他者の利益を犠牲にして自己の利益シェアを改善するために，激しい競争による経済的利益の取り合いになる．

ここで長期に及ぶ継続的取引について，浅沼（1983，1984，1990）に基づき，日本における自動車メーカーと部品メーカーとの関係を事例として，具体的に説明することにする．この種の企業間取引において，経済主体間の持続的関係が「連結の経済」の実現によって経済的に有利であることがある．このとき，浅沼（1990：17-18）は部品メーカーを「貸与図メーカー」と「承認図メーカー」に分類し，企業間の異なる提携水準のサプライヤーを分析している．貸与図メーカーは「完成車メーカーの側が作成し貸与する図面に基づいて，部品を製造して供給するメーカー」であり，承認図メーカーは「完成車メーカーが提示する仕様に応えて自力で図面を作成し，それに基づいて部品を製造し供給するメーカー」である．貸与図メーカーは，自動車メーカーから貸与図面に基づく部品の製造能力のみが要求されるが，承認図メーカーは単なる製造能力だけでなく，新製品の開発能力も必要とされる．

自動車メーカーはサプライヤーの選定を「協力会」のような系列に属する部品メーカーに限定するものの，「複社発注政策」を採用し，モデルチェンジごとに部品の仕様や部品購入先を新製品の開発までに競争的に選定する．これは具体的には部品メーカー間で購入先の地位を確保するための地位争奪競争「ランクオーダー・トーナメント（rank-order tournament）」，自動車メーカーとの交渉や再交渉などによる競争原理を導入している．自動車メーカーはこのことを通じて，必要な品質水準を満たす部品を希望する価格で部品メーカーが供給できるように，インセンティブ・システムを工夫している．

また複社発注政策は，競争原理の導入ばかりでなく，供給の停止に備えて供給先の安定的確保を可能にする，リスク・シェアリングの役割も果たす．例えば，自動車メーカーは貸与図メーカーを工程や管理方法の改善に導き，見積原価の目標原価への作り込みを指導することも行われる．また当初に契約ですでに決められた部品価格について，部品メーカーのVA活動による原価低減に

対しては当初の契約価格を維持するが，不可避的または想定外の原価や購入価格の増加に対しては部品価格に加味するなどにより，インセンティブ効果に配慮している．

さらに部品メーカーが関係特殊的資産に投資する場合，製品の企画設計段階における目標販売数量が自動車メーカーから提示され，この販売数量に基づいて部品価格が決定され，関係特殊性を持つ設備・金型・治具などの固定資産が準備される．このとき，浅沼（1990: 6-7）によれば，実際の販売数量が当初の目標販売数量に満たさなかったときには，自動車メーカーは固定資産の未償却残高を部品メーカーに補償し，逆に実際販売数量が目標販売数量を上回ったときには，その分について減価償却費分だけ部品価格を引き下げる「基本契約」を締結しているという．

技能に不確実性が懸念されるときには，特殊な企業間の取引関係のもとで形成された，関連特殊的資産や高度な固有技術を示す関係特殊的技能（relation-specific skill）を形成するために，「ハイブリッド中間組織」を形成する．この企業間関係や関係特殊的技能の形成は，自動車メーカーと部品メーカーとの長期にわたる継続的取引を通じて，部品メーカーに蓄積された知的財産や情報が共有されることになる．そして部品メーカーは自律的に創造的な部品設計を提案する能力が養成され，浅沼（1990）のいう関係（特殊）的技能の取得を通じて，企業間関係の系列化が形成されることになる．このような関係特殊的技能は，「連結の経済」による経済的利益，すなわち Aoki（1988: 218-222）のいう「関係準レント（relational quasi rent）」を生む．

3.4 部品の内外作や部品メーカーの選択

部品の内外作や部品メーカーの選択に関する決定は，一般に新型モデルの企画設計段階で行われる．日本では，自動車メーカーは「プラットホーム方式」のもとで，集中的に立地した部品メーカーの供給拠点からジャストインタイム方式に基づいて部品を調達する方法と部品メーカーの系列化や下請け組織を利用する方法を採用する．このような部品メーカーの中間組織化は，競争優位を

確保する生産システムとして有効に機能してきた．しかしこの生産システムは，すべての経済的条件のもとで有効性が成立するわけではないことを銘記すべきである．

近年，自動車市場は新興国までグローバルに拡大し，自動車の性能，大きさ，価格などに対するニーズが多様化したそれぞれの市場環境の変化に対して，競争優位を確保するために，自動車メーカーは多様なニーズに効率的に対応し，代替生産が可能となる生産システムを構築することが急務になっている．そのために，伝統的なプラットホーム方式から脱却し，「規模の経済」を発揮するために多様な車種を少数のプラットホームに集約し，そのうえに車種を超えて部品（コア部品は除く）を世界的規模で統一し，さらに部品を一体化した「モジュール」を開発して，この組み合わせによって，柔軟に効率的に開発し生産する「レゴ方式」といわれるモジュール・アーキテクチャーを採用している．このことは自動車の重要な機能に関係するコア部品を除く，「部品の共通化」を促進し，部品の共通化に適合するプラットホームを設計する．こうした新車開発のやり方は，品質の強化と同時に開発のスピードアップや「規模の経済」による開発コストや調達コストの低減を図るとともに，さらに下請けや系列化による中間組織に頼らず，部品購入をオープンなスポット市場に依存することによって，代替生産が可能にした部品調達上のリスク分散を実現するように工夫している．

また，部品の共通化はもう一方の部品メーカーにとっても特定の自動車メーカーに依存することなく，新しい部品を開発する知識や技能を集積し自社開発能力を高め，そのことを通じてグローバルな自動車メーカーに必要な部品を供給し得る体制造りが要求されている．

§4　企業の境界とケイパビリティ・アプローチ

4.1　企業の本質と所有

Grossman and Hart（1986）や Hart and Moore（1990）は，企業を「所有す

る資産から構成されるもの」と定義し，契約上の権利を固有権（specific rights）と残余権（residual rights）に分類する．人間の限定的合理性によって，条件付き完備契約の締結に禁止的コストがかかり，不完備契約を締結することしかできないことがある．このとき，当該経済主体は契約・慣習・法律などで明示的に移転された権利を除き，契約に明示的に規定されていない未契約事項を決定するためには，物的資産の所有権に付随する「残余コントロール権（residual rights of control）」を購入し，垂直的統合による内部組織がもっとも経済的に有利である．しかし残余コントロール権の配分は，人的資産の仕事への動機付けを欠くようなディスインセンティブ効果をもたらす可能性が潜伏することも指摘されている．

この所有理論は，契約を作成するにあたって，所有の便益と費用との比較の観点から経済主体間に残余コントロール権を効率的に配分するメカニズムを展開する．しかもその配分がイノベーションを促進する人的資産への投資水準に影響を及ぼすとともに，望ましい所有の分布として「企業の境界」を決定するのに重要な影響を及ぼす要因となる．所有理論は，ある経済主体による専有可能な資産の共通所有のもとに，垂直的統合や異種の生産における水平的統合などによる「企業の境界」の拡大を所有に基づく資本集団として，明確に規定できる特徴を持つ．

4.2 企業の境界とケイパビリティ

所有理論は，企業の本質を所有の対象となる物的資源の集合と把握し，その所有関係が人的資源への投資水準を規定するという．この理論では，固定資産（生産手段）の所有者と，それを所有しない労働者（人的資源）との対立軸の中で，労働者は所有のもとで労働力を提供する以外生きられない．このように「企業の境界」は所有に基づき規定されるという，もっともらしい論拠を提供する．

しかし最近の企業では，物的資源への投資が相対的に減少し，人的資源やintangiblesへの投資が増加し，その重要性も相対的に増加している．この意

味で「企業の境界」は物的資産ではなく，ある経済主体のもとで人的資源を意識的に調整した，チーム組織のような「協業」に根ざした協働体系にあると把握されることになる．このように考えれば，「企業の境界」は，企業間関係を含め，経済主体による意識的調整の影響場として顕現してくる．

このような観点のもとで，Richardson（1972），Nelson and Winter（1982）などは，企業を「有形資源と無形資源の結合体」と把握し，その本質的要素を「無形資源の集合」に求め，企業にとって特異であり，人的資源の持つ知識や組織の行動様式にあると考えた．また Richardson（1972: 888）は，各職能活動が適切な「ケイパビリティ（capabilities）」を持つ組織で効率的に遂行されるので，企業の本質を示す有用な概念としてケイパビリティを導入した．この概念は有用性を持つが，操作性を欠くという欠点もみられる．

capability は capacity と ability の合成語であり，capacity は一定の条件のもとで成果を生み出す経営の人的・物的構造を示し，ability は能力や潜在的可能性を意味する一般用語である．そこでケイパビリティとは，一定の経営能力の根底にある人的資源の持つ技能，形式知と暗黙知を含む知識および経験，市場の評判などに依存する，Sen（1992）のいわゆる「成果への変換能力」としての潜在能力としての「成果の潜在的達成可能性」であると考えられる．したがって，ケイパビリティは企業に固有な要因を含むことから，他の企業との比較優位や超過利益の源泉となる．企業文化もケイパビリティに対して重要な役割を果たす．また，組織ケイパビリティは重要な技術に依存するルーチン（routine）であり，企業の職能活動や市場における技能，知識，および評判から生み出される超過利益獲得能力を示す．

また Langlois *et al.*（1995: 7）はケイパビリティを，企業に特異的であり模倣不可能で競争不可能な諸要素「固有コア・ケイパビリティ（intrinsic core capabilities）」と，模倣可能で競争可能な諸要素「付随ケイパビリティ（ancillary capability）」とに分類する．このうち固有コア・ケイパビリティが移転不可能であることから，「企業の境界」は付随ケイパビリティに関する「市場利用の取引コスト」と「内部組織利用の製造コスト」との相対的大小関係によっ

て決定される．そこで企業は「組織化された固有コア・ケイパビリティと付随ケイパビリティの集合」から形成されると定義され，より豊富なインプリケーションをもたらすことになる．

4.3 企業の境界に関する動態理論

ケイパビリティはそれが人的資源や知識に基づくかぎり，時間の経過とともに変化する．その可能性は異なる2つのベクトルの方向が考えられる．1つは企業（階層組織）がケイパビリティを増加させ，企業の活動がますますルーチン化し，それが詳細に整備され，経営能力が増加する可能性である．他の事情が等しければ，このことは，78頁に示した図表3-1における ΔC を下方にシフトし，内部組織化活動 OB^* の範囲を増加させる．

もう1つは，時間の経過とともに反対に「市場」がケイパビリティを増加させ，ある企業によって開発された技術や基礎知識が他の企業に普及し模倣され，暗黙知でさえ実務で複写され広く普及する可能性がある．短期的には模倣不可能で競争不可能である固有コア・ケイパビリティが，時間の経過や学習によって潜在的に競争可能になり，消滅することになる．他の事情が等しければ，この場合の時間の経過は，ΔC を上方にシフトし，内部組織化活動 OB^* の範囲を小さくし市場を利用する効果を持つ．

一般的には，これらの効果は企業と市場の相対的な学習能力に依存する．企業の学習能力は内部組織が経済的に有利であり，市場の学習能力は技術的要素と制度的要素からなり，市場取引が経済的に有利になる．例えば，取引コストはネットワーク技術の発展によって，契約コストが低減しゼロに近づき，取引コストの節約により市場取引が経済的に有利となることが予想される．IT技術の発展は活動のルーチン化を促進し，意思決定コストや内部管理コストの低減を通じて，反対の経済的帰結を生む可能性も無視できない．このようにITの発展は2つのシナリオに導く可能性が考えられる．

一般に動的取引コストはケイパビリティの移転に必要な費用であり，外部サプライヤーを説得し交渉し調整し教育する費用を意味する．ケイパビリティが

成長すれば，新しい活動に適用可能であるし，他企業にライセンス供与しリターンを獲得することもできる．しかし，ある企業は外部サプライヤーにイノベーティブな付随ケイパビリティを教育し，大量生産のためにそれらを利用するように説得している．このことは，企業が多様化による新たな活動を包含する「企業の境界」の拡大には，模倣可能な付随ケイパビリティのライセンス供与に費用がかかることを意味し，ある種の取引コストが存在することになる．これは自動車メーカーによる部品メーカーの系列化による「連結の経済」の一例である．

　本章では，「企業の境界」を決定する準拠枠として「取引コストの経済理論」を取り上げ，「市場・内部階層組織・ハイブリッド中間組織」の選択問題を詳細に検討した．その結果，次の知見を得ることができた．

　第1に，戦略的意思決定と企業価値を結ぶ結節点は資本コストであり，必要資本利益率を示す割引率である．代替案の評価において，この代替案の内部利益率が割引率を超えていれば，超過利益あるいは異常利益が獲得され，企業価値の創造に結び付くことを確認した．

　第2に，「企業の境界」に関する戦略的意思決定は，各代替案についてシナリオごとの将来におけるキャッシュ・フローや利益の期待値の流列の予測に基づき正味現在価値を算定し，代替案ごとの正味現在価値の比較による評価規準では十分ではない．特に企業間関係を含む部品内外作の決定問題には，「取引の統治機構」の選択を内包することが判明した．

　第3に，取引の統治機構は，測定される取引コストによって選択される．この取引コストは不確実性の程度，取引の頻度，および関係特殊的資産の程度をそれぞれ示す3つの変数の関数であり，取引の統治機構は，この3つの説明変数の組み合わせから取引コストの測定を通じて選択されることになる．非特殊的投資の場合には，「市場による取引の統治機構」が，また関係特殊的投資の場合には「統合された取引の統治機構（階層的内部組織）」が経済的に有利である．その中間である半関係特殊的な投資の場合には，「双務的な取引の統治

機構（ハイブリッド中間組織）」が経済的に有利である．取引の頻度が間欠的であるときは，特殊的投資であるとしても，「市場機構」か「三者による取引の統治機構」かのいずれかが経済的に有利になることがわかった．

また Williamson (1996) によれば，外乱の頻度を示す不確実性が高くなると，調整や厳密な調整が必要になるので，市場か階層組織かのいずれかを採用することになるという．この場合，関係特殊的投資には依存しない．それは，ハイブリッド中間組織の適用が相互の協調を必要とするのに対して，外乱に感受性が高いからである．

第4に，市場機構と統合機構の他に，ハイブリッド中間組織による双務的機構を含めた三分法的選択が考慮されなければならない．この関係特殊的な投資は，経済主体にとって関係特殊的技能の形成を通じて，「関係的準レント」が生ずることになる．この準レントが発生するかぎり，「ハイブリッド中間組織」形態が経済的に有利で選択されることになる．

第5に，「関係的準レント」は，ケイパビリティの分布によるシナジー効果によって生まれ，関係的取引によって生まれる総価値と代替的機会から獲得される最大の価値との差で求められる．「中間組織」が関係的結合利益を生む可能性があることを示唆している．

第6に，「取引の統治機構」の選択は，一定の経済的条件のもとで成立するものであり，条件（製品の適正品質やコスト，垂直統合の可能性など）が変化すれば，それに応じて経済的に有利な「取引の統治機構」は変化することになる．また市場のグローバル化の中で対応する市場ごとに有利な「取引の統治機構」が異なることも考えられる．この選択問題はもちろん条件適応理論を展開できるが，ある「取引の統治機構」が成立する条件を探求し研究する必要もあろう．このとき，不確実性，取引の頻度，関連特殊的資産が動態的に変化するものであり，その変化に重要な影響を及ぼす要因を特定することが重要である．

最後に，取引コストの理論はアイディアが素晴らしいものの，取引コストの測定可能性について疑念を持たざるを得ない．「企業の境界」は取引コスト関数の構造に依存しており，それは不確実性・複雑性の程度，取引の頻度，ケイ

パビリティの配分，および資産の特殊性の程度などによって影響される．しかしこの取引コストは，必ずしも測定可能であるとは言えず，各種の変数に基づいて説明される原価関数もまた明確に規定できないかもしれない．このように取引コストは，そのオペレーショナリティに問題が残る．

また企業の境界に関する意思決定も，他の投資意思決定と同じように，資本コストを超える経済的便益がなければならない．しかもこの意思決定は，非常に長期にわたって企業の業績に影響を及ぼすことになり，ケイパビリティの変動に応じたコスト，経済的便益，あるいはキャッシュ・フローの予測は困難を伴う仕事であり，オペレーショナルな測定方法の開発や有用なインプリケーションの確保に至っていないと言わざるを得ない．

もとより本研究は仮説発見型であり，仮説を実証する作業が残っている．これらの研究課題は大変に興味深く，将来における管理会計の大なる貢献が期待される領域である．

参 考 文 献

Aoki, M., 1988, *Information, Incentive, and Bargaining in the Japanese Economy*, Cambridge University Press, Cambridge.

Coase, R. H., 1937, The Nature of the Firm, *Economica* 4, 386-405.（コース著「企業の本質」，39-64，宮沢健一・後藤晃・藤垣芳文訳，1992，『企業・市場・法』，東洋経済新報社．）

Colombo, M. G. eds., 1998, *The Changing Boundaries of the Firm : Explaining Evolving Inter-firm Relations*, London and New York, Routledge.

Feltham, G. A. and J. A. Ohlson, 1995, Valuation and Clean Surplus Accounting for Operating and Financial Activity, *Contemporary Accounting Research* 11-2 : 689-731.

Grossman, S. J. and O. D. Hart., 1986, The Costs and Benefits of Ownership : A Theory of Vertical Integration, *Journal of Political Economy* 94 : 691-719.

Harada, N., 2006, Organizational Boundaries and Firm Value : Japanese-specific Management Concepts, 17-31 in *Value-based management of the rising sun* ed., Y. Monden, K. Miyamoto, K. Hamada, G. Lee, and T. Asada, World Scientific.

Hart, O. and J. Moore., 1990, Property Rights and the Nature of the Firm, *Journal of*

Political Economy 98-6: 1119-1158.

Klein, B., R. G. Crawford, and A. A. Alchian, 1978, Vertical Integration, Appropriable Rents, and the Competitive Contracting Process, *Journal of Law and Economics* 21-2: 297-326.

Langlois, R. N. and P. L. Robertson, 1995, *Firms, Markets and Economic Change: A Dynamic Theory of Business Institutions*, London and New York, Routledge.

Monteverde, K. and D. J. Teece, 1982, Supplier Switching Costs and Vertical Integration in the Automobile Industry, *The Bell Journal of Economics* 13-1: 206-213.

Nelson, R. R. and S. G. Winter, 1982, *An Evolutionary Theory of Economic Change*, Cambridge, Mass., Harvard Business Press.

Ohlson, J. A., 1995, Earnings, Book Values, and Dividends in Equity Valuation, *Contemporary Accounting Research* 11-2: 661-687.

Richardson, G. B., 1972, The Organization of Industry, *Economic Journal* 82: 883-896.

Sen, A., 1992, *Inequality Reexamined*, Oxford University Press. (池本幸生・野上裕生・佐藤仁訳, 1999, 『平等の再検討』, 岩波書店.)

Williamson, O. E., 1975, *Markets and Hierarchies: Analysis and Antitrust Implications*, New York, The Free Press. (浅沼萬里・岩崎晃訳, 1980, 『市場と企業組織』, 日本評論社.)

Williamson, O. E., 1979, Transaction Cost Economics: The Governance of Contractual Relations, *Journal of Law and Economics* 22-2: 233-261.

Williamson, O. E., 1996, *The mechanisms of governance*, New York: Oxford University Press.

浅沼萬里, 1983, 「取引様式の選択と交渉力」, 『経済論叢』131-3: 99-124.
浅沼萬里, 1984, 「日本における部品取引の構造」, 『経済論叢』133-3: 137-158.
浅沼萬里, 1990, 「日本におけるメーカーとサプライヤーとの関係:関係特殊的技能の概念の抽出と定式化」, 『経済論叢』133-3: 137-158.
伊藤秀史・林田修, 1996, 「企業の境界:分社化と権限委譲」, 伊藤秀史編, 『日本の企業システム』: 151-181, 東京大学出版会.
今井健一・伊丹敬之・小池和男, 1982, 『内部組織の経済学』, 東洋経済新報社.

第Ⅱ部　製品開発の戦略と管理

第4章　新たな事業戦略・製品戦略と技術経営

西　口　泰　夫

本章の概要

　日本の多くの企業の収益性が，1970年代の後半から大きく低下している．とりわけ，電気機器産業の収益性は特に顕著な低下傾向を示している．

　筆者は日本の電気機器産業の収益性の低下・低迷と，この産業の基本的技術のパラダイムシフトの間に何らかの関係があると考えている（西口，2009）．そこで，本章では「革新的技術を企業活動の源泉としている日本の電気機器産業の収益性低下・低迷の一因は，企業の収益性に大きく関係する事業戦略・製品戦略をマネジメントする技術経営が，産業化時代から情報化時代へのパラダイムシフトに対応した変化ができていないことにあるのではないか」との問題意識を提起し，企業が新たなグローバル競争時代において競争力のある事業戦略・技術戦略を企画・実行する考え方と方法（技術経営）について述べる．この考察結果は電気機器産業に留まらず，日本の技術を核に経営するすべての産業に有意義なものであると考える．

---

§1　日本企業の競争力の低下傾向

　日本の代表的な産業である化学，自動車，電気機器分野の主要企業の売上高営業利益率の推移を示すと図表4-1のようである．

　化学，自動車（輸送機器），電気機器の三つの産業は，日本の製造業の売上高，営業利益の両面においてトップスリーの産業である．それらの産業の代表的企業の営業利益率が1960年，1980年，2000年と年を経るに従って低下している．このデータからみると，日本の製造業は総じてグローバル競争時代が進む

図表4-1 主な日本企業の売上高営業利益率推移

社　名	1960年度	1980年度	2000年度
新日鉄化学	16.5%	8.5%	5.9%
三菱化学	9.7%	5.6%	3.8%
東レ	14.0%	6.5%	4.8%
トヨタ自動車	10.6%	7.4%	6.5%
ホンダ	13.4%	10.4%	6.3%
日立製作所	13.7%	8.4%	4.1%
パナソニック	11.7%	9.5%	2.5%

60年度は単独ベース．80年以降は連結ベース（トヨタのみ2000年度から連結ベース）．
出典：日本経済新聞（2011年7月7日）．

図表4-2 国内外のエレクトロニクス関連企業の3年間の売上高営業利益率

日本企業	2008年	2009年	2010年	決算期	海外企業	2008年	2009年	2010年	決算期
NEC	3.40%	−0.10%	1.40%	3月末	サムスン電子	5.00%	8.30%	11.20%	12月末
日立製作所	3.10%	1.30%	2.30%	3月末	Apple	22.20%	27.40%	28.20%	9月25日
東芝	3.20%	−3.80%	1.80%	3月末	Microsoft	36.90%	36.30%	38.70%	6月末
SONY	5.40%	−2.90%	0.40%	3月末	Google	25.40%	35.10%	35.40%	12月末
パナソニック	5.70%	0.90%	2.60%	3月末	IBM	15.40%	17.80%	18.20%	12月末
シャープ	5.40%	−1.90%	1.90%	3月末	Intel	23.80%	16.30%	35.70%	12月末
三菱電機	6.50%	3.80%	2.80%	3月末	Amazon.com	4.40%	4.60%	4.10%	12月末

出典：日経 NEEDS の各社財務諸表より筆者が作成．

に従って，企業競争力が低下傾向にあるといえる．

次に，海外企業との競争力比較を行うことを目的として，2008年9月のリーマンショックの影響と，そこからの回復状況の比較を行った．2008年，2009年，2010年の国内外の代表的なエレクトロニクス関連企業の売上高営業利益率を，図表4-2に示した．なお，Amazon.com 社は，エレクトロニクス産業の範疇からは外れるが，代表的な ICT（情報通信関連）分野の企業としてここに加えた．

リーマンショックの影響を受けたと考えられる2009年の日本企業の営業利益率は，2008年に比べて大きく低下している．一方，海外企業ではIntel社でわずかな低下が見られるが，他の企業ではまったく低下していない．そして2010年の営業利益率は各企業とも増加している．

それと比較して，日本企業の2010年の営業利益率は数％台であり，2008年を上回るまでには至っていない．海外企業では，参考として評価したAmazon.com社を除いて，その営業利益率は10％以上であり，2008年の実績を上回っている．このデータから海外のエレクトロニクス関連企業に比べて，日本企業はグローバル競争時代における，競争力の著しい弱体化を見ることができる．

§2　情報化時代への日本の電気機器産業の対応

2.1　産業化時代から情報化時代へのパラダイムシフト

1970～2011年度の電気機器と自動車（輸送機器）の売上高上位10企業（2006年度東京証券取引所上場企業）の売上高営業利益率（単体）の推移を示すと，図表4-3のようである．

この1970～2011年の業績推移の中で，特筆すべき点は以下のことである．

1970年の営業利益率は，電気機器産業が約12％，自動車産業は約7％である．その後，両産業とも低下が始まり，上下動をくり返しながら1992～94年において約1％となった．その後，自動車産業は上下動をくり返しながら，大きく見て右肩上がりの推移を示し，約5％のレベルまでに回復している．一方，電気機器産業も同様に，上下動を繰り返しながら回復はしているものの，自動車産業に及ぶレベルではない．リーマンショックの影響時（2009年）を除くと，電気機器産業の営業利益率は，自動車産業を絶えず下回っている．

このデータから，まず両産業とも1970～94年頃までは収益性が同様の推移をしている．これは主にドルに対する急激に進んだ円高のような，マクロ的経済環境変化の影響を受け続けた結果と考えられる．しかし，1994年以降の電気機器産業の営業利益率の低迷は，同時期に回復が見られている自動車産業と対比

図表4-3　電気機器と自動車の両産業の売上上位10企業の
単体売上高営業利益率の推移

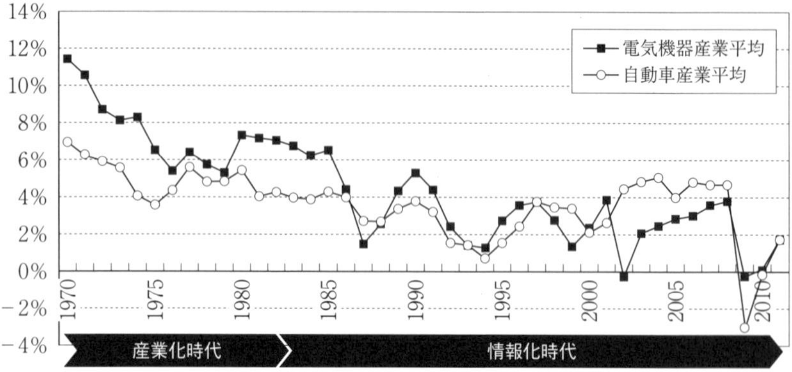

出典：日経 NEEDS の各社財務諸表より筆者が作成.

して，この産業固有の何らかの経営課題に起因していると考えられる．

　1980年前後に米国を中心としたグローバル市場において，産業化時代から情報化時代へのパラダイムシフトが生じていることを，2.2で詳細に述べる．この図表4-3では，その時代背景を重ね合わせて表示している．この図表より，日本の電気機器産業の収益低迷と，このパラダイムシフトがほぼ同一時期に存在し，日本の電気機器産業はこのパラダイムシフトにより，何らかの影響を受けていると考える．

　このことを別の視点から見てみよう．情報通信白書（2008）に売上高1兆円以上の世界の ICT（情報・通信関連）企業の設立年が記されており，そのほとんどは本章で対象としている電気機器産業である（図表4-4参照）．この資料より産業化時代から情報化時代へのパラダイムシフトに対する各地域・各企業の対応の結果が読み取れる．米国では1900年前後に，東海岸を中心に電気機器産業が勃興し，隆盛を極める企業に成長した．さらに ICT 産業が勃興し始めた1960年以降では，西海岸を中心に再び多くの企業が産声を上げて大企業へと育っている．筆者はこの辺りから，情報化時代が始まったと捉えている．欧州においても同様の状況である．またアジアにおいても，1960年以降に多くのICT 企業が新興企業として生まれている．

§2 情報化時代への日本の電気機器産業の対応　101

図表4-4　売上高1兆円以上の世界の主要ICTベンダーの設立年

	日　本		北　米		欧　州		アジア	
1990年〜			Google	1998年	(infineon)	1999年	(Au Optronics) Asustek	2001年 1990年
1980年〜	(NTTデータ)	1988年	Qualcomm Dell Cisco Sun Microsystems	1985年 1984年 1984年 1982年	(ST Microelectronics)	1987年	Quanta Lenovo Compal	1988年 1984年 1984年
1970年〜			Seagate EMC Oracle Apple Microsoft	1979年 1979年 1977年 1976年 1975年	SAP	1972年	Acer Hon Hai	1976年 1974年
1960年〜			SAIC Intel EDS	1969年 1968年 1962年	(Nokia) Cap Gemini	1967年 1967年	Samsung	1969年
1950年〜	京セラ 三洋電機	1959年 1950年	CSC	1959年			LG電子	1958年
1930年〜	ソニー セイコーエプソン キャノン リコー コニカミノルタ シャープ 富士通 松下電器産業 富士フィルム	1946年 1942年 1937年 1936年 1936年 1935年 1935年 1935年 1934年	Tyco Electronics HP Texas Instruments	1941年 1939年 1930年				
1900年〜	三菱電機 日立製作所 オリンパス 東芝	1921年 1920年 1919年 1904年	Motorola IBM Xerox	1928年 1914年 1906年				
〜1900年	NEC	1899年	Nortel Eastman Kodak	1895年 1880年	Alcatel-Lucent Philips Ericsson Siemens	1898年 1891年 1876年 1847年		

（　）は既存企業からの分離独立または事業部統合によって設立した企業
出典：情報通信白書（2008）に筆者が加筆した．

　これに対して日本では，多くの企業が1920〜60年頃の40年間に誕生している．第二次世界大戦を挟むこの頃は，まさに日本の電気機器産業の黎明期といえ，これらの企業群は，その後の高度成長期を経て，売上高1兆円以上という大企業に成長した．しかしながら，ICT産業勃興期の1960年以降には，売上高1兆円を超す新たな企業は生まれていない．これらのことより，産業化時代から

情報化時代へのパラダイムシフトを機に，新たな多くの ICT 企業が生まれた海外諸国に対し，日本ではこの機会を活かしきれなかったといえる．すなわち，海外の諸企業は情報化時代へのパラダイムのシフトにうまく対応したが，日本企業はそれができなかったといえる．

2.2 デジタル技術化が引き起こす様々な変化と情報化時代の到来

　電気機器産業の収益性に関しては，これまでに多くの研究が多方面からなされている．小川（2008a, b）は，光ディスク産業を例として取り上げ，この営業利益率低迷の構造を解き明かしている．営業利益率の長期的な低迷は，機器がアナログ技術からデジタル技術へ移行するに伴って，製品アーキテクチャ・産業構造・付加価値構造が大きく変化する中において，日本の電気機器産業が構造的に追随できなかったことが，最大の要因であると述べている．この構造を図表 4 - 5 に示す．電気機器がアナログ技術からデジタル技術に移行するに従って，その制御部分であるマイコンの高度化が進行し，そこに書かれる制御内容がファームウェアとして大型化していった．

　また，必然の結果としてインターフェースに関する国際的な標準化が進み，同時にモジュラー化が進行していった．これらの動きは，アナログ技術からデジタル技術への移行に伴って生じる基本的，かつ，自然な潮流であった．

　これを異なる視点，つまり，製品のアーキテクチャ構造の面から見ると，日本の電気機器産業が得意とする擦り合せ型製品づくりから，モジュラー型製品づくりへの変化と見ることができる．また，産業構造の面から見ると，これも日本の電気機器産業が得意とする企業内垂直統合から，企業間の国際的水平分業が進んだ，モジュール・クラスター型構造への変化と見ることができる．これに伴い，利益を生む主たる製品は，完成品から基幹部品，特にインテルのマイクロプロセッサーに代表される，アクティブ型基幹部品へと移っていったとみることができよう．

　このような基本的，かつ，自然な潮流の中で，擦り合わせ技術のブラックボックス化を図りつつ，インターフェースを公開して国際的に有力な企業から

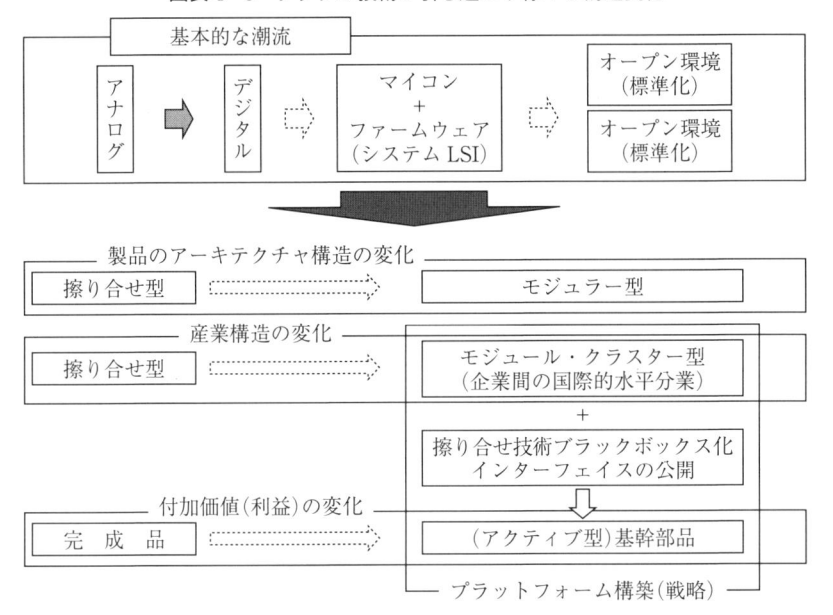

§2 情報化時代への日本の電気機器産業の対応　　103

図表 4-5　デジタル技術が引き起こす様々な構造変化

基本的な潮流

| アナログ | ⇒ | デジタル | ⇢ | マイコン ＋ ファームウェア （システム LSI） | ⇢ | オープン環境（標準化） |
| | | | | | | オープン環境（標準化） |

製品のアーキテクチャ構造の変化

| 擦り合せ型 | ⇢ | モジュラー型 |

産業構造の変化

| 擦り合せ型 | ⇢ | モジュール・クラスター型（企業間の国際的水平分業） ＋ 擦り合せ技術ブラックボックス化 インターフェイスの公開 |

付加価値(利益)の変化

| 完成品 | ⇢ | (アクティブ型)基幹部品 |

プラットフォーム構築(戦略)

出典：小川（2008a, b）より筆者が作成．

技術，製品を集めて競争力を高めるモジュール・クラスター型の産業構造を積極的に活用した，アクティブ型基幹部品を持つ企業に利益が集中するようになったといえよう．このようなプラットフォーム戦略を構築できた企業が，利益を享受していると言われる．

このようにアナログ技術からデジタル技術へのパラダイムシフトは，単に技術のシフトに留まらず，情報化時代と称される世界規模での新たな産業構造，新たな企業構造を生み出した．

擦り合わせ型技術を得意とし，加えて企業内垂直統合を標榜した日本の電気機器産業は，このような産業構造の変化への対応が鈍く，さらに，プラットフォーム戦略の構築にあまり関心を払わなかった．それに加えて，ほとんどを自前主義で進める技術経営と，基礎技術研究・応用技術開発・商品開発・製造・販売・サービスという，イノベーションの流れが一方向に進むリニア・モ

図表4-6 各時代における日本企業と海外企業の強み

	アナログ技術時代（産業化時代）の日本企業の強み	デジタル技術時代（情報化時代）の海外企業の強み
製品のアーキテクチャ構造	擦り合わせ型	モジュラー型
産業構造	企業内垂直統合	企業間国際水平分業
付加価値（利益）	完成品	（アクティブ型）基幹部品，基幹ソフト
技術経営	リニア・モデル（自前主義）	非リニア・モデル（オープン・イノベーション）

デル技術経営が基本であった．その具体例として，産業化時代の電気製品を代表するアナログテレビがある．基本技術は米国から導入したが，周辺の基礎技術は企業内の研究所が担当し，技術部門が応用技術の開発を行った．その技術を用いて事業部門が製品開発を行った．

また，製品に使用する部品の多くは自社の部品部門が，開発から製造までを行ったものを活用するという構造であった．

企業内の技術側で起きるイノベーションが，そのまま国際競争力に直結した経営構造，すなわち，アナログ技術時代のリニア・モデル技術経営が成立した，幸福な経営構造から抜け切れず，アーキテクチャ・産業構造・付加価値（利益）構造が，大きく変化したデジタル技術時代に対応できなかった．

このように，情報化時代における日本企業は，事業戦略・製品戦略をマネジメントする技術経営に，大きな課題を抱えていると考える．図表4-6に以上のことを整理して示すことにする．

日本の電気機器産業は，産業化時代に成功へと導いた技術経営を含む経営戦略にこだわり，情報化時代に経営環境が大きく変化したにもかかわらず，追随できずに国際競争力の低下に伴い，営業利益が長期にわたって低迷する時代に突入していったと考える．

§3 情報化時代における日本電気機器産業の技術経営

3.1 新製品事業化プロセスと技術経営

　企業は製品を開発して新規事業を生み出すために，事業戦略・製品戦略を立案し，それを実行するにあたって，研究開発投資から最終の新規事業までの一連のプロセスを決定する（図表4-7参照）．著者はこの一連の流れを新製品事業化プロセスと呼び，このプロセス・マネジメントの基本となる技術経営が「いかに技術開発の成果を収益に結び付ける」かが重要だと考える．言いかえれば，このプロセス・マネジメントこそが，これから求められる技術経営であるといえる．

　事業戦略・製品戦略に基づき，図表4-7に表すように研究開発投資を決定したうえで，新たな固有技術開発から始まり，製品化のための製品化技術開発，新製品事業開発と各ステップの開発が行われる．この中で，新製品事業開発は製品開発，製造プロセス技術開発，製造設備開発，製品を売るための市場開発（マーケティング）までを含んでいる．このため新製品事業化プロセスの実行は，経営部門，技術開発部門から販売・サービス部門などの企業における多くの部門にまたがる．また，その実行には5年，10年，あるいは，それ以上の時間を要する場合がある．この多部門に関わり，また，長時間にわたる一連のプロセスをマネジメントするのが技術経営であり，企業において重要な課題である．企業の研究開発投資が最終的な営業利益に貢献する効率は，この技術経営のあり方（クオリティ）に大きく依存する．

　次節以降では，情報化時代に乗り遅れたと考えられる日本の電気機器産業の技術経営の課題を明らかにするために，企業の研究開発投資と営業利益の関係に重点を置いて述べることとする．

106　第4章　新たな事業戦略・製品戦略と技術経営

図表4-7　新製品事業化プロセス

研究開発投資決定
　　→固有技術開発→製品化技術開発
　　　　　　　　　　→新製品事業開発→新規事業

製品開発・製造プロセス技術開発・製造設備開発・市場開発

3.2　技術開発投資と営業利益について

　小川（2009）は日本の製造業の研究開発投資効率を研究し，その結果の一部を図表4-8のようにまとめている．

　ここで，エレクトロニクス製造業の研究開発の投資額は，日本のすべての産業中でもっとも大きいが，その研究開発投資効率は，もっとも低いことを説明している．これは図表4-7の新製品事業化プロセスにおける研究開発投資決定から始まり，最終の新規事業までの一連のプロセスの実行の結果，高い研究開発の投資効率を得ることができなかったことを意味している．この低い研究開発投資効率は，これをマネジメントする技術経営に課題があったと考える．

　さらに日米の電気機器産業，および産業間比較として，日本の自動車産業に属する企業間の研究開発効率の比較を行う．先に示した小川の研究開発の投資効率は，営業利益額を同年度の研究開発投資で徐したものである．一方，村上（1999）および榊原（2007）は，研究開発投資の効率の算出において，5年間の研究開発投資の効果は，研究開発投資後5年間の利益として出るという，ラグ構造を提唱している．さらに，利益指標は一般的に短期的な影響を受けやすいので，この点を考慮して5年間の移動平均で計算すべきだと主張している．

　筆者もこの考えを採用して，研究開発効率は研究開発投資が営業利益に貢献する時期の遅れを考慮して，ある5年間の営業利益の平均値を，それをさかのぼる5年間の研究開発投資額で除したものとする．営業利益は5年間の前方移動平均を取り，研究開発投資は，5年間の後方移動平均を取るという方法である．例えば，1996～2000年の研究開発効率は，1996～2000年の営業利益の平均値を，1991～1995年の研究開発投資額で除したものである．以下の図表4-9

§3 情報化時代における日本電気機器産業の技術経営　107

図表 4-8　我が国製造業に見る研究開発の投資効率

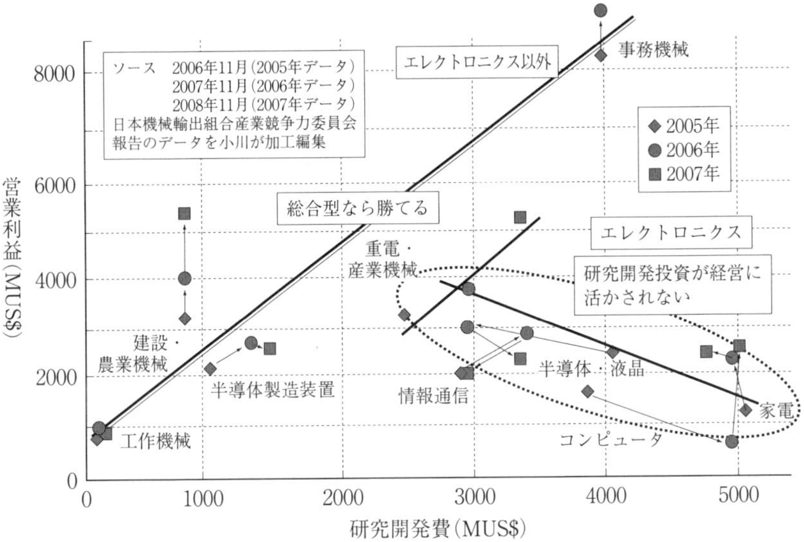

ソース　2006年11月(2005年データ)
　　　　2007年11月(2006年データ)
　　　　2008年11月(2007年データ)
日本機械輸出組合産業競争力委員会
報告のデータを小川が加工編集

凡例：◆ 2005年　● 2006年　■ 2007年

エレクトロニクス以外：事務機械
総合型なら勝てる
重電・産業機械
建設・農業機械
半導体製造装置
情報通信
半導体・液晶
コンピュータ
家電
工作機械
エレクトロニクス：研究開発投資が経営に活かされない

縦軸：営業利益(MUS$)
横軸：研究開発費(MUS$)

出典：小川, 2009.

図表 4-9　国内外の主要企業の研究開発効率

国内電気機器産業	
企業名	研究開発効率
キャノン	2.74
三菱電機	1.00
シャープ	0.99
パナソニック	0.64
日立	0.57
富士通	0.48
ソニー	0.34
NEC	0.28

米国電気機器産業	
企業名	研究開発効率
アップル	13.46
HP	2.51
Cisco	2.49
Intel	2.10

国内自動車産業	
企業名	研究開発効率
トヨタ	2.72
スズキ	2.37
ホンダ	1.81
デンソー	1.28

出典：各社財務諸表より筆者が作成.

は，2004〜2008，2005〜2009，2006〜2010の3つの連続する期間の，研究開発効率の平均値を表している．

この数字からも，日本の電気機器産業は米国の同種の産業に比べて，研究開発効率が著しく低いことがわかる．また，日本の自動車産業と比べてみても，大きく劣っていることが確認できる．

以上に述べたことから，日本の電気機器産業に属する企業は，多額の研究開発投資を行っているが，利益に貢献する新製品を生み出す効率が低かったと考えられる．これは事業戦略・製品戦略をマネジメントする技術経営に解決すべき課題があり，その結果，新製品が競争力の強化につながらず，海外企業との競争に負けた結果と見ることができる．

§4　事業戦略・製品戦略と新たな技術経営

4.1　新製品事業化プロセスの運営課題

情報化時代へのパラダイムシフトが生じているグローバル市場でのビジネス競争において，企業が他社との差別化を図り高収益を実現するには，価格・製品品質・市場参入タイミングなどの市場ニーズを，新製品に十分反映させるとともに，それが市場で新たな付加価値を生み出す製品および事業構造（ビジネスモデル）づくりが必要不可欠である．これを可能とする事業戦略・製品戦略の立案と実行が重要課題である．

これを言いかえると，この価格・製品品質・市場参入タイミングなどの市場ニーズと新たな付加価値を生み出す製品，および事業構造（ビジネスモデル）を，図表4-7（106頁）の新製品事業化プロセスのすべてのステップにおいて，いかに作り上げるかが重要である．しかし，新製品事業化プロセスにおいて，これらが作りだされない場合がある．その結果，先に述べたように研究開発投資が事業収益に結び付かないのである．

この要因として以下の8項目があるといえよう．

①製品事業化プロセスをマネジメントする技術経営が，全社および事業部

門に存在しないか，存在しても機能不全である．
②競争力を生み出す事業戦略と製品戦略の間に整合性がない．
③技術開発部門・製品開発部門・製造部門・販売関連部門・経営部門などの各組織間において，新製品事業化プロセスに関する連携のまずさ・スピード感が欠如している．
④技術開発のテーマ決定は，技術開発部門の判断に委ねられている．
⑤モノづくりがすべてに優先すると考える傾向が強い．
⑥市場ニーズを短期・中期・長期にわたり，的確に把握する仕組みを組織として持っていない．
⑦各部門の仕事の判断基準に収益性が含まれていない．
⑧他社との競争・自社を取り巻く環境などの外部要因を，社内の判断基準に持ち込まない．

上記の要因が新製品事業化プロセスのマネジメントに存在する時には，研究開発投資が高収益な新規事業に結びつかないことが多い．

特にグローバル規模での市場の拡大，競争環境の激化が急激に進んでいる情報化時代においては，競争を勝ち抜くための企業の事業戦略・製品戦略をマネジメントする技術経営は，上述の要素を十分考慮したものでなければならない．

4.2 情報化時代の新たな技術経営の要素

先に述べた8項目の要因を克服するためには，技術経営のための新たな考え方と方法が必要である．この新たな技術経営を効果的に展開するには，以下の5要素が不可欠であろう．

①経営戦略と技術戦略の一体化
②オープン・イノベーション
③市場ニーズの的確な把握
④知識経営（人・組織の持つ知識の共有化と活用）
⑤人・組織の有機的活用

この5要素をOIBMS（Open Integrated Business Management System）と

呼ぶことにする．OIBMS について，その概要を述べておくことにする．

①経営戦略と技術戦略の一体化

　情報化時代に生じているビジネス競争条件の多様化・変化の中で，高収益な事業を創出するための経営目標は，十分なブレーンのもとで議論され，最終的に経営陣の責任と権限のもと，社内に向けて明確に示す．続いて，その経営目標を実現するための経営戦略は，長期・中期・短期的視点においての市場ニーズ・競合状況・社内・社外の技術動向などの情報を，組織的な活動により調査し，経営陣参加のもとその情報を前提に経営戦略を議論のうえ決定するが，企業を取り巻く各種の環境変化に応じて，決定事項に対する継続的メンテナンスをする．この組織活動は経営陣および企業戦略部門を中心に，他の関係部門を含め戦略的に行う．さらに，これらの活動から見出された情報を基に，経営戦略の実行のために不可欠な固有技術・製品化技術の技術ロードマップを作成し，その実行が必要である．このように，企業が持続的に成長を目指す経営目標を実行するには，経営戦略と技術戦略の一体化が必要である．

②オープン・イノベーション

　情報化時代において経営戦略を実現し，市場ニーズを捉えた製品をタイムリーに市場投入し，高い収益性のある事業を創出するためには，それを可能とする全技術リソースを明確にする必要がある．その全技術リソースは，自部門では不十分である場合は，自社内・外にも求めることが重要である．これはイノベーション・プロセスを，自部門にこだわるクローズド・イノベーションに対して，リソースを外部にも求めるオープン・イノベーションである．さらに，技術のみならず，生産・販売・サービスまでのすべてのビジネス・プロセスにおいて，オープン・イノベーションを基本とする必要がある．このことは，図表4-3（100頁）で示した産業化時代の成功要因であったクローズド・イノベーションの代表的な企業内垂直統合戦略からの脱却を意味している．

③市場ニーズの的確な把握

　グローバル化がますます進展し，さらに新興国市場が拡大することが見込まれる今後，企業が高収益化を実現するには，その市場ニーズを的確に把握し，

その具現化のために行った研究開発の成果としての製品を，タイムリーに市場投入することが必要不可欠である．自社が持つ技術の強みのみに視点をおいた製品戦略は，必ずしもその製品が投入される市場ニーズを捉えているとは限らない．さらに，継続的な高収益事業の獲得には市場ニーズを的確に把握した事業戦略・製品戦略の立案・実行が求められる．このためには②オープン・イノベーションの要素が不可欠である．

④知識経営（人・組織の持つ知識の共有化と活用）

産業化時代には付加価値（利益）の源泉は，工場設備およびその稼動を行っている製造部門が中心にあったが，情報化時代には付加価値は，製品を媒介にしたソリューション・サービス・情報提供，あるいは，それらを組み込んだ新たな新製品事業化プロセスに重心が移行している．これらの成果は付加価値を生み出すビジネスモデルでもある．つまり，モノづくりが必ずしも付加価値（利益）を生み出すとは言えない．情報化時代においては，人や組織がつくりだす顕在的な知識，および潜在的な知識資産が価値の源泉となっている．企業内外を問わず人・組織が持つ潜在的知識をも顕在化し，その共有・活用による組織総合力の具現化を可能とする技術経営が必要である．技術経営の役割を，単にモノづくりの世界に留めるのではなく，新製品事業化プロセス全般のマネジメントと位置付けする．

⑤人・組織の有機的活用

家族中心に少人数で行ってきた家内工業から，産業革命による大規模工業化に移るにつれ，企業は組織図に従った機能制組織，または事業部制に見られる分業体制による効率追求を行ってきた．この活動により，その組織の役割を果たすための部分最適追求が図られる．一方，人・組織が持つセクショナリズム，およびその間のコミュニケーション・ロスにより個人，個々の組織により生み出された部分最適が，必ずしも組織全体の全体最適を生み出していない場合がある．3.2節で述べたように技術開発投資が必ずしも高率で営業利益に結び付いていないのは，このことを意味している．先に述べたように，新製品事業化プロセスにおいて研究開発投資が決定され，その後，多くの組織が自らの役割

図表4-10　OIBMSと低研究開発効率の関係

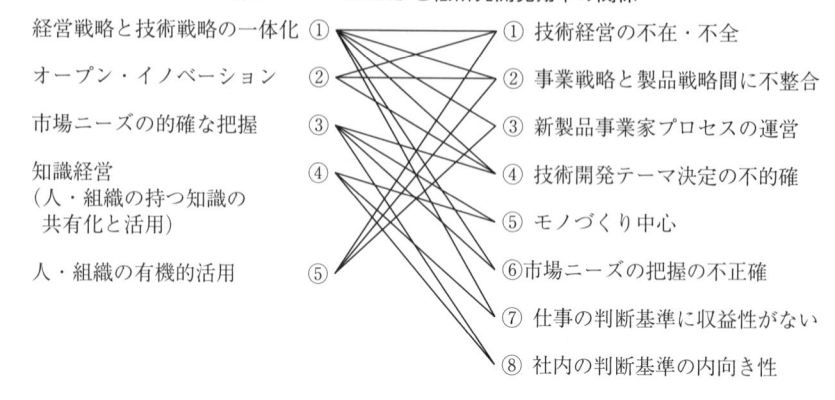

経営戦略と技術戦略の一体化	①	① 技術経営の不在・不全
オープン・イノベーション	②	② 事業戦略と製品戦略間に不整合
市場ニーズの的確な把握	③	③ 新製品事業家プロセスの運営
知識経営 (人・組織の持つ知識の 　共有化と活用)	④	④ 技術開発テーマ決定の不的確
		⑤ モノづくり中心
人・組織の有機的活用	⑤	⑥ 市場ニーズの把握の不正確
		⑦ 仕事の判断基準に収益性がない
		⑧ 社内の判断基準の内向き性

を果たした部分最適の結果として，新製品が生み出される．その後，企画書に沿った売上・利益を求めてその新製品を事業化するが，企業の多くは必ずしも期待通りの全体最適の重要な経営指標である営業利益を得ることができない．ここに解かなければならない課題がある．この解決のためにはいかに人・組織が，それぞれの役割を果たすための部分最適を追求した結果を，組織全体が求める全体最適に繋げるための人・組織の有機的活用が重要である．

筆者の研究は，パナソニック株式会社の2000年の組織改革において，事業部制が廃止され，新たな組織構造が構築されたのは，事業部制の持つ事業部間の壁の問題も，その一要因であることを明らかにした（西口，2009）．

グローバル規模での市場の急拡大，多くの新興企業の勃興・参入による企業間競争の激化が進む情報化時代においては，この経営環境の中で高収益事業を生み出すには，人・組織の持つあらゆる能力の活性化を図ると同時に，そこから得た成果を効率的に結集する総合力が必要である．

これらOIBMSの5要素と，低研究開発効率の8要因の関係を整理すると，図表4-10のようになる．この図表から経営戦略と技術戦略の一体化が，OIBMSの基本要素であることが明らかとなる．他の4要素は，研究開発効率を下げる8要因の発生を防ぐ役割を果たすとも考えられる．

これらの事業戦略と製品戦略をマネジメントする技術経営の5要素（OIBMS）

は情報化時代の特徴を考慮したものであり，企業が求める持続的成長実現のための事業戦略・製品戦略の立案，および実行である．続いて OIBMS を活用する技術経営について述べておこう．

4.3 OIBMS の活用モデル

　情報化時代において，価値ある事業戦略・製品戦略の立案・実行の場である新製品事業化プロセスに，5要素（OIBMS）から成る技術経営の具現化と活用が重要である．これには，新しい概念に基づいた組織とその機能，およびそれらを動かす仕組みが必要である．図表4-11に組織と機能に関する従来の考え方と新しい考え方のモデルを示す．

　従来の組織と機能は図表4-11の上側に示すように，経営者のもとに各機能性組織がそれぞれの役割を担って活動をしている．具体的には，経営者は各機能性組織部門が創出した成果を，総合的に判断・活用し，その経営責任者として果たすべき企業の全体最適を，創出（売上・利益などの確保）する役割を担うことを基本とするモデルである．

　このモデルが情報化時代における新製品事業化プロセスの運営において，十分に機能しなかったので，これまでに述べてきたような日本の電気機器産業の低い研究開発投資効率に結び付いたといえる．例えば，研究開発部門が経営部門および他の部門との関わりなく，その組織のみの判断で研究に取り組み，新技術・新製品を生み出したとする．この場合，研究開発部門はある意味において，組織としての部分最適を追求したことになる．しかし，この新製品が計画した事業に結び付かず，結果として計画した売上と利益を計上できないことが多々ある．この場合は，研究部門としての部分最適を見出すことはできたが，企業全体としての全体最適を見出すことができなかったといえる．この例から推論すれば，そのような例は多く存在する．この従来の考え方では，各組織の部分最適追求の成果を経営者が，企業が求める全体最適の成果に高率で結び付けるには，多くの課題がある．

　図表4-11の下のモデルは，OIBMS を持つ技術経営の仕組みのうえでの組

図表 4-11 OIBMS モデル

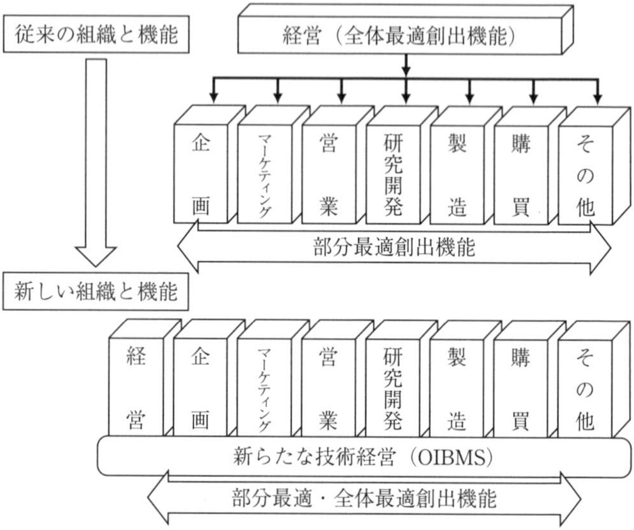

【従来の組織と機能】

経営（全体最適創出機能）
↓
企画／マーケティング／営業／研究開発／製造／購買／その他
← 部分最適創出機能 →

【新しい組織と機能】

経営／企画／マーケティング／営業／研究開発／製造／購買／その他
新らたな技術経営（OIBMS）
← 部分最適・全体最適創出機能 →

織と機能の考え方を表している．ここでは，まず経営者は自身の経営責任を果たすために経営目標を明確に示す．その後の実行段階では，図表4-11にあるように，経営部門という各組織同様の一機能性組織の役割を担う．また各機能性組織はそれぞれの役割を担う．

このモデルではOIBMSという5要素を持つ技術経営に従って，各組織の活動はマネジメントされることが基本である．例えば研究開発のテーマは，それに関連する新製品事業化プロセスに関わるすべての機能性組織が，OIBMSの基本的な考え方に基づいて議論し，決定する．

このような仕組み，考え方によって決定された研究テーマの実行が続いて行われ，さらに新製品化事業プロセスに沿って，それぞれの機能性組織が，それぞれの役割を確実に果たすべき部分最適の追求を行う．この部分最適は先のモデルのように，他の組織と関連を持たずに単にそれぞれの考え，都合で追求された結果ではなく，OIBMSの要素が組み込まれた技術経営により，マネジメントされているので組織全体が求める，例えば企画に沿った売上・利益のよう

な全体最適が生み出される.

このモデルにおいては，これらの部分最適の結集が組織全体の求める全体最適を創出することになる．すなわち，事業戦略・製品戦略をマネジメントする新たな技術経営を活用するモデルは，研究開発投資が当初の企画に沿った営業利益を創出する率が高くなり，高収益事業を創造することが期待できる.

これまでに，新製品事業化プロセスの課題を述べ，それを解決する考え方として事業戦略・製品戦略をマネジメントする新たな技術経営の要素OIBMSとその概要を述べてきた．そして，最後にはそのOIBMSの考え方を反映させた新たな機能と組織の考え方を示した.

これまでの日本企業の成功の軌跡から，各企業の機能性組織は部分最適を追求する能力を十分持っていると考える．これがこれまでの日本企業成功の源であったと思える．しかしながら，これまでに見てきた状況から判断して，現在および今後，一層，総合力を集結して全体最適を追求する新たな考え方が必要な時代になっている．これがOIBMSを要素とする新たな技術経営の基本的な考え方である.

日本企業の多くは，戦後急激な成長を遂げることができ，多くの成功体験を味わうことができた．この時代は筆者が定義する産業化時代であった．一方，1960年頃から米国を中心に始まったデジタル技術を核とし，情報・通信を産業とする情報化時代へのパラダイムシフトが起こり，現在に至っている．日本企業の多くは，産業化時代の成功体験から過去を否定できなかったのか，このパラダイムシフトに対応することが不十分であり，特にエレクトロニクス企業はその傾向が顕著であることが，低収益性からも明らかである.

革新的技術を核に経営を行う製造業においては，的確な事業戦略・製品戦略を立案・実行することにより，絶えず競争力のある新製品・新事業を生み出すことが最重要である．しかし，グローバル競争時代において競争に打ち勝つための両戦略を立案し，実行する力が弱体化してきている現象を多々見ることができた.

個人主義を中心とする文化を基本とする国々に対して，日本社会，日本人が持つ他との協調を大事にする共鳴主義を中心とする文化を持ち，これを企業の組織活動に活かすことによる個々の部分最適追求を，より活性化すると同時に，企業の重要な経営指標である売上・利益などの全体最適を創出することができ，他の国の企業との差別化による競争力の強化を図ることができると考える．

　日本企業は，今こそ過去の成功体験を捨て，新たな時代を見据え，筆者が提言する日本の強みを生かした技術経営の実行により，ますます激化するグローバル競争を勝ち抜き，さらなる持続的成長を目指すことを期待する．

参　考　文　献

小川紘一，2008a，「我が国エレクトロニクス産業に見るモジュラー化の深化メカニズム——マイコンとファームウェアがもたらす経営環境の歴史的転換」，『赤門マネジメント・レビュー』，東京大学，7（4）：83.

小川紘一，2008b，「我が国エレクトロニクス産業にみるプラットフォームの形成メカニズム」，『赤門マネジメント・レビュー』，東京大学，7(6)：339.

小川紘一，2009，『国際標準化と事業戦略——日本型イノベーションとしての標準化ビジネスモデル』，白桃書房，4.

榊原清則，2007，『イノベーションの収益化——技術経営の課題と分析』，有斐閣.

情報通信白書，2008，『情報通信白書　平成20年度版』，総務省.

西口泰夫，2009，『技術を活かす経営——「情報化時代」に適した技術経営の探究——』，白桃書房.

村上路一，1999，「危機意識から生まれたイノベーション・マネージメント」，『Works』，リクルートワークス研究所，(37)：10-13.

第5章　新製品開発活動の管理

田　中　雅　康

本章の概要

　比較的長期にわたって好業績を維持している企業には，いくつかの共通する要因がある．例えば，新製品開発力が強い，コスト体質が強い，ビジネススピードが速い，組織が活性化している，ITの活用度が高いなどである．これらの要因には重複したところもあるが，集約していくと企業の環境適応力が高いということであろう．

　企業はいつの時代でも環境に適応して生存している．この適応の程度が，企業業績となって現れるのである．企業の環境適応の仕方でもっとも一般的なものが，新製品の市場投入である．この巧拙が企業業績を左右するもっとも根元的な原因である．言いかえれば，新製品開発力が企業業績を決定付ける主因であり，この開発活動を有効に管理することが極めて重要なのである．

　本章では，上記のことを踏まえて，新製品開発の戦略的展開，新製品企画活動の管理，開発設計活動の管理について，主要な項目に焦点を当て，日本の主要企業に対する実態調査結果を踏まえて述べることにする．

---

§1　新製品開発の戦略的展開

1.1　戦略的新製品開発の必要性

　今日では，企業成長の要は新製品開発力になってきたといっても過言ではない．新製品開発力は数多くの新製品を開発するという数の問題ではない．開発する新製品の質と継続性の問題である．それは市場で喜んで受けいれられる新製品を継続して開発し続ける力であり，平たく言えば，ヒット製品になる確率の高い新製品を，長期にわたって継続して開発する力である．このような新製

品開発力を強化・充実する必要があるが，そのためには長期的視点に立って事業戦略と開発戦略を立て，これを着実に具体化することが非常に重要である．

これらの戦略を大別すると，対外的戦略と対内的戦略になる．ここでは対外的戦略について言及する．対外的戦略は外部環境の変化に適応するための戦略で，これには需要構造の変化や競合企業の動向などへの対応戦略も重要であるが，ここでは技術に関する変化および動向に着目してみることにしよう．

昨今の組立型製品の場合，多くのものがアナログ技術に基づいた製品づくりから，デジタル技術に基づいた製品づくりへと変化した．これと並行して擦り合わせ技術に基づいた製品づくりから，組み合わせ技術に基づいた製品づくりへと移行している．これは，身近な家電製品や通信機器などを見れば明らかな潮流といえる．また，新製品開発と製造の枠組みは，日本企業の特徴であったクローズドな垂直的国内的統合生産から，オープンな水平的国際分業生産への変化が顕著になってきた．さらにまた，新製品開発の方式は，個別最適の新製品開発からプラットフォームをベースとした新製品開発へ，さらに進んでモジュールをベースとした新製品開発へと進展してきた．

以上のような環境変化が，多くの分野の新製品開発に多大な影響を及ぼしている．そこで，これらの変化や動向に加え，グローバルな需要構造の変化と競合企業の動向などを加味して，世の中の潮流を正しく認識する必要がある．この認識に立って自社のあるべき姿を戦略的に構築し，自社の現状の姿を対比して当面の達成目標を立て，これに基づく行動が必要である．これを新製品開発の面で検討してみると，事業戦略や開発戦略の再構築であろう．

個別の新製品開発が成功を収めたとしても，これを継続させることは非常に難しい．長期間にわたって成功させるには，それ相応の体制基盤を確立させる必要がある．個々の新製品開発に直接的影響を及ぼすのは，「プラットフォーム戦略・モジュール戦略」や「製品シリーズ戦略」である．これらの戦略はすこぶる重要なものであるが，これらを決定付けるものは「中長期製品開発戦略」や「製品群戦略」や「新技術開発戦略」である．したがって，これらの3つの戦略が充実していなければならない．ところが，これらの3つの戦略は

「事業戦略」と「開発戦略」の具体的展開であるから，根幹をたどっていけば，この3つの戦略の良し悪しが新製品開発の成否を，ひいては，新製品開発力を決めているといえよう．このことは韓国の電気メーカーや台湾の組立型製品メーカーの成功例をみても，欧米のそれらをみても明らかなことである．

したがって，新製品開発を成功させるためには当該開発設計チームの努力もさることながら，開発設計に入る前の諸戦略の連鎖が合理的・合目的的であり，かつ，環境に適応したものでなければならない．これらを十分に確立せずに開発設計チームの努力に依存するだけでは，新製品開発力は強化できない．したがって，個々の新製品開発においても成功は困難であろう．これらの関連を示したものが図表5-1である．図表5-1は新製品開発[1]に影響を及ぼす戦略を流れ図で示したものであり，それぞれに対し新技術開発戦略の関わりも示した．

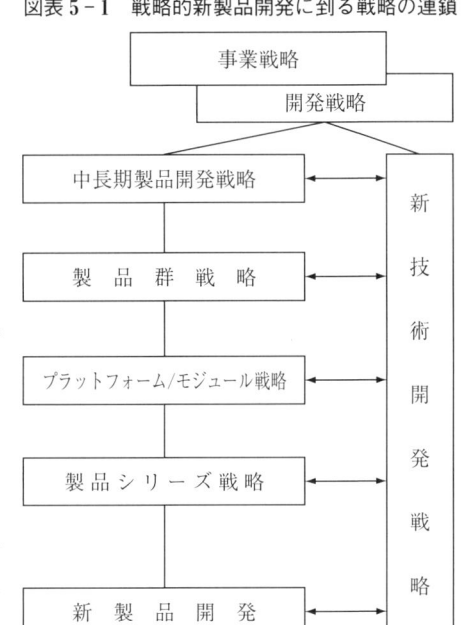

図表5-1 戦略的新製品開発に到る戦略の連鎖

事業戦略 → 開発戦略 → 中長期製品開発戦略 → 製品群戦略 → プラットフォーム/モジュール戦略 → 製品シリーズ戦略 → 新製品開発

新技術開発戦略

新技術開発は先端技術開発，要素技術開発，さらには，生産技術開発も含むが，これは新製品開発に先行して行い，技術として完成したものだけが新製品開発で活用されるのである．生煮えの技術は決して使用してはならない．

1.2 開発設計体制の強化

ここでは新製品開発力を強化・充実するために必要な，次の2項目について述べることにする．

1.2.1 開発設計活動の可視化による管理の容易化

(1) 開発設計活動の可視化の必要性

開発設計活動[2]はとかくわかりにくい．その理由は開発設計活動が開発設計者の知的活動であり，その内容は高度な専門知識に基づいた活動だからである．彼らは未知の技術的問題や原価上の問題を，いくつもの制約条件のもとに解決しなければならない．この解決なくして次の段階へ進めないからである．次の段階へ進めばまた解決すべき別の問題が発生する．この問題を解決して次の段階へ進む…というプロセスのくり返しが，開発設計活動である．

開発設計者はこの問題解決を個人で，あるいは小グループで取り組むが，多くの場合，今どんな問題が発生していて，それにどのように取り組んでいるのか，解決の方法や見通しはどうなのかなど，部外者にはほとんどわからない．したがって，部外者には開発設計上の問題や悩みなどが見えないので，彼らへの協力や支援ができないのである．その結果，問題の解決に多大な努力と多くの時間を要したり，ときには失敗してしまう．このことを回避するためには，開発設計活動を可視化する必要がある．彼らが抱えている問題や悩みを，開発設計関連部門スタッフが共有することによって，解決を容易にしたり早めたりするのである．開発設計者の活動の可視化が管理の原点となるのである．

(2) 開発設計業務の規程化

開発設計業務を可視化するためには，その業務内容を明確にする必要がある．そのためには，開発設計活動をいくつかの段階に区分し，この段階ごとに必要な機能とそれを果たすための業務内容を明らかにする必要がある．この段階の区分は開発設計する製品により異なるが，しばしば，構想設計，基本設計，詳細設計という段階に区分される．この各段階は開発設計活動の大きな区切りであり，節目（マイルストーン）の単位でもある．

これが明らかになれば，開発設計の各段階で行う必要な機能と業務内容を実践の中から取り上げ，体系的に整理をするのである．各段階の具体的な業務内容は，個別にみれば異なるが，いずれの段階でも基本的に同じアプローチが採られている．すなわち，どの段階の活動でもインプット情報に基づいて機能分

析，創造（試作品づくりによる試験を含む），評価と決定というプロセスを経て，その段階のアウトプット情報（設計案）を創り出すことである．

――― 開発設計の各段階の業務 ―――
Input → 機能分析 → 創造(試作品づくりを含む) → 評価・決定 → Output

　開発設計段階別の業務内容が整理できると，これらの業務の実施時期と実施手順を明らかになる．例えば，今日の新製品開発はコンカレント・エンジニアリングを，より徹底して採り入れているので，開発設計関連部門やサプライヤーの開発設計活動への関わり方や手順も明らかにし，業務内容の一部分として位置付けるのである．これらについて全社的調整を経て，開発設計の業務実施規程にしておけば，開発設計業務の可視化は大きく前進するであろう．

(3) 日程管理による開発設計業務の可視化

　開発設計は決められた期日までに，目標性能・品質と目標原価などを同時に達成させた製造仕様書を作成しなければならない．開発設計のチームリーダーは，サブリーダーや関連部門スタッフとともに大日程計画を立て，これに基づいて中日程計画など細部の日程計画を立てる．例えば，大日程計画は月単位に，中日程計画は週単位に，主要な業務の計画を立てる．これらの計画は原則として社内の開発設計関連部門へ知らせ，必要な支援を得られやすくすることが重要である．この計画立案ツールとしてガントチャート，WBS（Work Breakdown Structure），PERT（Program Evaluation and Review Technigue）法などを用いて，開発設計上の計画をより可視化するのである．

　開発設計業務の可視化はこのことが非常に重要であるが，日常の開発設計業務を可視化することも不可欠である．それは中日程計画を細分化した小日程計画を立てることである．これは開発設計担当者または小グループのリーダーが，自己管理の指針として立てる日々の業務計画である．今日では 3D―CAD システム（3次元によるコンピュータ支援設計システム）を活用した設計が一般化したので，開発設計者ごとの日々の進捗状況はチームメンバーでもわからな

いことが多くなった．この現実を踏まえて，サブリーダーは小日程計画に基づいて，開発設計者や小グループリーダーと毎日話し合い，開発設計の諸目標の達成についての進捗状況・問題点や悩みなどを把握することが重要である．

サブリーダーはこの会話を通じて，開発設計者が①確認したいこと・相談したいこと，②困っていること・悩んでいること，③協力や支援を得たいこと，④共同推進・分担設計してほしいことなどを早く察知するのである．このような情報は，週1回の定例化している朝礼などでは得られない．木目細かな情報収集により，開発設計活動を可視化し，必要な対策がタイミングよく実施できるのである．

1.2.2 開発設計関連部門スタッフなどの役割・責任の明確化

ここでいう開発設計関連部門スタッフは，新製品の企画から開発設計，製造準備[3]を経て，製造仕様書が完成するまでの活動に関係する部門のスタッフのことである．それは開発設計する製品により，関連する部門の範囲や業務内容が異なる．また，開発設計活動へのコンカレント・エンジニアリングの採用の程度によっても異なるので画一的には示せないが，日本の主要企業の例を見ると，次のような部門スタッフが含まれる．すなわち，経営企画，経理，営業企画，原価企画，製品企画，生産技術，開発購買，品質保証，生産管理，物流などの部門スタッフである．この他に開発設計に関する会議体も含まれる．これらのスタッフ・会議体の役割，責任と権限，協力の程度などを明らかにする必要がある．とりわけ，開発設計の進行に伴い，上記関連部門スタッフなどがどのように関わるかを明示し，これを規程化すべきであろう．

このとき，開発設計活動に対する上記部門スタッフの関わりの内容と程度を，明示しておくことが重要である．このとき参考になるのが，図表5-2に示したキーワード（CISPAR）であろう[4]．CISPARの前部分 CISP は，開発設計関連部門スタッフが，開発設計者の設計諸目標の達成に直接的に関わる程度を示している．これを参考にして，それぞれの開発設計関連部門は，どの役割を果たすのかを明らかにし規定化するのがよかろう．後部分の AR は判断や決定に関するものであり，部門長や会議体が開発設計活動の成果と評価，さらに

図表 5-2　CISPAR の意味

```
―― CISPAR とは ――
C : consultation（相談にのること）
I : information（情報を提供すること）
S : support（支援・元気づけをすること）
P : promotion（積極的支援・共同推進をすること）
A : approval（承認すること）
R : responsibility（責任をとること）
```

は方向付けに対する責任であり，これに見合う権限も与える必要がある．

§2　新製品企画活動の管理

2.1　新製品企画活動の概要

2.1.1　新製品コンセプト創りの重要性

　新製品企画活動は製品シリーズ戦略やプラットフォーム戦略・モジュール戦略に基づいて，これから開発設計する新製品を企画し，その企画案を評価・決定し新製品企画書を完成させる活動である．この中心をなす活動は新製品コンセプトを創造し，これを評価して決定する活動である．新製品コンセプトの創造というのは，顧客の顕在欲求や潜在欲求の発掘または要望により対象とする顧客のニーズやウォンツを明確にし，これらに応えるベネフィット（便益）を採算性を考慮して創り出すことである．なお，ここにいうベネフィットは，顧客の欲求を満足させる性能・品質などのことである．新製品コンセプトを創造するとき重要なことは，ベネフィットの採り込みに当たり，その新製品の個性付け・性格付け・特徴付けを鮮明にすることである．言いかえれば，その新製品にアイデンティティを確実に埋め込むこと（アイデンティティの創り込み）である．

　これは対外的には当該企業がその新製品に託して顧客に語りかけるメッセージであるし，対内的には開発設計者への重要な設計要求事項である．このメッセージが有効でなければ，顧客の心に響かず期待した成果（売上など）は得られない．逆に，有効なメッセージならば顧客は喜んでこれを受け入れ，顧客満

足や顧客感動は高まり，ひいては顧客幸福をもたらすのである．結果として当該企業に大きな利益をもたらす．

また，新製品コンセプト創りの活動は顧客満足・顧客感動に大きく貢献するだけでなく，主要な性能・品質や構想，方式をほぼ決定付けるので，結果的に原価の多くの部分をコミットメントしてしまうのである．言いかえれば，この時点で原価の相当多くの割合が創り込まれてしまうのである．ちなみに，筆者らの実態調査結果[5]を見ると，日本の主要企業では製造原価の約60％が，新製品企画・構想設計段階で決定されると考えているようである．

```
新製品コンセプト創り活動 ──→ 顧客満足等の創り込み活動
                    ╲
                     ─→ 原価の創り込み活動
```

このように見てくると次のように言えよう．「新製品コンセプト創りでの失敗は，その後どんなに優れた開発設計者・現場作業者・営業マンが，どんなに一所懸命頑張って働いても取り返せない」のである．

2.1.2 新製品コンセプト創りの主要活動

新製品コンセプト創りの活動は，大別すると新製品コンセプト設計（Product Concept Design：PCD）活動とPCD活動成果（新製品コンセプト等）の評価活動になる．PCD活動の成果を示したものが図表5-3の①であり，それに基づいて決定されるのが②である．

まず，PCD活動について説明を加えておこう．

PCD活動の手順は対象とする新製品によって異なり，画一的ではないが，およそ次のようなものが挙げられる．

① 顧客のニーズ・ウォンツ，または設計要求事項を把握し整理する
② 整理されたニーズ・ウォンツ，または設計要求事項に企業の意図を加味して，開発対象製品の機能定義をし，制約条件を明らかにする
③ 機能定義に基づき，上位機能体系図を作成する
④ その新製品に対する目標売価，目標原価などを仮設定する

§2 新製品企画活動の管理　125

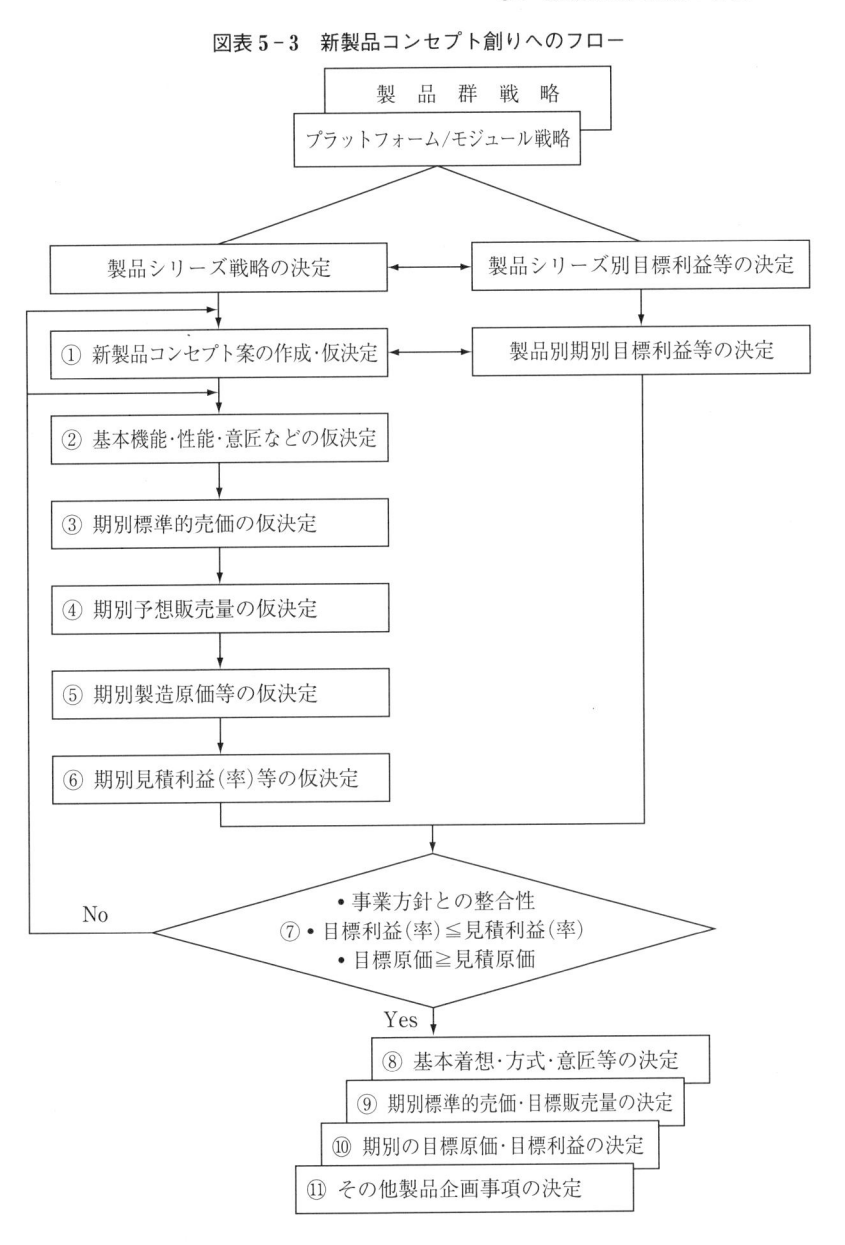

図表 5-3　新製品コンセプト創りへのフロー

```
                          製 品 群 戦 略
                       プラットフォーム/モジュール戦略

        製品シリーズ戦略の決定  ←→  製品シリーズ別目標利益等の決定

    ① 新製品コンセプト案の作成・仮決定  ←→  製品別期別目標利益等の決定

    ② 基本機能・性能・意匠などの仮決定

    ③ 期別標準的売価の仮決定

    ④ 期別予想販売量の仮決定

    ⑤ 期別製造原価等の仮決定

    ⑥ 期別見積利益(率)等の仮決定

                  ・事業方針との整合性
        No    ⑦ ・目標利益(率)≦見積利益(率)
                  ・目標原価≧見積原価
                         Yes
                ⑧ 基本着想・方式・意匠等の決定
                ⑨ 期別標準的売価・目標販売量の決定
                ⑩ 期別の目標原価・目標利益の決定
                ⑪ その他製品企画事項の決定
```

⑤ 仮設定した目標原価をガイドラインとして，上位機能を達成させる着想アイディアを発想する

⑥ これを結合・改善して，複数の新製品コンセプト案をつくり出す

⑦ 複数の新製品コンセプト案を，制約条件などを加味して総合的に評価し「新製品の基本コンセプト案の決定」を行う

⑧ 新製品コンセプト案を概略評価し，評価結果が良ければ主要な基本機能・性能・方式・意匠などを仮決定する

　PCD活動は開発設計チームメンバーだけが行うものだと考えてはならない．開発設計関連部門スタッフの協力や支援を受け，コンカレント・エンジニアリングのもとに行うものである．PCD活動は開発設計者と，開発設計関連部門スタッフとの融合・協働活動でなければ，よい新製品コンセプト案にはならないからである．ここにいう開発設計関連部門は，対象製品により異なるが，主として前述した部門である．近年は開発設計以降の活動を大幅に前倒しして実施する強力なコンカレント・エンジニアリング型PCD活動が一般化した．製品のライフサイクルの短い家電製品や自動車などの開発設計におけるPCD活動では，この傾向がとりわけ顕著である．

　次に，このようにして作成された新製品コンセプト案に対する評価は大別すると二面から行われる．第一は新製品コンセプト案が事業方針などに準拠しているか否かを評価する活動である．第二は新製品コンセプト案に対する経済性を評価する活動であり，図表5-3の③～⑦で示したようなものである（これについては後述する）．評価活動は，およそ次のような項目による評価である．

① 製品群戦略を踏まえ，プラットフォーム戦略・モジュール戦略に合致した新製品コンセプト案になっているか

② 顧客のニーズ・ウォンツ，または設計要求事項を現実に即して把握したうえでの新製品コンセプト案になっているか

③ 中長期の技術ロードマップや製品ロードマップを踏まえた新製品コンセプト案になっているか

④ 環境保全・法令順守を十分考慮した新製品コンセプト案になっているか

⑤ 完成した新技術を活用した新製品コンセプト案になっているか（生煮え技術は不可）
⑥ 不足している技術を明示し，その対策を示しているか
⑦ 明確なアイデンティティが埋め込まれた新製品コンセプト案になっているか

これらの項目による評価で「良し」となれば，開発設計日程を加味した経済性評価へ移行される．

2.2 新製品コンセプト創りに有益な方法

新製品コンセプトは特別な方法のもとに創らなければならないというものではない．自由な発想のもとに開発設計者たちが自らの想いを，このコンセプト創りに活かして埋め込めばよいのである．しかし，新製品コンセプトはビジネスとして，顧客へ語りかける企業メッセージでもあるから，合目的的であり，かつ，合理的に創ることが求められる．そのためには，合理的であるといわれる方法を参考にする必要があろう．それを整理してみると，固有工学的方法と管理工学的方法に大別されよう．

新製品コンセプト創りを支援する方法
- 固有工学的方法
  - 電気工学的アプローチによる方法
  - 機械工学的アプローチによる方法
  - ⋮
- 管理工学的方法
  - 品質管理的アプローチによる方法
  - VE的アプローチによる方法
  - その他のアプローチによる方法

固有工学的方法は，主としてシーズ（Seeds）が先行して存在し，これを活かして新製品コンセプトを創る方法であり，シーズから顧客ニーズを満足させる新製品コンセプト創りをするものである．これには固有工学の専門領域によって，また，シーズの特性により数多くの方法がある．他方，管理工学的方法は主として顧客のニーズやウォンツを把握し，これに応える技術を考案していって，新製品コンセプトを創り出す方法である．これにも多くの方法がある

が，大別すれば3つであろう．

第一は品質管理的アプローチで，代表的なものは品質機能展開（Quality Function Deployment：QFD）であろう．これに関しては国内外に多くの論文や著書が刊行され適用例も多い．とりわけ成熟製品についての新製品コンセプト創りには，有益な方法である[6]．

第二は VE 的アプローチで，シナリオライティング法や CMVE などがある[7]．この方法は優れたものであるが，まだ適用例は多くない．これから発展していくであろう．

第三は第一，第二以外のアプローチ方法で，商品企画7つ道具，TRIZ（問題の発明的解決理論），タグチメソッド，コンジョイント分析などが広く知られている[8]．これらの方法は独立した方法としても活用されるが，第一，第二の方法と併用されることもある．

これらの方法にはそれぞれ長所と短所があり，活用上の特徴が明らかになっているから，このことを理解して活用することが重要である．

2.3 新製品コンセプト案の経済性評価

新製品コンセプト案の評価を行う手順の概略は図表5-3（125頁）に示した通りである．これに準じて述べていくことにする．

2.3.1 標準的売価の設定

(1) 標準的売価の考え方と方法

標準的売価というのは生産者が購入業者，または最終購入者へ提示する一般的価格であり，例えば，製品カタログなどに表示された価格，あるいは生産者希望小売価格などである．競合製品が数多く存在する市場では，その標準的売価は競合製品群の機能と，その機能の達成レベル（実用機能と魅力機能を含む）を比較・評価して求めた予測売価に，その企業の戦略的要素を加味して決定されるといえよう．

標準的売価＝予測売価＋戦略的要素

ここでは標準的売価の決定要因のうち，戦略的要素については取り扱わないことにする．したがって，予測売価について検討するが，量産効果が顕著に標準的売価に反映される製品（コンピュータの記憶素子など）や，機能の達成レベル（性能等）の向上と新機能の追加が同時に行われながら，標準的売価の低下が急速に進行するような製品もここでは取り扱わない．しかし，これらを除いてこの方法は非常に多くの新製品の予測売価設定に有益であるので，この予測売価の設定法について述べておこう．

　現存する競合製品群を選定し，それらの主要機能レベルなどを表す主要な仕様（設計特性値）などと，その製品群の標準的売価との関係式を作成し，これを売価予測式と呼ぶことにする．この算式によって求めたものを予測売価と呼ぶ．売価予測式を作成する方法としては，回帰式などが活用されるが，後述する原価見積における超概算見積や概算見積の方法と同じものが活用される．

　ここでは成熟製品である小型トラックの売価予測式を，重回帰式で示すと次のようになる．

$$Y = 86096.52X_1 + 6532.08X_2 + 39.94X_3 + 224.97X_4 + 155.13X_5$$
$$+ 8075.66X_6 + 157954.10X_7 - 4718.27X_8 + 37260.27X_9$$
$$+ 281312.40X_{10} + 176415.00X_{11} + 775714.10$$

　ただし，Y：予測売価

　　X1：最大積載量(t)

　　X2：サスペンション(インデペンデントか否か)

　　X3：全高(mm)

　　X4：ホイールベース(mm)

　　X5：床面地上高(mm)

　　X6：最高出力(PS/rpm)

　　X7：A/Tか否か

　　X8：荷台(スチール製か否か)

　　X9：後輪タイヤ(ダブルか否か)

　　X10：4WDか否か

　　X11：ダブルキャブか否か

　　寄与率(R^2)＝0.994

　　データ数：72車型

この売価予測式は実用機能を対象としたものであるが，これに魅力機能を加味した総合的な売価予測式を作成することもできる[9]．また，これらの算式は統計手法を用いて作成した売価予測式であるが，統計処理をするほどのデータ数が得られない場合もある．このときは筆者らが開発したWADPなどが有益

であろう[10].

(2) 付加機能の予測売価の算出法

成熟期の製品になると,多くの競合製品が存在するからそれらとの差異化を図るため,これらの競合製品には存在しない新しい機能を付け加えたり,性能を著しく向上させた新製品を市場投入することが多い.これを付加機能・向上性能と呼ぶことにする.これらの売価はどのように設定するのが合理的であろうか.筆者らの研究によれば,一応,次のような方法で合理的にこれらに対する顧客評価値を算出することができる.

まず,潜在顧客(有効需要の裏付けのある潜在顧客)を対象にして,次のような実態調査を行う.特定の付加機能(厳密には付加性能と呼ぶべきである)または向上性能に対し,「購入すること」を前提として,この金額までなら確実に支払ってもよいと思う金額 a (購入する金額)と,この金額以上なら確実に支払いたくないと思う金額 b (購入しない金額)を金額目盛のついた数直線上に示してもらう.

この調査用紙の形式は図表5-4の通りであり,数直線に a の値と b の値について縦線を引いて示してもらう.この例の場合,甲氏は図表5-4のように示した. a の金額は1.6万円, b は2.6万円である.甲氏はこの a から b までの区間は,その付加機能または向上性能を購入するか,購入しないか「迷っている」金額帯である.

このような潜在顧客を対象とした実態調査結果が得られれば,この結果に線形情報統合法を適用すると,彼らが妥当であると暗に感じている評価額が算出できる.この方法の概要は次のようである.

上のような調査結果から,回答者(潜在顧客)は「迷っている金額帯」の中のどこかの価格で購入すると考える.しかし,どの価格で購入するかはわからないが,購入の可能性は a と b の間で一様に分布していると考える.このような前提のもとに,彼らが妥当だと考えている評価額は,次のようにして求める.

回答者 $X_1, X_2, \cdots, X_n$ のそれぞれの評価額の平均 $\{(a+b) \div 2\}$ を $\mu_1, \mu_2, \cdots, \mu_n$ とすると,これに対してある重み係数 C をかけた値を求め,これらを

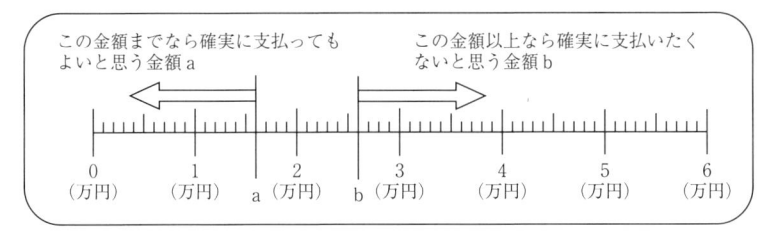

図表5-4 実態調査のアンケート用紙の形式

合計することによって，回答者全体の評価額Zを算出するのである．

$$Z = C_1\mu_1 + C_2\mu_2 + \cdots + C_n\mu_n \qquad C_1 + C_2 + \cdots + C_n = 1,$$
$$C_1 > 0,\ C_2 > 0,\ \cdots,\ C_n > 0$$

$C_1, C_2, \cdots, C_n$の値は，aとbの差が小さいほど大きくなるように設定している．これが線形情報統合法の特徴である．なお，この方法の詳細は注11を参照されたい．

(3) 価格の変化に対する購入割合の予測（需要の価格弾力性）

上記の方法の適用例を示してみよう．小型トラックに4WDの機能を当該新製品に採り入れようと考え，その機能の評価額はいくらになるか調査したところ，その結果は当時147,500円（調査結果からの単純平均は186,800円となった．なお，生産者側の期待価格は約300,000円）であった．

この他にもいくつかの付加機能の評価を行ったが，いずれも有効な結果が得られた．よって生産者はこの値を参考にして，売価設定すると有益であろう．

また，4WDの機能の評価値が147,500円であるという情報は非常には有益な情報であるが，これだけではいくらの販売量になるか予測ができない．そこで，この調査対象者の回答を分析し，4WDの価格が，若干，増減することによる彼らの購入態度が，どのように変化するか明らかにしてみた．その結果を示したのが図表5-5である．

図表5-5は価格が，若干，増減することにより，調査対象となった潜在顧客の態度（購買意欲）がどう変わるかを示した累積相対度数（%）である．縦軸は，いわば購入確率に相当するものであり，横軸は価格を示している．

図表5-5 価格に対する顧客の感度分析

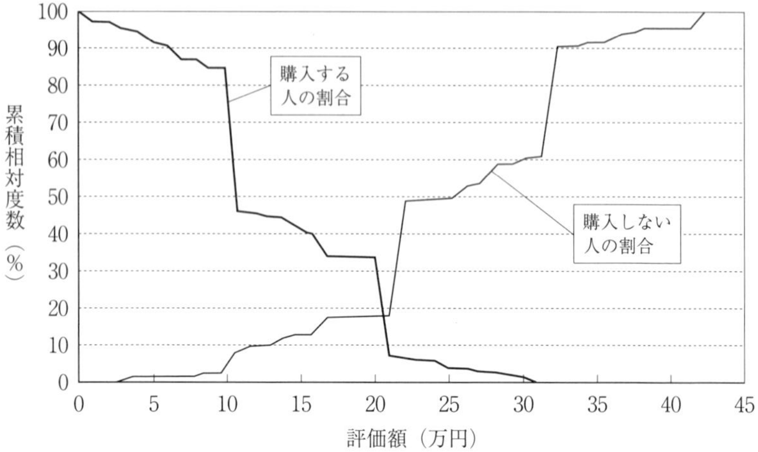

（グラフ：横軸 評価額（万円）0〜45、縦軸 累積相対度数（％）0〜100、「購入する人の割合」と「購入しない人の割合」の2曲線）

調査対象とした潜在顧客が妥当と考える価格は上述したように，147,500円であるが，図表5-5を見れば価格が10万円以下になれば購入すると回答した潜在顧客の割合が急増する（80％以上）ことがわかる．逆に，20万円以上になれば購入しないと回答した潜在顧客の割合が，急増する（約50％）こともわかる．これは一種の需要の価格弾力性を示したものである．したがって，この顧客の感度分析は販売量を決定するうえで，極めて有益な情報となる．

この方法は付加機能の評価値を求めるだけに適用できるものではなく，製品全体としての機能の評価値を求めることも有益である．さらに，その価格変化に対する販売量予測にも活用できる．なお，この方法の詳細については，注11を参照されたい．

(4) 原価見積の方法

この段階における原価見積は，企画している製品の発売時点の原価を現時点で予測して示すことであり，超概算原価見積とか概算原価見積と呼ばれるものである．原価見積の機能は，当該新製品の基本性能やデザインなどに対して，過去の知識や経験に基づいて一定の生産量を想定したうえで，現在の価格水準のもとで金額評価すること（原価評価）であり，続いて，その原価の将来予測

を行うこと（原価予測）である．

　見積る原価の対象は望ましいのは総原価であるが，多くの場合，製造原価か，これに販売直接費を加味したものである．販売間接費や一般管理費の原価見積は，製造原価などに対する一定割合を加算する方法が多用される．

　製造原価や販売直接費（荷造り梱包費，物流費，据付費など）の原価見積は，類似の性能を果たす既存製品の概算原価見積用コストテーブル[12]があれば，これを活用したり参考にする．これがなければ，類似の性能を果たす製品やサブシステムを入手し，テアダウン（Tear Down）[13]などにより，原価情報を得て製造原価見積を行う．このときに利用できる方法として「n乗の法則」[14]や重要機能見積法などが挙げられる．ここでは重要機能見積法について，若干説明を加えておこう．

　重要機能見積法は，まず競合製品やこれに類似の性能を果たす製品がある場合，それらの製造原価を見積って明らかにし，これを100％とする．次に，これらの製品の主要な機能分野の概算製造原価を見積る（これはテアダウンなどの情報を活用すれば，比較的容易に行える）．この原価の割合が，先に見積った製造原価の70％〜80％に達するまで機能分野の数を増やしていく．多くの場合，当該新製品の機能分野は2〜4つ程度である．

　競合製品などの製造原価の70％〜80％を占める主要な機能分野の製造原価を修正したり参考にしたりして，当該新製品の主要な機能分野の概算製造原価を見積る．重要機能見積法は，この見積値に一定の割合（20％〜30％）を加算して当該新製品全体の概算製造原価を見積るものである．

　この原価見積で検討しなければならないのは，消費する経済資源に対する価格変動や為替変動などを加味した原価予測をすることである．製造拠点がグローバル化した今日では，ことのほか重要であるが，この研究はほとんど進んでいない．一般的には過去からのトレンド分析，公表されている資料，自社流の将来予測資料などを活用しているようであるが，より合理的な方法の研究が不可欠である．

2.4 新製品コンセプト案に対する採算性分析

2.4.1 採算性分析の意義と活用される利益などの概念

新製品コンセプトを決定付けるうえで採算性分析・評価は非常に重要である．というよりも，最近は採算性を前提とした新製品創りをすることの方が多くなっている．これらのいずれの立場に立つにせよ，これは製品コンセプト案に対する第一回目の事業採算性検討 BR（Business Review：BR）である．と同時に，第一回目の性能・品質の検討 DR（Design Review：DR）でもある．その根幹をなす考え方は，図表5-3（125頁）に示した通りである．BRは目標利益や目標原価などの達成可能性を評価し，達成可能性があると判断されれば，その新製品コンセプト案を承認するものである．その達成可能性がないと判断されれば，基本機能やその性能などの再検討，さらに製品コンセプトそのものの再検討をさせるのである．このプロセスを目標利益や目標原価の達成可能性があると判断される（新製品企画会議など経営トップが参加する会議などで）まで何回も何回もくり返すのである．このような努力をしてもこれらの達成可能性がないと判断されれば，この新製品開発は中止となる．

このように重要な意味を持つ採算性分析・評価であるから，そこで利用される目標利益などの概念や目標原価概念を明らかにしておく必要がある．

まず，このことについて日本の主要企業の実態を筆者らが行った調査結果（2004・05年と2008・09年の2回）でみると，二回とも結果はほぼ同様であった．ここでは2008・2009年の結果の上位のものを，図表5-6に示してみよう[15]．

このパーセンテージは複数回答によるもので，例えば営業利益（率）65％は有効回答企業数のうちの65％が，これを選んだことを示している．また，この調査で日本の主要企業の大部分が，複数の目標利益などを使用して採算性評価をしていることがわかった．

製品コンセプトを評価する段階で好ましい指標は，当該製品の特性にもよるが，一般的に言えば，貢献利益（率），営業利益（率），投資回収期間などであろう．これらの指標を選択したとしても，その数値はある幅をもって算出することが望ましいが，このようなことはまだ少ないようである．

図表5-6　日本の主要企業で多用されている
利益（率）など

営業利益(率)	65%	経常利益(率)	18%
総　利　益(率)	51%	貢献利益(率)	17%
限界利益(率)	48%	投資回収期間	23%

次に目標原価についてであるが，ここでは紙面の利的上割愛する．注16を参照されたい．

2.4.2　利益（率）などの算出と評価

ここでは，まず想定したライフサイクル期間にわたって売上高を算出する．そのために2.3で述べた方法などによって，予測売価と販売量の関係分析を行う．このとき，販売対象とする顧客をどう設定するかが重要であるが，これは中長期の事業戦略のもとに，全社的全体最適となるように設定する．この設定のもとで期別標準的売価を仮決定し，これに基づいて予測販売量を仮決定する．その結果，予想売上高を期別に立てることができる．このときの売上高は，ある範囲をもったものとするのがよかろう．

このとき注意すべき点は，競合製品が多く出現する可能性が高い市場では，販売期間が長くなるにつれ，競合製品の出現の可能性が高まるから，必然的に実売価の低下と販売量が減少することである．これらの傾向を予測して，売上高を一定幅をもって算出する必要がある．

上記のようにして販売量が，ある幅をもって決まれば，これを前提とした原価見積を行う．原価見積は製造拠点を前提としたものとなるが，原価見積にあたっては製造原価だけでなく，販売費・一般管理費も，可能なかぎり直接費として把握する努力が必要である．これは原価見積の正確性を高めるためである．また，くり返し生産するならば経験効果[17]を加味した概算原価見積にすることも，忘れてはならない．

原価見積は概算原価見積であっても，直接費として原価を捉える努力をすることが極めて重要である．この原価見積においても，ある範囲をもって示すのがよかろう．他方，間接費は直接費に対する過去の実績割合や，期間計画にお

図表5-7 利益(率)などの算出式

a 売上高－製造直接費＝製造貢献利益
b 売上高－(製造直接費)×(1＋製造間接費率)＝売上総利益
c 製造貢献利益－販管直接費＝営業貢献利益
d 売上総利益－(販管直接費)×(1＋販管間接費率)＝営業利益
e 投資回収期間＝(設備投資額＋開発設計投資額等)÷(営業利益またはキャッシュ・フローなど)

ける直接費と間接費との割合などを参考にして，製造直接費に対する割合(製造間接費率)や販管直接費に対する割合(販管間接費率)を決めておき，これを利用して求めるのである．これらが決まれば，図表5-7に示したようにして利益(率)などは求められる．

　図表5-7における投資回収期間の分子は，新製品コンセプト案の決定段階の予測値であり，過去の類似品を参考にしたり，3点見積法[18]などで求めるとよかろう．また，分母は当該新製品で期待される成果または果実であり，これは営業利益やキャッシュ・フローの予測値などであろう．

　このようにして算出された利益(率)などが図表5-3に示した製品別期別目標利益などを満足しそうでなければ，新製品コンセプト案の再検討が行われるのは，前述した通りである．これが経済性から見た新製品コンセプト案の評価である．

　新製品コンセプト案に対する評価は，経済性だけで行われるものでなく，法適合性，技術性，生産性，販売性など多面的に行われる．これらの評価により新製品コンセプト案が，開発設計諸目標を達成しそうであれば承認され，製品企画書にまとめられ，次の段階(開発設計段階)へ引き継がれる．

2.5 開発設計活動の管理
2.5.1 開発準備と開発設計活動におけるレビュー

　製品企画が決定すると当該新製品の使命，目標性能・品質，目標売価，目標原価，目標開発日程などが決まる．これを受けて開発準備が行われる．それは

おおむね次のようなものである．開発設計チームを編成し，開発設計の分担（小グループ）を決める．これと並行して，開発設計関連部門の役割（前述した CISPAR）を明確にする．これらの体制を整えたうえで，開発設計チームリーダーと原価企画推進部門責任者が中心となって，開発設計の諸目標を確認し，このブレークダウンを行うのである．その主要なものは次の 3 点である．

第一は技術に関する設計要求事項について，小グループごとに分担して実現性の検討を行う．第二は目標原価の細分化を行う．第三は開発設計の大日程計画，ときには中日程計画を立てる．これらはいずれ開発設計者が納得するものでなければならないから，十分時間をかけて検討することが必要となる．

このような開発準備をした後に，開発設計活動が実施されるが，開発設計の主要な節目で着実にチェックをしなければならない．

開発設計活動は開発設計諸目標（性能・品質，原価，利益（率），開発日程，環境保全など）の同時達成活動であり，これらが達成できなければ開発設計は成功とはいえない．そのため，この活動を常時レビューして達成可能性を評価し，必要な対策をタイムリーに実施することが極めて重要である．このための代表的なものが，ビジネス・レビュー（BR：事業採算・目標利益（率）の達成可能性の評価），コスト・レビュー（CR：目標原価の達成可能性の評価），デザイン・レビュー（DR：性能・品質の達成可能性の評価），エンバイロンメント・レビュー（ER：環境保全性の評価），スケジュール・レビュー（SR：開発日程順守の実現性の評価）である．これらのレビューは，新製品開発のすべてのプロセスで何回も行わなければならない．

$$\text{開発設計諸目標達成のレビュー} \begin{cases} \text{BR（ビジネス・レビュー）} \\ \text{CR（コスト・レビュー）} \\ \text{DR（デザイン・レビュー）} \\ \text{ER（エンバイロンメント・レビュー）} \\ \text{SR（スケジュール・レビュー）} \end{cases}$$

2.5.2 節目管理の現状と課題

開発設計の諸目標を達成させるためには,上述のレビューを定期的に行う制度が必要である.これが節目管理(マイルストーン管理)である.節目管理とは,開発設計の諸目標を確実に達成させるために,開発設計の主要な区切り(これを節目といい,例えば構想設計,基本設計,詳細設計など)において,事業責任者や開発設計責任者が中心となって,開発設計関連部門の責任者と共同して行う管理である.その内容は新製品コンセプト案やその後の開発設計案が,この諸目標を確実に達成できるか否かをその時点で評価し,結論を出すことである.すなわち,達成可能性があると判断すれば,次の段階へ進ませるが,それができないと判断すれば,次の段階へ進ませず,再設計などの措置を講じさせる決定を下すのである.

このことからわかるように,節目管理は開発設計諸目標の達成を保証する制度である.日本の主要企業の多くは,この制度を採り入れているが,その運用は必ずしも十分に成果を挙げているとはいえない.その一端をわれわれが実施した実態調整結果でみると,図表5-8のようである[19].日本の主要企業にお

図表5-8 DR・CRの実施状況総括表

仕様決定段階		①	②	③	④
デザインレビュー	製品計画	20%	23%	22%	35%
	構想設計	8	20	31	41
	基本設計	4	10	37	49
	詳細設計	4	8	30	58
コストレビュー	製品計画	15%	38%	23%	24%
	構想設計	10	39	26	26
	基本設計	9	23	37	31
	詳細設計	4	20	38	38

選択肢① 行われていない
② 実施の大まかな手続きや手順が示され,一応は実施されている
③ 実施の詳細な手続きや基準が明確にされており,これに従って実施されている
④ 実施の参加者,意思決定者実施時期,検討内容等が規定で明確に決められており,これに従って厳格に実施されている.

§2 新製品企画活動の管理　139

図表5-9　主要企業の現状の節目管理と望ましい節目管理の対比

	多くの主要企業で行われている節目管理	これからの望ましい節目管理
目的	・開発設計諸目標を達成させる	・開発設計諸目標を達成させる
考え方	・開発設計諸目標が未達の場合は原則として次ステップに移行させない ・未達の場合には原則として達成するまで再設計をくり返す	・開発設計諸目標の達成を保証して先に進める ・未達にならないように設計させる
進め方	・設計案ができた後の開発設計活動をコントロールしようとする ・開発設計上の内乱／外乱の影響が明らかになってから対策をとる	・設計案ができる前の開発設計活動をコントロールする ・開発設計上の内乱／外乱の発生を察知し，その影響を予測して対策をとる
節目管理の会議	・設計案の目標達成状況をチェックする ・設計案の悪い点を探し指摘する	・設計案の目標達成状況を確認する ・次段階へのキックオフとする ・次段階の開発設計の進め方の審議，アドバイスや，承認を与える
推進部門／支援部門の役割	・開発設計活動を支援する	・開発設計活動を支援と共同推進をする
設計者の意識	・性能・品質，環境の目標達成を優先させる ・目標原価達成の意識はその次となる ・原価見積は見積専門家に大部分依存する	・性能・品質，環境指標，原価，日程の目標を同等の重みで捉える ・高い目標原価達成意識を持つ ・開発設計者も原価見積を行う

いては，DRは古くから行われており，ほぼ完全に定着していると思っていたが，まだ不十分な企業が少なくない．CRにいたってはDRよりも定着割合は低い．ここに重要な課題が残されているといえよう．

　節目管理の対象は，開発設計諸目標のすべてであるが，ここにはDRとCRのデータしかないので，これについて述べることとする．上記の調査結果が示すように，日本の主要企業は一般的にいって，節目管理の体制や方法などを早急により強化・充実させる必要がある．ではどのような状態にするのがよいのであろうか．

そこで，筆者らは日本の主要企業で，原価企画が充実していると思われる企業の現状は，どうなっているかを別に調査してみた．調査期間は2011年11月から2012年2月までの4カ月で，面接調査を行った（電機系10社，機械系10社，計20社）．データ数は少ないが，この結果に基づき，その内容を要約して示すと，図表5－9の左側のようである．これに対し，節目管理の望ましい姿を仮説として示すと図表5－9の右側のようになる．この仮説についての検証は，これからの残された課題である．

　本章は，企業が外部環境へ適応させるもっとも一般的な新製品開発について，筆者らの実態調査結果も加味して述べた．新製品開発でもっとも重要な活動は，新製品コンセプト創り活動であるが，これに多大な影響を与える活動を無視することはできない．それは開発設計体制の強化であり，その基本をなす製品開発戦略や新技術開発戦略である．これらについても，触れておいた．

　主題の新製品開発活動の管理では，新製品コンセプト創り活動における採算性評価に多くの紙面を割いて，理論だけでなく実践面でも役立つ方法を述べた．また，開発設計活動の管理では節目管理に焦点を当て，日本の先進企業の現状を踏まえ，現状の把握と，これに対する望ましい姿を仮説として示し，将来の方向性とした．

注
1) 「新製品開発」という概念に含まれる範囲は論者により異なることが多く，未だ確定していない．これを広義に捉えて，新製品企画，技術研究，設計，試作，テスト販売・評価・改良，パッケージング・広告企画，量産設計・生産準備，量産・販売まで含める（「商品企画七つ道具」p.4，飯塚悦功監修，日科技連）ものもあるが，ここでは開発設計に焦点を当てて検討したいので製品企画，開発設計，製造準備を含むものとする．
2) 「開発設計」という概念も明確ではないが，わが国の実務ではこの2つの考え方があるようである．第一は製品企画に基づいて新製品をつくり出すプロセスを2つに区分して，その前段階（基本構想案など新製品の大枠を決定付ける段階をいい，企業により製品によりその内容は異なる）を開発と呼び，その後段階（基

本構想案などを具体化する段階）を設計と呼ぶものである．第二はこの開発と設計の2つの意味を合体させ，製品企画に基づいて新製品の構想案から，その具体化案（詳細設計案）をつくり出す全プロセスを含むものである．わが国では後者を指すことが多いので，ここでもこれに従うことにする．

3) 「製造準備」という概念も明確ではない．しばしば，生産準備と同義で用いられる．これは調達部門（とりわけ開発購買）や生産技術部門が中心となり，製造仕様書に指示された新製品を，製造するために必要となる準備のすべてをいう．

4) 某自動車メーカは RASIC と呼んでいるが，ここでは CISPAR として示した．

5) 田中雅康，田中潔，大槻晴海，井上善博，2010．VOL. 62, NO. 2, 「企業会計」中央経済社，ここでいう主要企業は，東京証券取引所一部上場企業とそれに準する企業とした．

6) これには次の著書が参考になろう．
   ① 赤尾洋二・吉澤正監修，1998,「実践的 QFD の活用」，日科技連出版社
   ② 永井一志・大藤正編著，2008,「第 3 世代の QFD」，日科技連出版社

7) これには次の文献が参考になろう．
   土屋裕・田中雅康，厚労省認定通信教育テキスト「設計管理Ⅲ」産能大学生涯学習研究室
   コンセプト・メーキング VE 研究会，2008,「コンセプト・メーキング VE」，日本 VE 協会

8) これには次の著書が参考になろう．
   ① 飯塚悦功監修，1998,「商品企画七つ道具」，日科技連出版社
   ② 澤口学，2002,「VE と TRIZ」，同友館
   ③ 立林和夫，2009,「入門タグチメソッド」，日科技連出版者
   ④ 原田雅顕・田中秀春，2004,「テクノロジー・マーケティング」，産能大学出版部

9) これには次の論文が参考になろう．
   ① 上原一浩，1997,「コンパクトカメラにおける機能評価手法の確立と事業活動への応用」，「VE 論文集」，VOL. 28, 日本 VE 協会
   ② 福岡宣行，2012,「顧客の感性による機能評価に基づく売価設定法」，「バリューエンジニアリング」，No. 269, 日本 VE 協会

10) 田中雅康・天笠美知夫・阿萬達朗，1988,「設計特性値による成熟製品の予測売価の設定法」，「日本経営工学会誌」，Vol. 39. No. 4, 日本経営工学会

11) 次の論文が参考になろう．

① 福岡宣行・細井潤, 2001,「潜在顧客の製品機能評価に基づく売価予測法」,「VE 研究論文集」Vol. 32, 日本 VE 協会

② M. Tanaka, M. Okuhara, H. Otsuki, 2003, "A New Evaluation Method of Interaction Effects using Compound Added Functions Based on the Potential user's Evaluation Value", Proceedings of Society of American Value Engineers International Conference.

12) コストテーブルは一定の正確さを持った原価見積を簡便に行うために，理論的根拠をもって作成された諸々の資料のことをいう．

13) これには次の著書が参考になろう．
佐藤嘉彦, 1991,「テアダウンのすべて」, 日経 BP 社

14) 田中雅康, 1995,「原価企画の理論と実践」, PP. 177 参照, 中央経済社.

15) 田中雅康・田中潔・大槻晴海・井上善博, 2010,「目標利益と目標原価の設定」, 企業会計, Vol. 62, No. 3, 中央経済社.

16) 田中雅康・原田昇, 2011,「エンジニアのための原価の知識とその活用」, P. 98 参照, 丸善.

17) 水越豊, 2010,「BCG 戦略コンセプト」, PP. 172-199 参照, ダイヤモンド社.

18) 上野一郎監修, 2007,「VE ハンドブック」P. 351, 日本 VE 協会.

19) 田中雅康・田中潔・大槻晴海・井上善博, 2010,「目標製造原価の達成管理」, 企業会計, Vol. 62, No. 5, 中央経済社.

参 考 文 献

Harry E. Cook, 1997, *Product Management*, Chapmanl&Hall.

Michael. E. McGrath, 2001, *Product strategy for High-Technology Conpanies*, 2/E McGraw-Hill. (菅正雄・伊藤武志訳, 2005,『プロダクトストラテジー』, 日経 BP 社.)

小川紘一, 2010,『国際標準化と事業戦略』, 白桃書房.

商品開発・管理学会編, 2007,『商品開発・管理入門』, 中央経済社.

西口泰夫, 2009,『技術を活かす経営』, 白桃書房.

延岡健太郎, 2011,『価値づくり経営の論理』, 日本経済新聞出版社.

荻平和巳・ハイテクイノベーション研究チーム, 2011,『日本の製造業の戦略』, ダイヤモンド社.

港徹雄, 2011,『競争力基盤の変遷』, 日本経済新聞出版社.

第6章　自動車産業における開発戦略

増　田　譲　二

本章の概要

　グローバル市場を目指して新商品開発を進める際に直面するのが，先端技術開発の進化と IT の急速な進展による「技術革新の高度化」，BRICS's など新興国の台頭による急激な「市場の変化」であり，この双方により「産業構造に変化」が起こり，事業戦略，開発戦略の位置付けが重要になってきている．また，地球環境問題への対応も重要になっている．さらに，推進にあたっては情報の共有，活用が必須であるが，コミュニケーションの不足，判断のスピードが上げられないという課題も顕在化している．

　上記の課題を克服し，事業を推進するためには全社のベクトルを合わせて，将来の売上・利益の中核をなす技術を明確にして，新技術開発を推進する必要がある．特に重要なのが先行技術開発である．また，市場環境変化への適応で効果的な方法は，「新製品・新商品」を継続的に提供することである．これらの関係を明確にし，詳細を展開するものが「開発戦略」であり，重要であると考える．この観点から日産自動車時代に取り組んだ経験，具体例を基に本章を展開してみる．

---

§1　開発戦略を展開するうえでのキーポイント

1.1　ありたい姿・めざす姿の明確化

　企業は事業戦略，開発戦略を構築するにあたり「ありたい姿」を明確にし，さらに当面の「めざす姿」と，これを実現させる実践方策を明確にする必要がある．将来の「ありたい姿」と，当面の「めざす姿」の関係を示したものが図表6-1である．この図の中で重要なことは，「ありたい姿」と「めざす姿」に

144   第6章　自動車産業における開発戦略

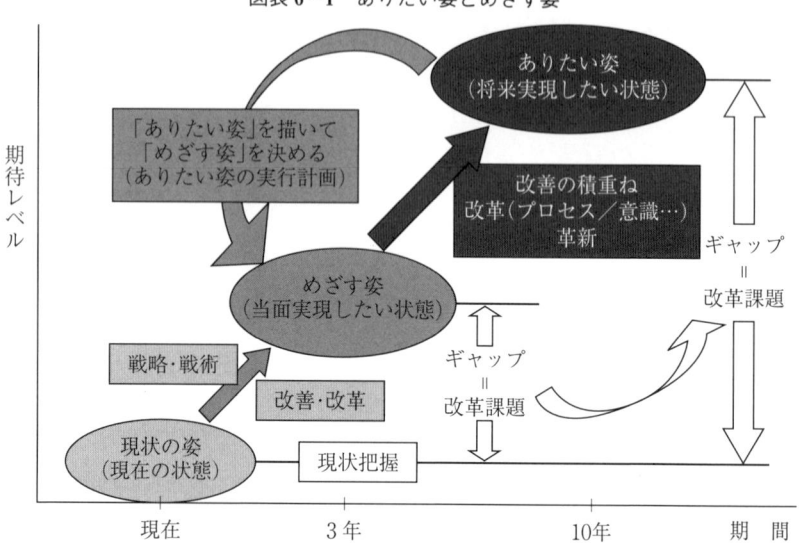

図表6-1　ありたい姿とめざす姿

ついて全従業員が共通認識として持つことである．そのために経営トップは「What：何」をするのかを明確に示すと同時に，「Why：何故」それが必要なのかを理解させ，納得するまで説明することが求められる．「ありたい姿」は企業の方針であるから，出資者，顧客，社会へも伝えることが必要となる．

　図表6-1について若干の説明を加えておこう．第一に「現状の姿」については，長所・短所や問題点も含めて現状を明確に把握しなければならない．第二はこれを踏まえて「ありたい姿」を明示することである．例えば，10年後に実現したい状態を経営トップ主導で議論して決めるが，ここで重要なことは全従業員が期待する企業の姿，業務の姿，夢の持てる生活環境の実現というような「ありたい姿」を示すことであり，かつ，それは実現可能な姿であることである．第三は「現状の姿」と「ありたい姿」のギャップを明らかにし，これにより「改革課題」を明確にすることである．「ありたい姿」の実現にあたってはマイルストーンとして，3年くらい先に実現したい状態を当面の「めざす姿」として決め，「現状の姿」と「めざす姿」とのギャップを当面の課題として位置付けるのである．これが中期経営計画の目標となる．

§1 開発戦略を展開するうえでのキーポイント 145

　開発戦略は中期経営計画の中核をなす実行計画である．中期経営計画は通常3～5年計画として策定されるが，2年目以降は年度計画の進捗状況と環境の変化，競合他社の状況などにより見直し，修正を行う必要がある．年度計画で具体的課題として取り上げられた開発戦略の実行方策は，「改善活動」で実施に移すことが多い．しかし，スピードを持って目標を達成する必要がある場合は，「改革」という方法が有効である．改革にはデメリットとして痛みを伴うことがあるので，これを避けるには「改善活動の積み重ね」を行うことにより，改革と同じ成果を得るという堅実な進め方もある．いずれにしても，社内全部門のベクトルを合わせることが先決で，これに立脚して改善活動や改革を強力に推進しなければならない．

> 〈コラム〉　日本では会話や指示をする場合，聴き手責任といわれ，よく理解できないのは聴き手側の問題とされる．欧米では話し手責任（Accountability：説明責任）であるので，話し手は聴き手を十分に理解させるまで説明する．日産自動車の Ghosn-CEO は説明責任を大切にしており，自分で直接話す機会を多く作っていた．

1.2　開発戦略の全社的整合性

　開発部門，生産部門など全社の開発活動に関連している部署にとって，企業価値を高めるための最大の課題は，社内の体制・体質の改善活動や改革を通して「変化への対応力」を強化することである．それを実現するためには明確な開発戦略を構築し，これを実行して技術競争力を高めることである．また，必要に応じてタイムリーにこの戦略内容を見直すことが重要である．

　「政策は不変！　戦略は可変！　戦術は無限！」といわれるが，政策や方針は首尾一貫している必要がある．これが短期間で変更されると，部下は何を信じて行動したらしたらよいかがわからなくなるので，安易に変えないことが重要である．これに対して戦略は自社の実力，競合他社の実力と動向，市場の状況などを勘案しながら柔軟にスピーディに，かつ，タイミングよく対応するこ

とが求められる.「敵を知り,己を知らば百戦危うからず」ということである.また,戦術は戦略の具体的な実行手段であるので,目的に合わせて得意とする最適な方法を選ぶことが重要である.

戦略は上記のような位置付けにあるので,開発戦略の構築や見直しは全社の政策,戦略と関連する生産,購買,商品企画,販売,資金管理などの部署の戦略と連携して全体最適になるように構築することが重要である.しかし,戦略の実行にあたっては競合他社との時間的競争があるので,目的に合わせて当該部署の判断で短期間に成果を達成させることも必要である.

〈コラム〉 部門と部署の使い分け
　　ここでいう「部門」は開発部門,生産部門という全社の開発活動,生産活動をまとめている組織の単位(職能部門)を指し,「部署」とはその中で特定の役割(機能)を持って実行する組織である部・課・係などを指している.

§2　開発戦略の展開

2.1　新製品・新商品の開発と新技術開発

一般的に開発戦略は,新製品・新商品開発の戦略と新技術開発の戦略を含むが,これらは性格が異なるので区別して捉え,そのうえで両者を関係付けることが重要である.

新製品・新商品開発は企業の環境適応力の強化を狙うもので,顧客満足,顧客感動,さらには顧客幸福をもたらす新製品・新商品を創り出し提供するものであり,その成果は売上高や利益などで示される.

新技術開発は特定製品群における差異化などを狙って行うもので,特定の工業技術分野で斬新な技術を創り出し,その実用化を図ることである.これには先行技術開発や要素技術開発などを含む.

この2つが企業価値の向上をもたらすものであり,ここで重要なことは,ビ

§2 開発戦略の展開　147

図表6-2　新製品・新商品開発と新技術開発

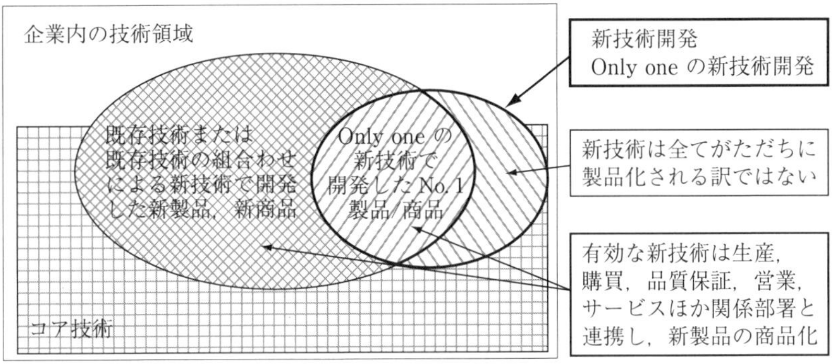

- 企業内の技術領域
- 既存技術または既存技術の組合わせによる新技術で開発した新製品，新商品
- Only one の新技術で開発した No.1 製品，商品
- 新技術開発　Only one の新技術開発
- 新技術は全てがただちに製品化される訳ではない
- 有効な新技術は生産，購買，品質保証，営業，サービスほか関係部署と連携し，新製品の商品化
- コア技術

ジネスとして業界をリードすることを指向して推進することである．

　開発戦略において新技術開発は「Only One」を目指し，新製品・新商品開発は「No.1」を目指して推進すべきである．言いかえれば，Only one の技術を創り出し，これを活用した新製品・新商品を開発することにより事業を No.1 に育て，それを維持することである．これが開発戦略の狙うところである．企業価値の向上には，この2つのキーワードを両立させ，維持，継続させることが重要である．この関係を図表6-2に示す．

　新技術開発を進める際，将来のコア技術になる可能性が高く，かつ，競争優位に繋がる固有技術を練り上げることにより，Only one の技術につくり上げる必要がある．この段階ではスピードを重視する必要があるので，本来ならば関係部署と協同し全体最適を指向すべきであろうが，当該部署の独自判断で部分的に先行して進めることも，しばしば行われる．

　Only one の技術として確立の目処が立ったならば，新製品企画者はこれを活用してビジネスで No.1 になる新製品を開発するように，関係するモノづくり部署（設計，生産技術，購買など）と連携して採算性を加味した製品コンセプトづくりを行う．製品化の目処が立ったら，販売に関わる部署などを含めて全体最適のビジネスモデルとして商品化を進めるのである．また，新技術が創り出されても，すべての技術がただちに製品化に繋がらないので，新技術開発の技術者がモチベーションを落とさないように適切なマネージメントが必要と

なる．

　事業で No.1 になるには新製品・新商品の継続的な投入が必須であり，自動車製造業における新製品・新商品の開発は顧客要望や市場ニーズをマーケティング活動で把握したうえで行うが，これを技術面からみると次の3つのタイプに分類できる．

　〈タイプ1〉　「技術ストックの活用型」：既存技術を活用して開発するもの．
　〈タイプ2〉　「技術ストックの結合型」：既存技術の結合によって新機能を創り出し，これと既存の技術を組み合わせて開発するもの．
　〈タイプ3〉　「技術ストックの開発型」：新技術開発によって新機能を創り出し，これと既存技術を組み合わせて開発するもの．

　新製品・新商品を開発しようとしても，これらに関する社内技術だけでは不十分な場合は，社外の技術やノウハウを活用するコラボレーション方式を採用することにより，スピードを速め，早期に目的を達成することが重要な方策となる．このためには日常活動の中で，優れた技術を有する企業の技術動向を調査しておくことが重要である．

　また，顧客は商品を購入するとき，どの商品が一番かを検討することが多いので，企業は常にその業界の「Only one」や「No.1」を目指すことが重要である．結果として二番とか三番ということはあっても，目標は一番を志向することが重要であり，そのためには新製品・新商品の開発について，社内のベクトルを合わせることが必要不可欠である．これが競争力の一段の強化に向けた推進力になるからである．

〈コラム〉　製品と商品の使い分け
　　ここでいう「製品」とは，開発・生産活動によりつくられた品物を指し，「商品」は製品に取扱説明書，営業活動，サービスなどを含めて顧客に提供される状態の販売対象物という定義である．

2.2 開発戦略の位置付け

2.2.1 開発戦略の対象領域

前述したように，開発戦略の範囲は，図表6-3に示す新技術開発と新製品開発の両活動における戦略を含むが，新技術開発には新製品開発（企画構想・製品設計・試作・実験・生産技術など）プロセスと，生産プロセスとの交点になる生産準備活動における新技術開発戦略も含むのである．

開発戦略の展開は開発部門の新技術開発部署と製品開発部署だけが行うものではなく，生産部門の生産技術部署，購買部門の開発購買部署なども分担して行うということである．モノづくり企業では生産技術上の競争力も企業価値を高める重要な要素となる．生産技術上の新技術開発は，多くの場合，企業にとって重要秘匿事項であるので特許などを取得しないことも多く，競合他社のそのレベルをベンチマーキングして確かめることが難しい．

2.2.2 開発戦略における部品政策・部品戦略

開発戦略の構築にあたり，自動車業界のように製品としての自動車を構成する部品の65～70％を協力サプライヤから調達している場合は，全社の部品政策と開発部門の部品戦略との関係を明確にすることが重要になる．例えば，内製する部品なのかサプライヤからの購入品にするかで開発戦略が変わることになるからである．部品政策と部品戦略の関係は図表6-4で示すような位置付け

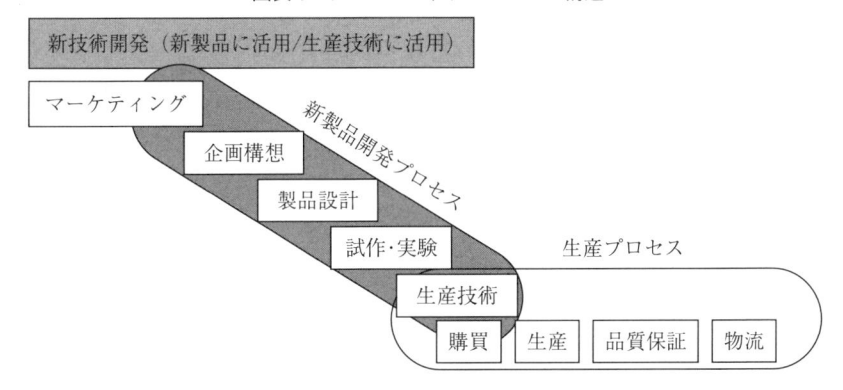

図表6-3 モノづくりプロセスの構造

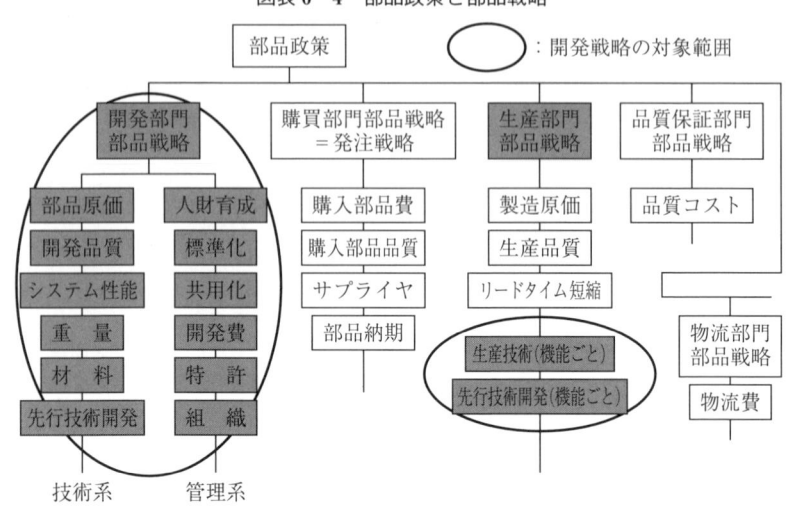

図表 6-4 部品政策と部品戦略

```
                            部品政策
        ┌───────────────┼──────────────┬──────────────┐
   開発部門         購買部門部品戦略    生産部門        品質保証部門
   部品戦略         ＝発注戦略          部品戦略        部品戦略
   ┌────┬────┐        │                │                │
  部品原価 人財育成    購入部品費        製造原価        品質コスト
  開発品質 標準化      購入部品質        生産品質
  システム性能 共用化   サプライヤ       リードタイム短縮
  重量   開発費        部品納期         生産技術(機能ごと)  物流部門
  材料   特許                           先行技術開発(機能ごと) 部品戦略
  先行技術開発 組織                                      物流費
   技術系   管理系
```

○ : 開発戦略の対象範囲

になる.

　明確になった部品政策のもとで，関係する各部門は部品戦略を構築するが，開発部門は技術系戦略として部品原価，開発品質（開発する製品や部品の品質），システム性能，重量，材料，先行技術開発などを，管理系戦略として人財育成[1]，標準化，共用化，開発費，特許，組織などに分解して，それぞれの戦略を構築していくことになる．

　例えば，部品原価の戦略は原価技術の推進部署（コストエンジニアリング推進部，原価革新部など）が，開発品質の戦略は開発品質の推進部署（車両品質推進部など）が中心となって構築する．また，システム性能の戦略は自動車一台を構成する百数十の部位で構成されるから，それぞれの担当する設計部署が構築することになる．これらのすべてについて戦略を揃える必要があるわけではないが，主要な部位については整理をし，一定の方向性を示す必要がある．

　また，各戦略項目は社内で検討するときのコミュニケーションの場を提供することにもなるので，効果的に使って議論を重ねることが重要である．

　一般的にはこれらの戦略を構築するときには，必ずしも100点満点のレベルを目指さなくてもよい．今日の時点で100点であったとしても社内の関係部署，

競合他社，市場の動向は日々進化・変化しているので，明日の時点で100点であるとは限らない．よって，常に最新の情報で現状の戦略を修正しながら，大きな変化があったときには戦略そのものの見直しをすることが必要である．

2.3 開発戦略の中核をなすコア技術
2.3.1 コア技術の分類と意味付け

ここではコア技術を競合他社の固有技術との差異化ができ，当該企業の競争力の源泉となる固有技術であり，その強化が必要となる固有技術に限定して述べることにする．このようにコア技術を捉えると，それはプロダクト・テクノロジ，プロセス・テクノロジ，中核要素・テクノロジに分類できる．その内容を要約して示すと図表6-5のようになる．

プロダクト・テクノロジは製品の圧倒的競争力やOnly oneの製品を創り出す技術のことで，最適な機能およびその性能で業界をリードしており，かつ，最新の環境保全・省エネ対応を考慮した技術などである．この技術の強みを維持・強化するには圧倒的な機能性能の高さと低価格およびスピード面で，競合他社の追随を許さない新製品を継続的に投入することにより，競合他社の戦う

図表6-5 コア技術の分類と意味

コア技術の分類	技術内容	強みの維持・強化方法
プロダクト・テクノロジ	製品の圧倒的競争力 Only oneの技術 ・最適機能/性能の技術 ・環境/省エネ対応技術 ・省資源対応技術	・圧倒的な機能/性能と安価を改善活動やイノベーションで維持する ・強い製品を見せびらかして競合他社の意欲を削ぐ
プロセス・テクノロジ	中核をなす機能部品などを造り込む技術 ・生産性向上技術 ・工法技術・自動化技術 ・材料技術	・見せない・教えない・出さない ・リバースエンジニアリングでは技術の解明ができない （競合製品を計測しデータから物は作れるが，公差などの把握は無理）
中核要素・テクノロジ	新製品開発の中核機能を果たす部品技術など	・知的所有権の取得

意欲を削ぐようにすることである．

　プロセス・テクノロジは製品の中核をなす機能部品などの性能や品質を安定して造り込む技術のことである．これは製品の品質・原価・納期（QCD）で高い生産性を実現させる自動化や工法に特徴があり競合他社が真似できない技術である．この技術は製造ラインを見せない，技術の中核部分は教えない，展示会には出さないなどにより維持ができる．さらに，リバースエンジニアリングで解明しようとしても，また，計測や実験で解明しようとしても技術の重要部分は把握できないようにすることである．

　中核要素・テクノロジは新製品開発，新技術開発において中核機能を果たす部品を創る技術で，知的所有権を取得し独占権を確保することにより維持する技術である．

> 〈コラム〉　ここでいうリバースエンジニアリングは，実際にある物を工業用写真機などでスキャニングし，3次元のＣＡＤデータにモデル化することを指す．最近，モノづくりのデジタル化が進み，リバースエンジニアリングで作成した3次元ＣＡＤデータはＣＡＭデータ化して金型を作成したり，ＣＡＥデータ化して解析するなどに活用されている．

2.3.2　コア技術の体系化と定量化

　自社にどのようなコア技術があるのかを定量的に把握することが，開発戦略を策定するときの基盤になる．コア技術を明確にするために，ここでは企業の競争力要因を図表6-6のような体系で整理した．すなわち，企業の競争力をプロダクト競争力／プロセス競争力軸と技術競争力／経営・管理競争力軸の組み合わせで表現した．この図を使用して，自社はどこが強みで競争力があり，利益に貢献しているか，また，どこが弱みでどのレベルまで競争力をつける必要があるかを把握するのである．

　図表6-6における開発戦略は，この図の12時から9時までの範囲に示した項目（網掛け部分）の内容を明らかにして定量化することである．ここでは図

§2 開発戦略の展開　153

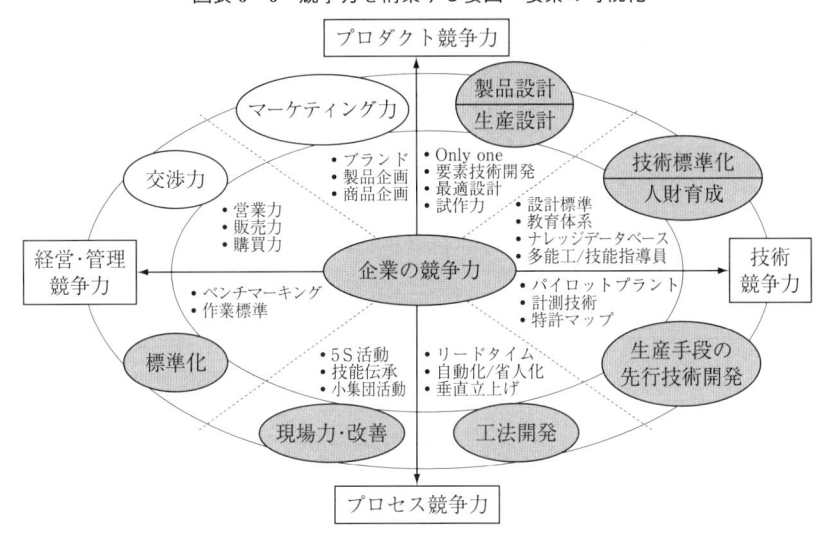

図表6-6　競争力を構築する要因・要素の可視化

表6-6の主要なものについて説明を加えておこう.

第一に，これらの主な項目の意味付けについて述べる.

「製品設計」はOnly one技術や先行技術開発された要素技術を活用して，量産を想定したプロトタイプと呼ばれる試作品を作製し，実験などで得たデータを基に設計仕様通りに製品が作製され，かつ，必要な性能が発揮できているか否かを確認することである. 同様に量産に向けた「生産設計」では，製品設計で確認された性能を維持したうえで，目標とする原価・品質・納期を同時に達成させる工法，工程，材料などを確定することである.

「技術標準化」は新技術開発，新製品開発プロセス，生産プロセスのそれぞれの業務を遂行するうえで，必要なガイドラインとして作成される. 例えば，部品開発における技術標準は，特定の部品群の開発における方式，構造，形状，材料，実験方法，公差などを決定するためのガイドとなる基準である. これが設定されることにより，開発業務のプロセスが標準化されるので，設計者による成果のバラツキがなくなり，精度の高い均質な業務遂行が効率的に行えるようになる.

「工法開発」は新しい製造方式と新しい製造方法・手段を開発することであり，生産技術，IT，製造技能を有機的に結び付けることにより実現できるのである．これは日本がグローバル市場で存在し続けるために必須の項目である．これには加工費の大幅な低減や生産リードタイムの大幅な短縮を実現する生産技術の開発，製造技能者の労務費を極小化する生産手段，生産品質を安定的に確保するための作業標準や，生産初期流動段階の業務効率を向上させるための垂直立上げシステムなどの開発がある．

「現場力・改善」は製造技能者の技能を向上させるとともに効果的に引き出すことと，現場の日常的改善活動を推進することである．日本が世界に誇る活動であり，強みとして改善，向上を継続させることが重要である．

「標準化」は現状におけるもっとも合理的な作業の進め方を決め，これを作業標準とし，それに沿って行う標準時間の設定である．これは作成するだけでなく，着実に実施をし成果を挙げることが重要である．また，常に最新の製造方法，生産手段の研究を進め，改善したものを採り込んでいかねばならない．

第二に，定量化の進め方について述べておこう．

これには，一般的に自己比較による方法，相互比較による方法，基準値比較による方法がある．

自己比較による方法は特定時点における自己評価値と，別の特定時点における自己評価値を比べて評価するものである．この方法で留意することは，評価値が評価者によって大きく異なることもあるし，ややもすると甘い評価となるので，中立的な部署によるチェックを受ける必要がある．

相互比較による方法は競合他社との比較による評価であるが，他社との比較が合理的にできる場合は有効な手段になる．製品など物の相互比較はいろいろな方法や手段があり，有益であるが，プロセスなどについては相互比較する相手を見つけるのが難しいので，進め方に工夫が必要である．

基準値比較は目標値やベンチマーク値など基準値に対する現時点の実力を評価するものである．例えば，1.1 で述べた「ありたい姿」，「めざす姿」で示した具体的目標を基準値として，現状を評価するなどが考えられる．

第三は，定量的に把握できたら将来，ビジネスの核となる事業領域について議論し，最終的にはこれらの項目について，摺り合わせをして整合性をとることである．このとき前述した「ありたい姿」，「めざす姿」がはっきりしていなければ，無駄な議論が行われることになるので，注意が必要である．

2.4　先行技術開発の展開方法

　新技術開発の中で，新たなコア技術を確立しようとする活動が「先行技術開発」であり，この活動を計画的に推進できるか否かで企業競争力に大きな差がつく．先行技術開発のねらいは，将来技術を開発することにより，当該企業の固有技術上の競争力をより一層優位にすることである．言いかえると，先行技術開発の主目的は，新たなコア技術を確立し，その競争力を強化すること，将来，活用が期待されるシーズ技術を蓄積し育てること，社内の技術的シナジー効果を引き出し，新たな技術の創出を加速させることの3つである．その結果が企業全体のプレゼンスや企業価値を高めることに繋がるのである．

　先行技術開発の基本領域は，図表6-7の実線で囲った部分のExploratory tech. とAdvanced tech. の領域を実行することであり，先行技術開発部署の役割・責任は，独自技術・独自デザインの創出とこれに基づく新たな顧客の創出である．このことについて説明を付け加えておこう．

　Exploratory tech. 段階は，探索・観察・調査などの活動を通じて，顧客が求めている機能を探し出し，それをアイディアに創り上げたり，スケッチでイメージを確認したりする段階のことである．

　Advanced tech. 段階はアイディアやスケッチの中で，具現化の可能性のあるものを選び，必要機能を発揮させる仕様を決め，製品設計をする段階のことである．また，設計図を基にコンセプトモデルとして試作品を造り，実験して機能の実現性を確認することである．

　Preparatory tech. 段階は必要機能が確認できたならば，新製品として市場に出して採算が合うかの検討を行い，量産を前提にして生産設計，生産準備を行い，実際に量産を意識したプロトタイプを試作し，製品のバラツキや採算性の

図表 6-7　先行技術開発の領域

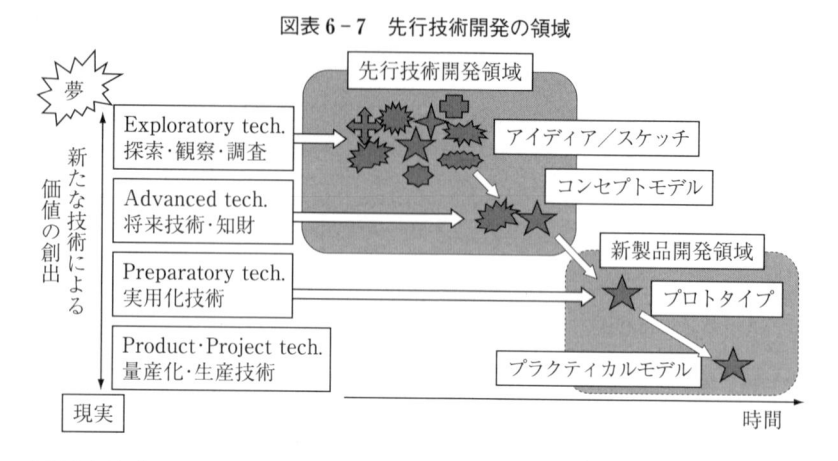

確認を行う段階のことである．

　Product・Project tech. 段階は上記で確認された製品を品質，原価，納期の目標を達成させたうえで，安定的に生産ができる状態を完成させる段階のことである．

　新製品開発は全社の関係部署が連携して商品化を進めていくので，製品の完成レベルは100％に近い状況で商品化に移行することが必須であるが，先行技術開発は図表6-7の実線の囲いの部分から破線部分へ引き継ぎがされる成功確率は70％程度でよしとし，商品化率ほど高くしていない．その理由は，この開発にチャレンジすることに力点を置くからである．チャレンジすれば失敗もするが失敗から学ぶことが多々あるので，開発の推進力を強化すると同時に，技術者の育成に繋げたいからである．

　成功したときは100％の力を出さなくても達成できることがあるが，失敗したときは100％の力を発揮したが，期待する成果に到達できていないことが多い．したがって，失敗とはいえ多くの経験を積み重ね，視野も広がり成長に結び付くことが多い．また，予測をしていなかった技術情報が得られることもあるので，試作の結果や実験の結果は，事実を注意深く解析し，見落としがないようにすることが必要である．

　先行技術開発は結果だけにこだわるのではなく，開発プロセスも重要なので

ある．このことを踏まえると，先行技術開発のテーマ選定は難しいのである．

先行技術開発を推進するとき，開発諸目標設定，開発日程管理，開発予算の管理などによる管理の他に，有効な項目を以下に挙げる．

① 予算運用の考え方：先行技術開発では決まった予算は余すことなく使用するように運用し，アウトプットであるノウハウや設計・試作・実験・生産技術のデータを計画以上に多く蓄積できるように努力することが重要である．

② アイディアバンクの構築と活用：アイディアはすべてがすぐに試作品の作製に繋がるとは限らないので，機能群別に整理して，技術革新やイノベーションにより実現の可能性が出たとき，柔軟に対応できるようにしておくことが重要である．

③ パートナーとの共同開発の仕組みの構築：アイディアの実現化に必要な技術が社内にない場合は，社外の技術を積極的に活用するために，技術動向調査を継続し，技術マップ・特許マップの作成とその定期的なメンテナンスが重要である．

④ KPIによる評価：先行技術開発の評価はあまり詳細に行うのではなく，公平に評価できるKPI（Key Performance Index）を設定して，これに基づいて先行技術開発した技術レベルを評価することが重要である．特に失敗したときは，そこから得たノウハウを整理，ドキュメント化させ確認することで，次へのモチベーションに繋げることが重要である．

⑤ 社内留学制度の活用：人財育成には先行技術開発を経験させることが，広い視野と深い技術の獲得，ネットワークの構築に早道である．あるレベルの技術を習得した技術者は，ローテーションにより先行技術開発を担当させるとよい．

2.5 新製品開発の展開方法

2.1項で述べたように，新製品開発には，「技術ストックの活用型」，「技術ストックの結合型」，「技術ストックの開発型」の3種類があるが，ここでは「技

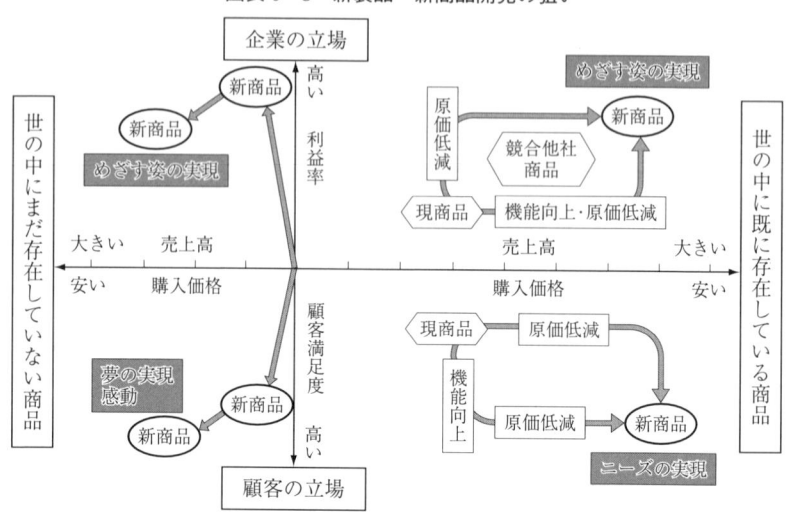

158　第6章　自動車産業における開発戦略

図表6-8　新製品・新商品開発の狙い

術ストックの開発型」の先行技術開発が成功した後，新製品開発に繋げる考え方について述べることにする．

まず，図表6-3，図表6-6で示した情報を使って，市場・顧客の状況，自社の現状の技術レベルと「めざす姿」の売上，利益率などに関する数値目標をマップにしてみる．マップのイメージを図表6-8に示す．

マップは四象限に分けて右側の2つの象限を「世の中にすでに存在している商品」の領域，左側の2つの象限は「世の中にまだ存在していない商品（顧客は不便を感じている，あったらよいと感じているなどを具現化できた商品）」の領域とする．さらに，上側の2つの象限は「企業の立場」，下側の2つの象限を「顧客の立場」とする．各軸は縦軸を利益率と顧客満足度，横軸を売上高と購入価格とした．

右側の2つの象限は顧客が商品をよく知っているので「もっと安くして欲しい」とか「もっと機能を上げて欲しい」など，顧客のニーズを定量的に把握しやすいことと，競合他社の現状の技術レベルも予測が付くので，目標性能，目標品質，目標価格，市場への投入時期を設定しやすい．目標価格が決まれば利

益目標は決まっているので，目標製造原価は自動的に決まることになる．これを受けて，先行技術開発で確立させた技術と既存の技術を組み合わせて，目標製造原価達成のプロセスを構築することになる．この領域を達成させるための先行技術開発テーマは，原価低減と機能向上の Only one 技術が主体となる．

　左側の2つの象限は世界初の商品を世に問うことになるので，いきなり大きな売上高や安い価格で提供するのではなく，初めは高い利益率や満足度を目指し，市場や顧客の動向を見ながら，素早く次の手が打てるように計画を構築するのである．この段階では利益率は若干落ちても売上高を大きく伸ばすことと，価格を引き下げることで顧客の満足度を高め，さらなる販売の拡大に繋げることを狙うのである．この領域の先行技術開発テーマは，夢と感動を与えられる新機能などの Only one 技術である．

　いずれにしても，Only one 技術を活用して，No.1 商品に育てるべく，全社のベクトルを合わせて推進することが重要である．

　以上からわかるように，実用化，量産化に向けた段階では，先行技術開発部署から新製品開発部署への技術情報の引き継ぎが重要となる．先行技術開発段階で確認したノウハウ，知識，知見や基準は，可能な限り形式知としてドキュメント化し，仕様や実験結果はデータベースに整理して，活用が容易にできるようにする必要がある．そして，生産設計段階で設計部署，生産技術部署はこれらのストックを活用して，新製品開発を円滑に行うことが重要である．

　また，開発予算の運用に関しては，計画された予算をできる限り少ない額で，製品の品質・原価・納期の目標を達成させ，開発予算を余らせる努力が重要である．

2.6　ウォンツ情報の具現化

　モノづくり企業と顧客の関係は，顧客は「このようなモノが欲しい」とか「これが必要だ」と言えば，企業は「顧客の満足が得られる商品を提供する」ことができるが，多くの場合，最初（顧客の期待）と最後（顧客の満足）はアナログ感覚で繋がっている．顧客は欲しい物が明確な場合は，それをニーズと

図表 6-9 アナログ技術とデジタル技術

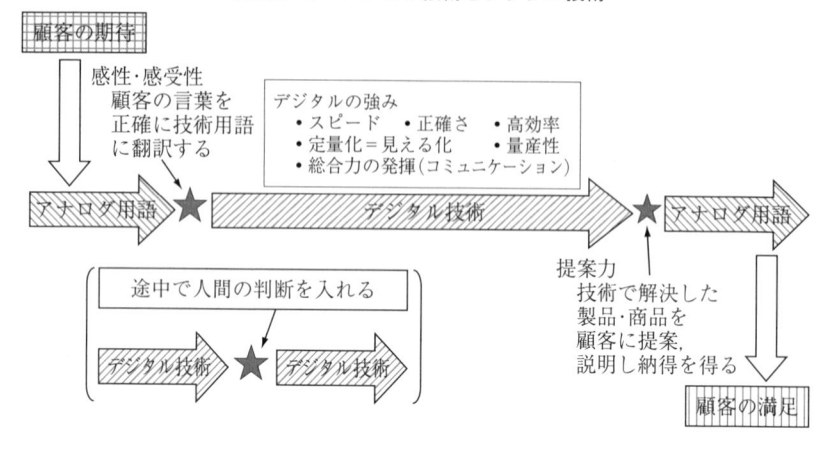

顧客の期待

感性・感受性
顧客の言葉を正確に技術用語に翻訳する

デジタルの強み
- スピード ・正確さ ・高効率
- 定量化＝見える化 ・量産性
- 総合力の発揮(コミュニケーション)

アナログ用語 → デジタル技術 → アナログ用語

途中で人間の判断を入れる
デジタル技術 ★ デジタル技術

提案力
技術で解決した製品・商品を顧客に提案，説明し納得を得る

顧客の満足

して商品名や具体的な機能として表現し，欲しいと言うことができるが，「このようなコトができたら良いのになぁ」というようなときは，具体的な商品，技術が世の中にないので，それ以上の情報が出てこない．スティーブ・ジョブズ氏の言葉にもあるが「顧客は何が欲しいかなんて，見せられるまではわからない」ということが多い．このように顧客が夢のような話をしているとか，不便さを指摘しているだけのとき，これをウォンツ情報と呼ぶことにする．顧客のウォンツ情報しかない場合は，この言葉を正確に技術情報に翻訳，変換できる感性，感受性が重要で，技術者はこの能力を普段から研ぎ澄まし，身に付ける努力が必要不可欠である．この関係の概念を図表 6-9 に示す．

　最近はデジタル技術の進歩が著しく，何でもデジタル技術でモノづくりが可能のように思われるが，モノづくりにおいてデジタル技術は，商品づくりの手段であり目的ではない．デジタル技術はモノづくり競争力の中核技術になっているが，人がソフトウェアに書き込んだ指示や判断基準以上の答えは返ってこない．このことをよく理解することが必要である．この素晴らしい，強力なデジタル技術をフルに活用して競争力を付け，商品化に効率よく繋げるためには，アナログ用語を的確にデジタル技術へ変換するノウハウを持つことが重要である．また，デジタル技術で解決した商品を顧客に提案し説明し，顧客に理解さ

れる用語や言葉に逆変換するノウハウを持つことも重要である．図表6-9はそのことを要約して示している．

　筆者が経験した例では，小型キャブオーバートラックの顧客が「この車は運転すると肩が凝る」と言っているという営業担当者の情報だけであった．肩が凝る理由はハンドルが重い，視界が悪くて目が疲れる，シートの座り心地が悪いなどなどいろいろあるが，このとき，この車種の顧客はパワーステアリングという商品に馴染みがなく，その存在を知らなかった．

　そこで筆者はこの顧客の声（ウォンツ情報のアナログ用語）を自身で確認するため，何度も試乗し，ハンドルを軽くすればよいのではないか，と考えた．そこでこれをデジタル技術用語に変換し「専用の小型パワーステアリングの開発を行う」という提案をした．この開発が終了し，営業担当者と一緒に顧客を訪問し，試乗して頂いたとき，「この軽さが欲しかった」と言われ，ホッとしたのを覚えている．

　さらに，デジタル技術を効果的にする変換技術の有効活用法として，図表6-9の左下のように，デジタル技術とデジタル技術の接点に人間の判断が介在し，アナログ技術を加味した判断を加えることで，ソフトウェアとハードウェアの規模を大幅に縮小できるという使い方のノウハウがある．具体例として，自動車のドアの自動設計システムは，このような手法でスタイルの違うドアを短時間で編集設計し，開発時間の短縮と開発費の低減を実現している．

　このように，アナログ技術とデジタル技術をうまく組み合わせながら，効果的に活用する技術を向上させることで，顧客満足度向上や企業の売上高・利益に貢献ができ，結果として企業価値の向上に繋げられると考える．

〈コラム〉　アナログとデジタルについて（スーパー大辞林より）
　　　　アナログ：物質・システムなどの状態を連続的に変化する物理量
　　　　　　　　　によって表現すること
　　　　デジタル：物質・システムなどの状態を離散的な数字・文字など
　　　　　　　　　の信号によって表現すること

§3 開発戦略の具体的展開

3.1 日産リバイバルプランの展開

この節では前述の1.1項，2.2.2項，2.3.2項で述べた主要内容を，具体例で述べることにする．

日産リバイバルプラン（NRP）でV字回復の原動力になった，原価に焦点を当て，技術力に基づく徹底した原価低減を狙いとした，3-3-3活動（開発，購買，サプライヤの3者が協力し合い，アジア，米州，欧州・アフリカの3極で，3年間で20％の購入品原価の低減目標を達成させるという内容のコストエンジニアリング活動）の考え方，進め方について述べる．

開発戦略の中の部品原価戦略（図表6-4参照）は，顧客が価値を認めることが真の競争力を獲得することに繋がると考え，「商品力と原価の両立を目指す（目標機能と目標製造原価を同時に達成させる）」と「サプライヤとの真のパートナーシップを構築する」ことの2項目を「めざす姿」（図表6-1参照）とした．3-3-3活動の推進にあたっては「技術改革」，「運営改革」，「人財・風土改革」の3項目に区分し，年度ごとに活動計画を論議のうえ決定し，実行責任者と達成時期を明確にして推進した．

コストエンジニアリング活動の考え方は，「原価は絶対値でゼロから積み上げる」こととした．しばしば，現在の購入価格に対し○○％の低減というように，相対的数値目標を設定するが，その目標が達成できたとしても競合他社はもっと高い原価低減率を達成していることがある．これでは結果として負けてしまうことになる．これを図表6-10に示す．

サプライヤ側からみると，図表6-10の例で言えば，価格1,000円の部品に対し，20％の価格低減要請を受けた場合，製造原価が下げられなければ利益はただちになくなってしまう．現行車でも新製品開発でも，製造原価低減活動で重要なことは，今までのしがらみを断ち切って原価項目ごとの原価内容の分析を行い，当該部材の製造原価をゼロから積み上げるようにすることである．そ

§3 開発戦略の具体的展開　163

図表 6-10　原価低減活動

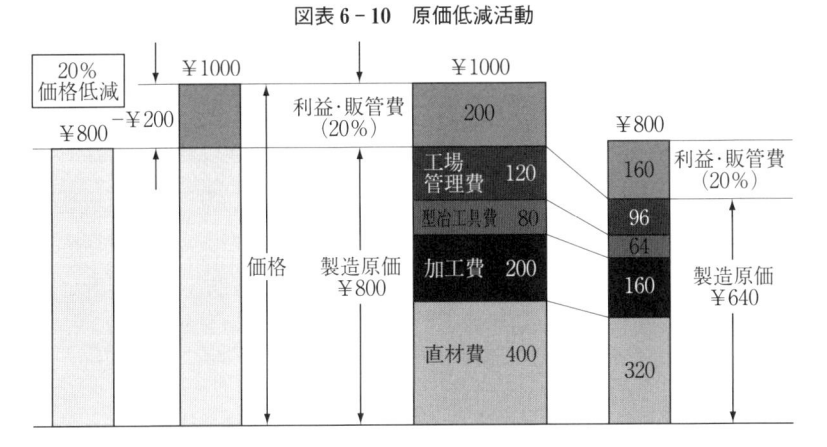

20%価格低減	¥1000		¥1000		¥800	
¥800	-¥200	価格	利益・販管費(20%)	200	160	利益・販管費(20%)
			製造原価¥800	工場管理費 120	96	製造原価¥640
				型治工具費 80	64	
				加工費 200	160	
				直材費 400	320	

して，製造原価低減目標である○○％以上の原価低減を，原価項目ごとに目標設定して過達させるのである．サプライヤは，これが実現できれば世の中でもっとも安価な製造原価でつくられているベストプラクティス製品を実現させることになり，売り手市場を作り出せ，売上の拡大と利益の増大に繋げられることになる．

3-3-3活動で技術力により原価を下げることに焦点を当てたのは，顧客との関係の中で適正な利益を確保しようとするとき，唯一，原価だけは作り手であり売り手でもある日産が，社内で独自に管理でき，決定できるものだからである．価格は現実的には顧客が決めている場合が多い．また，品質に不満があったり，欲しいときに手に入らなければ顧客は買わないか，他社の商品を買うことになる．結局，価格，品質，納期を決定付ける主導権は顧客が握っているのである．

図表6-10で価格と原価の関係を示したが，開発段階では価格と原価（通常はプライスとコストという呼び方が多い）が混乱することがよく起こる．これは自動車メーカーのコストはサプライヤのプライスであり，自動車メーカーの購買担当者は主にプライスを扱うが，社内ではコストという表現をする．設計技術者はプライスだけでなく，サプライヤのコスト低減活動にも関わるので，意識して区別しないと間違いを引き起こす元になる．

品質（Q）と原価（C）はよく相反すると言われるが，開発段階で目標性能と目標原価を同時に達成させることは，開発費の削減と開発スピードのアップに寄与するので，重要な活動である．3-3-3活動ではCQDという考え方で取り組んだ．CQDは「品質第一」に変わりはないが，生産設計段階ではC（原価）から検討に入るプロセスを取ることを意味している．もっとも安い材料を使い，もっとも安く作れる工法を生産技術部署と協議したうえで，量産構造の生産設計をすることにより，ベストプラクティスに近付けるという活動である．実際に3-3-3活動では，このプロセスを徹底させることで，製造原価が70％以上も下がった部品もあった．

さらに，開発費は製品設計段階で，性能・品質を短期間で達成させられれば大きく削減することができる．これを実現させる方策として，バーチャルテストやシミュレーション技術が導入されているが，重要なことは上記のデジタル技術を駆使しての解析結果と，実際に試作した部品での実験結果を比較分析し，相関がどのレベルまで取れているかを定量的に把握する技術を習得できるかにかかっている．この技術（ツール，データベースやプロセス）とバラツキを考慮した判断基準を明確にできれば，技術標準を確立することができるのである．これらができれば開発費の削減だけでなく，開発期間も大幅に短縮できる可能性がある．

3.2　知識創造の場づくり（Knowledge Creating Community）

ここでは先行技術開発，新製品開発を進めるとき，有効であった「場」の創り方，活用について述べる．

開発業務の中には，多くの創造性を阻害する要因がある．「現実の姿」は例えば，人の意見を批判して潰す風土，モノに接する機会が減り，体感・実感する能力の低下，当事者意識の欠如，組織間の距離が遠い，などである．これに対し，「ありたい姿」はチャレンジ精神，好奇心が旺盛，技術論議が活発，モノとデータで考えること，腕を磨くこと，助け合う風土，人の意見を育てる環境，失敗できる機会，モノの見方・視点を育む上司，志・思いを共有し自立し

図表6-11　知識創造モデル

	見て・感じる	考え・工夫する	
観察・洞察	→	仮説・提案
	S：共同化	E：表出化	
	I：内面化	C：連結化	
実践・実感	←	試作・検証
	実感して・振り返る	モノ・形にする	

た個人，などであり，マインド，風土，環境を着実に改善，改革することが重要である．

　創造的な新製品・新商品を開発しようとするとき，知識創造（Knowledge Creation）活動を推進するのに効果的であった，SECIモデルの実践モデルを図表6-11に示す．このモデルは暗黙知を形式知化し，そこから新たな暗黙知を創り出すという知のスパイラルアップを起こさせることにより，知識創造を推進するモデルである．

　これはまず，技術者が顧客の動きを観察し，ウォンツ情報を感じ取る（S：共同化）．次に，それを複数の技術者でアイディアを出しながら，具体的機能や構造を考え，モノの形状を工夫しまとめ上げる（E：表出化）．続いて，コンセプトモデルを試作して，機能や性能をモノで検証する（C：連結化）．最後に顧客になったつもりで機能や性能を実感してみて，そのうえで一連のプロセスを振り返る（I：内面化）．さらに，課題を整理し，新たなアイディアを創り出すというSECIサイクルを回し，目的に合致したモノを創り上げるという，知識創造のスパイラルアップモデルである．

　知識創造活動は，情報をフローとストックという見方で整理するが，新技術開発では知的財産，ノウハウなどをストックとして蓄積し，いつでも使えるようにしておき，新製品開発というフローの中で効率よく活用し，性能のよい，安定した品質の製品を短期間で完成させることである．また，フローの中で成果としてできたノウハウなどをストックとして蓄積し，次の開発に役立たせるという循環サイクルを効果的に回すことにより，効率のよい開発が可能になる．

知の創造をダイナミックに推進しようとするとき,「場」をうまく活用することが効果的である．人とモノ・人と情報・人と人を結び付け，技術者がモノと情報に触れ，これをヒントにして新たな知（技術や価値ある製品）を創出できる「場」が必要である．

　最近，設計者は CAD に向かって設計する時間が多く，以前に比べるとモノと接する時間が少なくなっている．先に述べたように CAD 技術，すなわち，デジタル技術はスピードや効率を上げるには素晴らしい道具であるが，顧客が購入する商品はアナログの製品であるので，デジタル技術で設計した製品の性能予測と，現実の形となった製品の性能が，設計者の意図通りになっているかの検証が常に必要となる．具体的にいうと，どのような材料で，どのような作り方をすると，どのくらいバラツキが発生するかということを設計者，生産技術者，材料技術者などは常に認識してモノづくりをすることが必要で，そのために「モノとデータで考える」というキーワードを実践する場が必要となる．

　そこで，日産自動車の開発拠点であるテクニカルセンターに通称 KCC (Knowledge Creating Community) を設立することにした（図表6-12参照）．

　KCC では競合他社の参考車両を展示すると同時に，分解して部品の展示を行い，自社の部品と比較して，原価低減のアイディア発掘や品質，機能の調査

図表6-12　知識創造の場（Knowledge Creating Community）

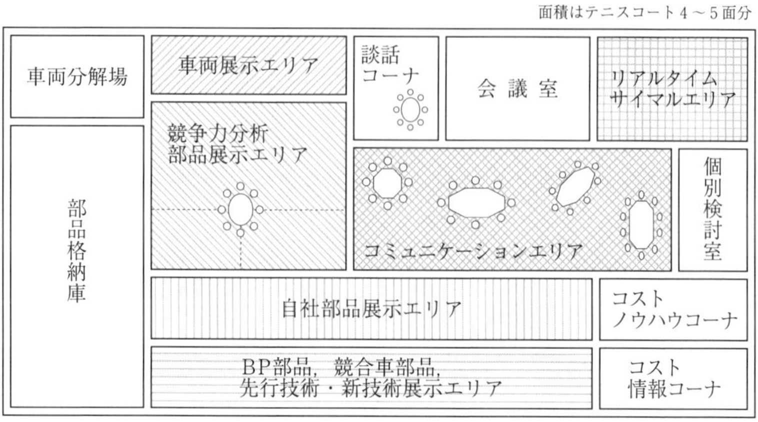

を行える．分解作業，部品の管理，データの作成などは設計，生産技術部署の要求に応じて，技能部隊が担当し，安全かつスピーディに確認ができる仕組みになっている．開設後の活用頻度，利用率は非常に高い．

3.3 人財の育成

人財の育成は先行技術，新製品などの開発活動全般に，広く強く関係するので取り上げることにする．

開発部署にとって競争力の源泉は人であり，その能力の総和で企業の開発力が決まってくる．ということは，一人ひとりの能力をどのようにして伸ばし，その能力を最大限に引き出し，組織力で開発を進められるかが，企業価値を決定付ける重要な要素である．

教育を通じて目指す「ありたい姿」はT型，それも筋肉質の逆三角のT型人間である（図表6‐13参照）．自分の得意とする専門分野では，誰にも負けないという自信を持てるように技術の深さを追究し，感性面では幅広い情報を活用できるように，ネットワークを構築させることである．自信が持てる専門分野が1つできると意欲が湧き，関連する別の分野での能力も高めたいという意欲に繋がる．

また，座学教育には2つの狙いがあり，第一は教育の内容を理解し身に付け，いつでも実践できるようになること，第二は先生や教育で一緒になった友人とのネットワークを構築し，必要なときに支援をしてもらえる環境を作ることである．これを受講する部下に事前に認識させることが重要である．

V字回復の原動力となったコストエンジニアの育成にあたって作成したコンセプトが図表6‐13で，一人ひとりの役割を認識させ1年後，2年後…の達成レベルの目標値を共有するコミュニケーションツールとして活用した．

原価低減活動に必要なスキルを，原価管理スキルと原価技術スキルという軸にして示した．原価管理スキルでは「戦略・企画」，「マネジメントスキル」，「プロセス改善」の3項目とし，原価技術スキルでは「機能分析スキル」，「ベストプラクティス部品の提案」，「原価見積り能力」の3項目とした．各大項目

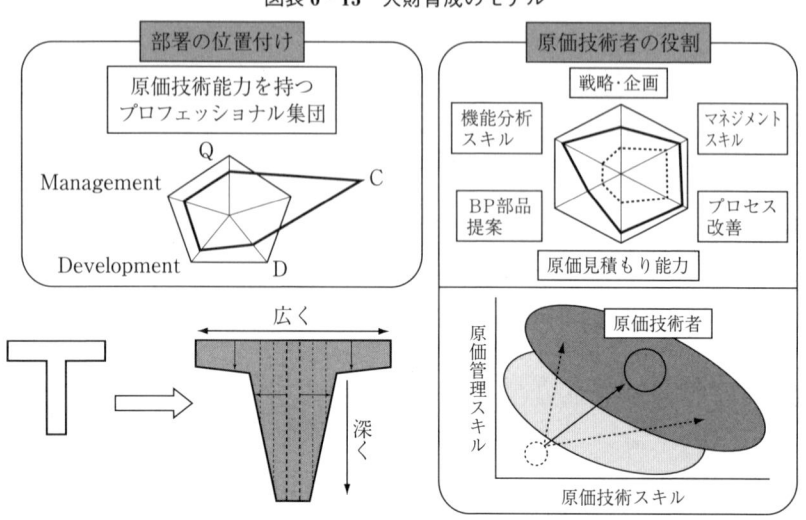

図表6-13 人財育成のモデル

をさらに中項目，小項目へと展開し，それぞれにレベル1，2，3，Sと4段階の評点を設定して，定量的な評価ができるようにした．一人ひとりは「原価技術」系か「原価管理」系のいずれかのプロを目指すかを選択させ，年度の初めに上司と達成目標レベルの確認をし，必要なカリキュラムを選択して受講させる．実業務で実践しながらスキルを上げ，年度の終わりに上司と評価レベルの確認をすると同時に，次年度の目標を決めるというプロセスを継続させ，スパイラルアップを図ったのである．この取り組み方法は3-3-3活動の中で，部下の潜在能力を引き出すことに有効であった．

また，組織的には，○○部署は「原価技術能力を持つプロフェッショナル集団」になることとし，各管理者は担当部署の目標レベルを決め，個々のエンジニアの能力がバランスよくレベルアップし，T型が深く・太くなるかを見ながら，組織全体の能力バランスをチェックし，スキルレベルの向上を推進した．

プロとは絶対に「わかりません」と言ってはいけない，わからないときは「後で調べてお答えします」というように指導したことで，「自分で調べて責任を持って答える」という習慣が身に付き，成長に大きく寄与したと判断してい

る．これは人財育成の活動で行った定量化のひとつで，個人と組織の能力レベルを的確に把握できたと考えている．

また，開発部署のエンジニアは左脳派が多いので，右脳を活用できるように鍛えることも大切である．これには部署から出て（社内でも，社外でも）知識創造モデルのサイクルを可能な限り回すことと，自分と違う領域の感性を持っている人とのネットワークを構築し，Face to face のコミュニケーションを増やすことなどで向上させることができる．

3.4　筆者が提案した 3-3-3 Spirit（日産再建の精神）

Ghosn-CEO の経営手法のひとつに，CFT（Cross Functional Team）がある．筆者がこのパイロット（CFT 活動のリーダ）に任命され，NRP が初年度で V 字回復を果した後の CFT パイロット会議（Ghosn-CEO 主催）で「3-3-3 Spirit とは何と考えているか」と問われ，私が提案，説明したのが図表 6-14 である．

真ん中には「コストカット」ではなく，「価値の創造」を置いた．外側には Ghosn-CEO がよく使う言葉を置き，その内側にキーとなる方策を記した．また，最外側には目標として「強い競争力を持った企業」，「人財育成のための能力開発」を常に意識し「組織全体のバランスを取りながら，総合力を発揮できる」ようにマネージメントすることであるとした．また，ラグビー用語「One for All, All for One」から「Ghosn-CEO はグループ全員のために，グループ全員は Ghosn-CEO のトライ／ゴールのために協力すること」も入れた．

図表 6-14 の用語と方策について，若干の解説を付け加えると次のようになる．「クロスファンクショナル」は，組織や階層の壁を取り除いてコミュニケーションをよくすることであり，「説明責任」は関係者が理解，納得し，知識・情報の共有がされてベクトルが合うまで説明することが重要である．「コミットメント」は全員が達成しなければならない目標であり，「ターゲット」は部下の潜在能力を引き出すための目標値で，その設定にあたってはベンチマークなどを行い，納得が得られる高い目標値を設定する．これによりモチ

図表6-14　筆者がGhosn-CEOに提案した3-3-3 Spirit

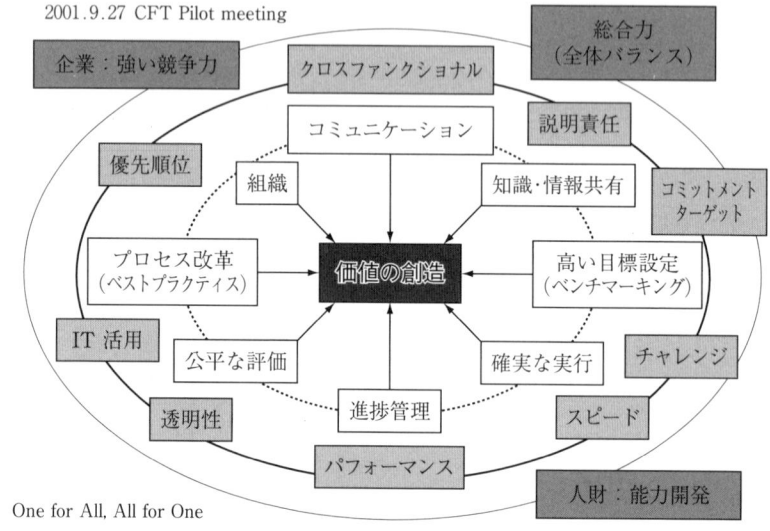

2001.9.27 CFT Pilot meeting

[企業：強い競争力／クロスファンクショナル／総合力（全体バランス）／優先順位／コミュニケーション／説明責任／組織／知識・情報共有／コミットメント　ターゲット／プロセス改革（ベストプラクティス）／価値の創造／高い目標設定（ベンチマーキング）／IT活用／公平な評価／確実な実行／チャレンジ／透明性／進捗管理／スピード／パフォーマンス／人財：能力開発]

One for All, All for One

ベーションを維持し，高揚することが重要である．

　目標達成に向かっては，計画は5％，実行が95％とし常に「チャレンジ」，「スピード」を持って確実に実行するが，方策がよくなければ早く判断を行い，次の方策でチャレンジすることが重要である．「パフォーマンス」のレベルは定期的に把握することが重要なので，進捗管理で定量的に把握することにする．結果については「透明性」を持って公平に評価することが重要で，年度当初に約束した評価尺度で対話をしながら行う．「IT」は手段として徹底的に活用し，常にベストプラクティスを目指してプロセス改善を続ける．また，より大きな成果を出すには「優先順位」を常に意識して選択，判断し，組織は目的に沿うよう，必要なときはいつでも変更することを躊躇しない，ということを表している．これが筆者が推進した3-3-3活動である．

　開発戦略について見解を述べてきたが，開発は一歩一歩の積み重ねが重要である．モノは決して嘘を付かない．手を抜けば，必ずその見返りが失敗として降りかかってくるが，本気でやれば必ず応えてくれる．開発活動を着実に推進

し，提供する商品で顧客，社会との接点を共有できるかは，企業を構成する従業員一人ひとりの「人間力」と，全従業員の総合力で決まる．企業は感受性豊かな人財を育成し，その能力を可能な限り発揮させることが，企業価値向上の近道であると考える．そのためにも人とモノ，人と情報，人と人が結び付き，コミュニケーションが活発に行われ，創造的な新しいアイディアや発想が湧き出すような「場」の構築に，力を入れる必要がある．

　また，グローバル市場で日本企業の生き残る道は環境が厳しくなるほど，事業戦略，開発戦略などで方向性を明確に示し，ベクトルを合わせることである．実行段階では正確でスピーディに判断できるナレッジデータベースの構築・活用，効率的な設計の仕組み・プロセスの構築，整備やノウハウの蓄積をすることが重要である．そして新技術開発に挑戦し，新製品・新商品を継続的に創出し，提供できる競争力を備えることである．

　「知恵」と「工夫」は考えれば考えるほど無限に出てくるものであり，頭を常に軟らかくし，柔軟に考えられるよう鍛える努力が必要である．また，デジタル技術全盛の時代であればこそ，アナログ技術の強みを再認識し，両者を効果的に活用することにより，強い競争力を構築することが重要である．

注
1) ここでは「人材」という表現ではなく，人を財産として捉えるという意味で「人財」と表現する．

参　考　文　献

一條和生・德岡晃一郎・野中郁次郎，2010，『MBB：「思い」のマネジメント——知識創造経営の実践フレームワーク』東洋経済新報社．

奥出直人・後藤武，2002『デザイン言語——感覚と理論を結ぶ思考法』慶應義塾大学出版会．

菊池恭二，2008，『宮大工の人育て——木も人も「癖」があるから面白い』祥伝社．

田中雅康，1995，『原価企画の理論と実践』中央経済社．

田中雅康・原田昇，2011，『エンジニアのための原価の知識とその活用』丸善．

トム・ケリー，ジョナサン・リットマン，鈴木主税，秀岡尚子訳，2002，『発想する

会社！——世界最高のデザインファーム IDEO に学ぶイノベーション技法』早川書房.
中田基昭，2008，『感受性を育む——現象学的教育学への誘い』東京大学出版会.
野中郁次郎・紺野登，1999，『知識経営のすすめ——ナレッジマネジメントとその時代』筑摩書房.
野中郁次郎・紺野登，2003，『知識創造の方法論——ナレッジワーカーの作法』東洋経済新報社.
野中郁次郎・勝見明，2004，『イノベーションの本質』日経 BP 社.
野中郁次郎・徳岡晃一郎，2009，『世界の知で創る——日産のグローバル共創戦略』東洋経済新報社.
野村恭彦・仙石太郎・荒井恭一・紺野登・荻野進介・野中郁次郎，2008，『サラサラの組織——あなたの会社を気持ちいい組織に変える，七つの知恵』ダイヤモンド社.

第Ⅲ部　企業価値向上のマネジメント

第7章　レピュテーション・マネジメントによる企業価値の向上

﨑　　章　浩

本章の概要

　世界的大企業の CEO たちが一貫して経営課題の上位に挙げているのは会社や業種の別を問わず共通であり，「人材」と「評判」である．しかも自社の評判は市場における最大の差異化要因であり，何よりも大事な資産であるという（斉藤，2011，23-24）．

　本章の目的は，このように市場の差異化要因であり，大事な資産であるといわれ，企業価値の向上（毀損の回避）に貢献すると考えられるコーポレート・レピュテーション（企業の評判）と，そのマネジメントの仕方を紹介することにある．

　そこで，以下ではまずレピュテーション・マネジメント（評判管理）を議論する経緯について触れ，ついでコーポレート・レピュテーションとはなにか，それと企業価値との関係を明らかにする．そのあとで，コーポレート・レピュテーションを測定する指標について紹介し，最後に，コーポレート・レピュテーションはいかにマネジメントできるかを議論する．

---

§1　レピュテーション・マネジメントはなぜ必要か

　2000（平成12）年6月の雪印乳業の大阪工場製の低脂肪乳による食中毒事件，および2001（平成13）年10月に事件が発覚した雪印食品（雪印乳業の連結子会社）の牛肉偽装事件により，2002（平成14）年3月期の財務業績では，連結で1兆1,647億円の売上高を誇っていた雪印乳業は，2005（平成17）年3月期に

は，会社分割などによる企業再編があったとはいえ，2,834億円に減少している．つまり，約4分の1に縮小したことになる[1]．

また，三菱自動車には過去4つの不祥事があり，そのうちの2つが2000（平成12）年，2002（平成14）年のリコール回避の問題と，2004（平成16）年の死傷事故の発生である．これがすべての原因とはいわないまでも，このような不祥事のために，2003（平成15）年3月期には売上高が3兆8,849億であったものが，2010（平成22）年3月期には1兆4,456億円に減少している[2]．

他方で，パナソニックでは，1985（昭和60）年から1992（平成4）年までに製造したFF式石油温風機を使用中の顧客が一酸化炭素中毒により死亡・入院する事故が2005（平成17）年1月に発生したが，その直後に「スーパー正直」（当時の中村社長の言葉）のもとに「温風機対策を最優先事項」とし，「FF式石油温風機をみつけるということに関して何でもやる」という姿勢を内外に公表し，実際に，テレビコマーシャル，雑誌告知，新聞告知等さまざまな媒介を駆使してFF式石油温風機の回収に取り組んだ．その結果，2005（平成17）年3月期の売上高が8兆7,136億円，税引前利益が2,469億円であったが，2006（平成18）年3月期には売上高が8兆8,943億円，税引前利益が3,713億円，2007（平成19）年3月期には売上高が9兆1,082億円，税引前利益が4,391億円となり，売上高，税引前利益ともに増加している．

このように，一方では雪印乳業や三菱自動車のように，不祥事により財務業績（経済価値）を悪化（減少）させる企業があれば，他方ではパナソニックのように，財務業績（経済価値）に悪影響を及ぼさない企業がある．この差はどこからもたらされるのであろうか．それを解く鍵の一つとしてコーポレート・レピュテーションを考えることができる．

§2 コーポレート・レピュテーションの意義

2.1 コーポレート・レピュテーションとは

　コーポレート・レピュテーション（Corporate Reputation：企業の評判）と

は，櫻井（2005, 1）によれば，「経営者および従業員による過去の行為の結果，および現在と将来の予測情報をもとに，企業を取り巻くさまざまなステークホルダーから導かれる持続可能な（sustainable）競争優位」と定義することができる．

そして，このようなコーポレート・レピュテーションを高めるには，企業を取り巻く多様なステークホルダーによる評価を高めることが必要であり，持続的な利益をあげることが必須の条件である．

それではなぜ，コーポレート・レピュテーションが多くの人に関心が持たれるようになってきたのか．それについて櫻井（2005, 2-4）は3つの理由を挙げている．

1つは，実証研究の結果により，企業の評判が企業の財務業績を高めることが明らかになってきたことから，コーポレート・レピュテーションを向上させることが企業にとって経済的・戦略的な意義が大きくなってきたこと．第2に，反社会的行動をする企業は，容赦なく社会の糾弾を受けて倒産の憂き目にあうようになってきたことから，経営者はCSRやコンプライアンスなどの社会的責任に関連した行動をして，コーポレート・レピュテーションを高めなければならなくなってきたこと．そして最後に，広告の役割が従来ほど重要性を持たなくなった反面，メディアが企業の世界の出来事に大きな関心を抱くようになり，その情報がインターネットにより一般消費者にただちに伝えられるようになり，それがコーポレート・レピュテーションの意義を高めてきたことである．

次に，コーポレート・レピュテーションとはなにか，その意義についてみてみよう．コーポレート・レピュテーションは時代背景によって，またこの用語が用いられる局面によって異なる活用がなされてきたという（櫻井，2005, 14-15）．1960年代には，コーポレート・レピュテーションという言葉は，購買者が企業を見る目との関連で特徴付けられ，1970年代には社会的な評価，社会的ステータスとの関係で定義されてきた．そして，1980年代から1990年代になると，この言葉から社会的ステータスが形成されるプロセス，経営者が行った過去の行為にも目が向けられるようになった．

会計学の領域でコーポレート・レピュテーションが正面から取り上げられるようになったのは，1990年代以降のことである．しかし，そこでは社会業績の測定の関係で，コーポレート・レピュテーションの問題を取り上げていることに大きな特徴があり，企業価値との関係でコーポレート・レピュテーションの測定と管理を考察しようとするものではなかった（櫻井，2005，15-16）．

　わが国でコーポレート・レピュテーションに取り組んだ研究が現れたのは，1990年代後半になってからであり，21世紀になって本格的な研究が実務界から現れた．それは，コーポレート・レピュテーションを測定・指標化するとともに，レピュテーション向上戦略の提案と実施までを可能にした「電通レピュテーション・プログラム」であり，「コーポレート・レピュテーションはステークホルダー総体としてのパブリックによる企業評価」として取り上げたことにその特徴がある（櫻井，2005，16-17）．

　以上のように，コーポレート・レピュテーションという言葉は，時代背景や適用される局面により異なる活用がみられてきたが，現在では，上述の定義に見るように，経営者および従業員の行為に関連していることと，様々なステークホルダーによる評価であるということはいえるであろう．

　では，従来のコーポレート・イメージやコーポレート・ブランドとはどのように異なるのであろうか．

2.2　コーポレート・レピュテーションと，コーポレート・イメージ，コーポレート・ブランド

　コーポレート・レピュテーションの類似概念に，コーポレート・イメージとコーポレート・ブランドが考えられるが，それらとの違いを示すことにより，コーポレート・レピュテーションの意味をさらに明らかにしたい．

　櫻井（2005，20-21）は，バルマーとグレイサー（Balmer = Greyser, 2003）の見解を引用して，コーポレート・イメージとは異なって，コーポレート・レピュテーションは，①時間をかけて形成され，②組織体が過去に何を行い，どんな行為を行ったかを基礎にしていると，その違いを述べている．そのうえで，

相対的に，③経営者による行為と管理に結び付きやすい，④企業の業績ないしパフォーマンスとの結び付きが強いため，企業価値との関係が見えやすいという特徴を持っていると，付言している．

また，ブランドとコーポレート・ブランドとの関係についてみると，「現実には，ブランドとレピュテーションを明確に区分することは困難である」（櫻井，2005，24）と述べたうえで，次のように，その違いを指摘している（櫻井，2005，22-25）．

ブランドについて，「ブランドは商品ブランドや消費者との関わりが深い」「ブランドを評価する主体は顧客を中心とする一般生活者である」と述べ，他方で，コーポレート・レピュテーションについて，「レピュテーションは消費者との関係だけでなく……，経営者や従業員が行ってきた過去の行為の結果，現在および予測される将来の行為についての評価との関連性が強い」「商品の品質・デザインもレピュテーション形成の大きな要素になり得るものの，経営者および従業員の過去，現在，および予測し得る将来の行為によって形成されるステークホルダーの評価である」そして，「その行為の結果は，経営者の資質や卓越したリーダーシップと強い関連性を持つ」と指摘している．このようなことから，イメージやブランドと異なり，コーポレート・レピュテーションはマネジメントが可能であるということがいえる．

そこで，このコーポレート・レピュテーションをマネジメントすると，財務業績，企業価値にどのような影響を与えるかについてみることにしよう．

§3 コーポレート・レピュテーションと企業価値との関係

3.1 コーポレート・レピュテーションと財務業績の関係

コーポレート・レピュテーションと財務業績の関係については，一方では，①財務業績がコーポレート・レピュテーションに及ぼす影響と，他方では，②コーポレート・レピュテーションが財務業績に及ぼす影響が考えられる．その

180　第7章　レピュテーション・マネジメントによる企業価値の向上

図表7-1　コーポレート・レピュテーションと財務業績との関係

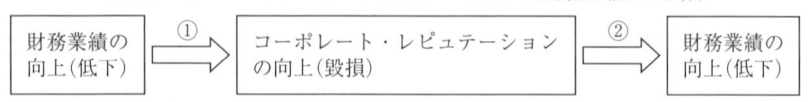

財務業績の向上(低下) →① コーポレート・レピュテーションの向上(毀損) →② 財務業績の向上(低下)

出典：櫻井, 2008, 107.

関係は図表7-1の通りである.

　前者の関係①については，ベルカウイ（Belkaoui, 2001, 1-13）やローズとトムセン（Rose and Thomsen, 2004, 201-210）により，また，後者の関係②については，ロバーツとダウリング（Roberts and Dowling, 2002, 1077-1093）やグラハムとバンサル（Graham and Bansal, 2007, 189-200）により検証されている（櫻井, 2011b, 21-22）．つまり，財務業績の向上がコーポレート・レピュテーションの向上を，コーポレート・レピュテーションの向上が財務業績の向上をもたらしているということが，実証研究により確認されている．

　それでは，コーポレート・レピュテーションが企業価値にどのような影響を及ぼすのか，その点についてみていこう．

3.2　コーポレート・レピュテーションと企業価値の関係

　企業価値は，一般に，①株価総額，②一株当たり利益に株価総数を乗じたもの，あるいは③将来のキャッシュ・フローの現在価値と考えられている．つまり，企業価値イコール経済価値とみなしているのが一般的である，といわれてきたが，最近の調査（青木他, 2009, 35）によると，わが国の経営者の多くは，企業価値には経済価値だけでなく，社会価値および組織価値を含むとする見解を支持している．

　そして経済価値は，経常利益の増大およびEVA，キャッシュ・フローの増大により高められ，また社会価値は，地域社会への貢献，環境保護，コンプライアンス意識の向上などによって高められる．組織価値については，組織風土，経営者のリーダーシップ，従業員の仕事への熱意・チームワーク，倫理観，ビジョンと戦略の整合性などにより高められる．

　このような企業価値，すなわち，経済価値，社会価値，および組織価値を

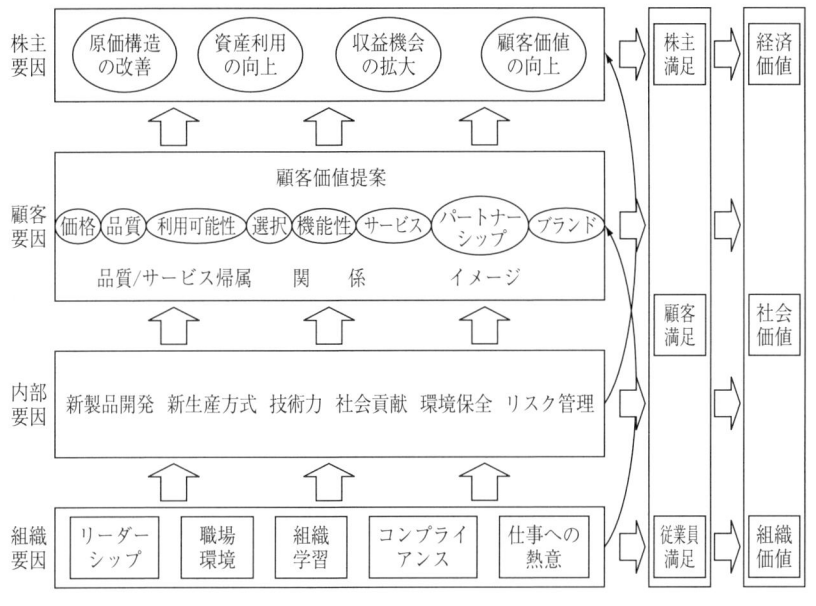

図表7-2 コーポレート・レピュテーションによる企業価値創造のフレームワーク

株主要因	原価構造の改善	資産利用の向上	収益機会の拡大	顧客価値の向上	⇒ 株主満足 ⇒	経済価値
顧客要因	顧客価値提案：価格／品質／利用可能性／選択／機能性／サービス／パートナーシップ／ブランド（品質/サービス帰属　関係　イメージ）				⇒ 顧客満足 ⇒	社会価値
内部要因	新製品開発　新生産方式　技術力　社会貢献　環境保全　リスク管理					
組織要因	リーダーシップ　職場環境　組織学習　コンプライアンス　仕事への熱意				⇒ 従業員満足 ⇒	組織価値

出典：櫻井, 2005, 30.

コーポレート・レピュテーションが創造するフレームワークは，図表7-2の通りである．

§4　コーポレート・レピュテーションの測定

会計学では，「測定」は重要な意味を持つ．例えば，アメリカ会計学会の意見書，*A Statement of Basic Accounting Theory*（ASOBAT）では，会計を測定と伝達のシステムであると特徴付けて，「会計とは，意思決定のために，組織体の経済的データを，主として貨幣尺度を用いて測定，伝達するシステムである」（AAA, 1966, 1）と定義付けている．

そして「測定」とは，例えば，「認識された収益と費用に金額を割り当てる側面」（桜井, 2010, 72），「経済活動および経済事象を貨幣額で計算すること」（広瀬, 2009, 2）と定義されている．つまり，「測定」とは，「会計事象として

認識された経済活動および経済事象に金額を割り当てる行為」ということができる.

しかしながら，コーポレート・レピュテーションの測定というときには，「測定」の意味が異なってくる．すなわち，欧米の文献において，インタンジブルズの1つであるコーポレート・レピュテーションの「測定」というときには，一般に，「(1) 残差アプローチによる超過収益力の測定と，(2) レピュテーション指標による測定」(櫻井，2011b，19) の2つの意味で用いられる．

4.1 残差アプローチによる超過収益力の測定

フォンブランによれば，残差アプローチによる超過収益力とは，図表7-3の通り，「株式の市価が資産の清算価値を上回る金額」(Fombrun, 1996, 92) であり，フォンブランはそれを「レピュテーション資産」と呼んでいる．つまり，レピュテーションが超過収益力のバリュー・ドライバーということになる．

しかしながら，この見解は多くの批判を受け，フォンブランは，先の主張の無形資産（超過収益力）を知的資産とステークホルダー関係に変更し，さらにステークホルダー関係はブランド資産とレピュテーション資産からなるとした．そして，この超過収益力の算定プロセスを，レピュテーションの測定としている (櫻井，2011b，20)．

このような議論を踏まえて，櫻井は図表7-4のように，従来「のれん」と呼ばれてきた超過収益力が，知的なインタンジブルとレピュテーション関連インタンジブルとからなるとし，さらに知的なインタンジブルとレピュテーション関連のインタンジブルを，図表7-5のように示している．

そして，島津製作所を例に挙げて，具体的に残差アプローチによるコーポレート・レピュテーションの経済価値の測定方法[3]を説明している (櫻井，2011b，24)．一つは決算上の利益での測定，つまり決算上利益の増分＝当期利益－前期利益で測定するものであり，2002年3月期に42億円の経常損失を計上していた島津製作所が，2002年10月に田中耕一氏がノーベル賞を受賞した後の，2003年3月期には82億円の経常利益を計上しているので，その差額として

§4 コーポレート・レピュテーションの測定　183

図表7-3　レピュテーション資産測定のフォンブランの見解

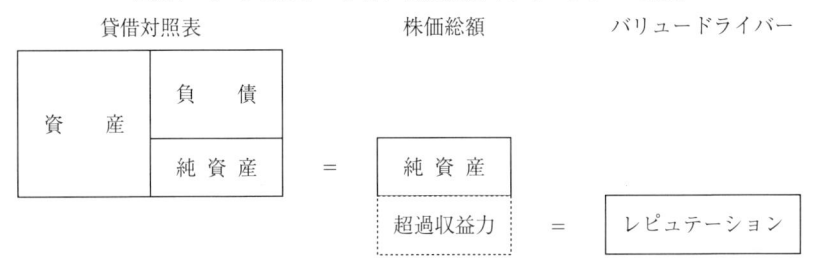

貸借対照表　　　　　　株価総額　　　　　　バリュードライバー

[資産／負債・純資産] ＝ [純資産／超過収益力] ＝ [レピュテーション]

出典：櫻井, 2011b, 20.

図表7-4　超過収益力のバリュードライバー

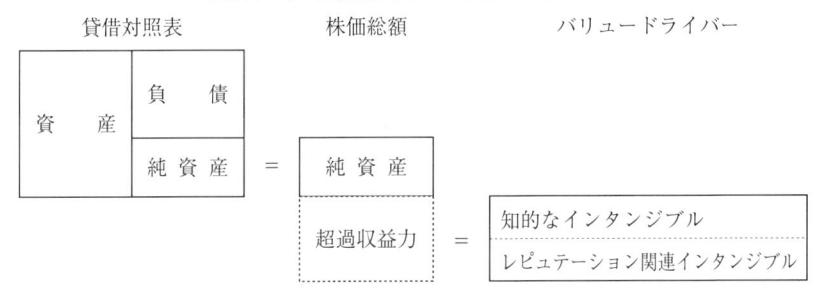

貸借対照表　　　　　　株価総額　　　　　　バリュードライバー

[資産／負債・純資産] ＝ [純資産／超過収益力] ＝ [知的なインタンジブル／レピュテーション関連インタンジブル]

出典：櫻井, 2011b, 23.

図表7-5　知的・レピュテーション関連のインタンジブル

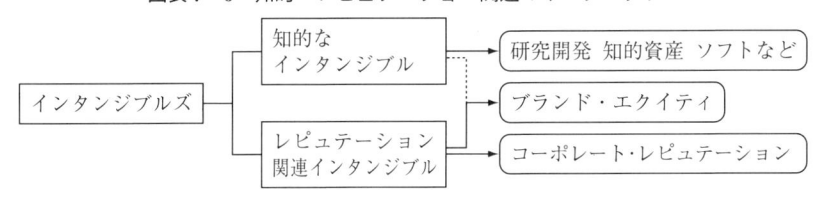

インタンジブルズ → 知的なインタンジブル → 研究開発　知的資産　ソフトなど
　　　　　　　　　　　　　　　　　　　↘ ブランド・エクイティ
　　　　　　　　→ レピュテーション関連インタンジブル → コーポレート・レピュテーション

出典：櫻井, 2011b, 23.

124億円の増益がレピュテーションの経済価値への影響であるというものである．

　しかしながら，はたしてこれがすべてレピュテーションによるものであるのかという疑問が浮かぶ．このことについて，「前年度と当期の利益を比較して田中効果を測定できるが，どこまでがリストラ効果でどこまでが田中効果かが

社外にはわからない．しかし，社内的には，高い精度でリストラ効果を金額で把握しているはずである．売上高を個々に分析することによって田中効果か否かの見分けが不可能ではない」(櫻井，2011b，24) と述べている．

もう1つの方法は個別的な積み上げによって利益を測定する方法であり，事象発生による利益への効果＝(事象発生後の売上高－事象発生前の売上高)×売上利益率で求める方法である[4]．「ノーベル賞の効果は，個別的に前年度の売上高との比較によって比較的容易にかつ正確に測定することができる．仮に過年度の損益との比較によって，ノーベル賞受賞後の売上高が増加するとすれば，その分からレピュテーション資産を想定することも社内的には不可能ではない．……個別的な利益の積み上げは，われわれに1つの手掛かりを与えてくれる．しかし，内部のビジネス事情に精通した経営者とは違って，外部者が個別的な積み上げによってレピュテーションの影響金額を測定することは困難である」(櫻井，2011b，24-25) と指摘して，その限界を明らかにしている．

4.2 レピュテーション指標を用いたレピュテーションの測定

櫻井 (2011b，20) によれば，レピュテーション指標を用いたレピュテーションの測定のことも，欧米ではレピュテーションの測定と呼ぶのが一般的であり，しかもレピュテーション測定の一般的な方法は，批判の多い超過収益力の測定ではなく，会社のレピュテーション指標を用いた測定であるという．

レピュテーション指標の代表的な1つが，1982年に始められ，現在でも引き続き活用されている *Fortune* 誌の「最も称賛される企業 (Most Admired Companies)」の指標であり，3つの財務指標，すなわち長期投資価値，財務上の健全性，企業資産の有効利用と，6つの非財務指標，すなわち有能な人材を引き付け確保する能力，経営者の資質，製品またはサービスの品質，革新性，社会的責任，ビジネスをグローバルに運営するうえでの有効性からなる．

これらの指標と企業価値，すなわち経済価値，社会価値，および組織価値との関係は，図表7-6の通りである．

「最も称賛される企業」は「産業界からも研究者からも最も広く認知され，

§4 コーポレート・レピュテーションの測定 185

図表 7-6 企業価値から見た「最も称賛される企業」の指標

社会価値
- 社会的責任
- 製品／サービスの品質

経済価値
- 企業の資産運用
- 財務上の健全性
- 長期投資価値
- グローバル性

組織価値
- 革新性
- 人材管理
- 経営者の資質

出典：櫻井, 2011a, 129.

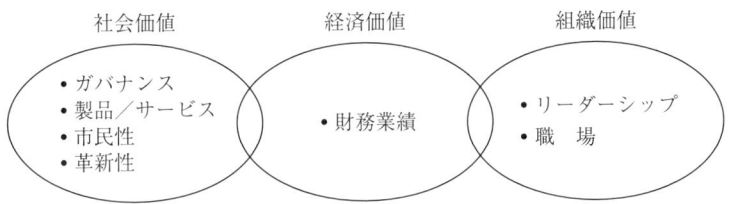

図表 7-7 企業価値から見た「RepTrak」の指標

社会価値
- ガバナンス
- 製品／サービス
- 市民性
- 革新性

経済価値
- 財務業績

組織価値
- リーダーシップ
- 職　場

出典：櫻井, 2011a, 142, 一部省略.

尊重されてきた．しかし，この調査では，①上級経営者，②社外取締役，③証券アナリストという3つの関係者による調査しかしていない」（櫻井, 2011b, 20）という批判がある．

その欠点を補完したものが，もう1つの指標，RQ^{sm} スコアであり，1999年より *The Wall Street Journal* 誌にランキングが掲載されてきた．現在は，RepTrak 指標という名称となり，評価項目，属性とも増加し，Reputation Institute（RI）と Forbes の共同で測定されている．

評価項目は，①製品／サービス（高品質，価格に見合った価値，アフターサービス，顧客ニーズの満足），②革新性（革新的，早期の上市，変化への対応），③財務業績（高い収益性，好業績，成長の見込み），④リーダーシップ（優れた組織，魅力的なリーダー，卓越したマネジメント，将来への明確なビジョン），⑤ガバナンス（オープンで高い透明性，倫理的な行動，公正な事業方法），⑥市民性（環境責任，社会貢献活動の支援，社会への積極的な影響），および⑦職場（公平な従業員への報酬，従業員の福利厚生，公平な機会提供）

の7つあり，（　）内に挙げているように，属性である評価指標は23項目ある．
　これらの指標と企業価値，すなわち経済価値，社会価値，および組織価値との関係は，図表7-7の通りである．

4.3　わが国のレピュテーション指標——日本経済新聞社の NICES

　「NICES（ナイセス）」とは，日本経済新聞社が実施している企業の総合評価システムであり，企業を取り巻く様々なステークホルダー（利害関係者）に着目し，それぞれの視点ごとに企業を評価し，これらを合算して総合ランキングを作成する仕組みである．視点には，「投資家」，「消費者・取引先」，「従業員」，「社会」，および「潜在力」の5つの視点がある．そして，「投資家」には時価総額，配当，内部留保，使用総資本利益率，資本構成，決算情報，増資の7指標，「消費者・取引先」には売上高，認知度，広告宣伝・広報，従業員1人当たり利益，粗利益率の5指標，「従業員」には有給休暇，育児・介護休業，女性活用，定着率，多様な人材の活用の5指標，「社会」には雇用，納税，社会貢献，公的団体への人材供給，二酸化炭素（CO_2）・廃棄物の5指標があり，そして「潜在力」は設備投資，人材育成，研究開発など将来に向けた企業活動のデータに，日本経済新聞社の記者による評価を加えて総合的に評価するという．

　各指標については，編集委員や消費者によりウエート付けが行われている．すなわち，5側面のうち「投資家」，「従業員」，「社会」の3つについては，日本経済新聞社の編集委員ら（51人）が各指標の重要度について，評価した結果をもとにウエートを決定している．また，5側面のうち「消費者・取引先」については，日経リサーチのモニターを対象としたインターネット調査をもとに，ウエートを決定している．

　そして，指標ごとにウエート付けした5側面の得点を，それぞれ最大200点，最低20点になるように変換し，最終的な総合ランキングとしている．

　NICESのランキング作成の流れは図表7-8の通りである．

　これらの指標と企業価値，すなわち経済価値，社会価値，および組織価値と

図表 7-8　NICES のランキング作成の流れ

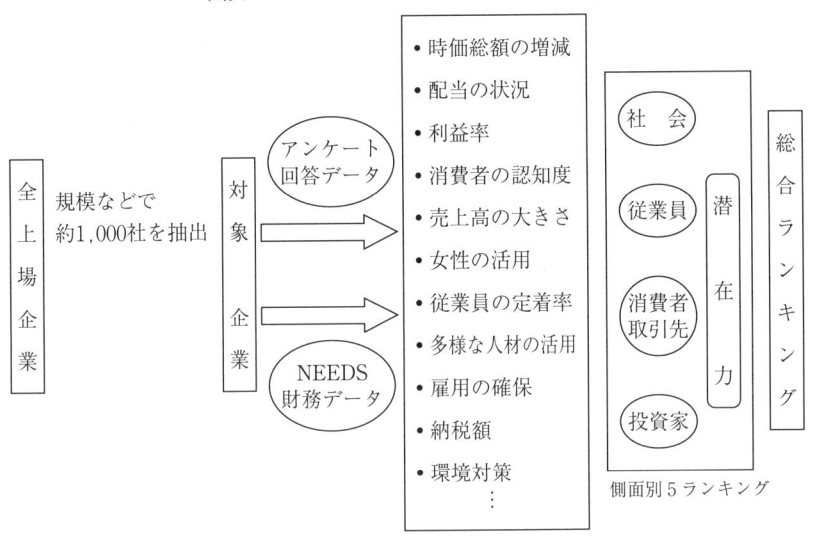

- 時価総額の増減
- 配当の状況
- 利益率
- 消費者の認知度
- 売上高の大きさ
- 女性の活用
- 従業員の定着率
- 多様な人材の活用
- 雇用の確保
- 納税額
- 環境対策
  ⋮

全上場企業 → 規模などで約1,000社を抽出 → 対象企業（アンケート回答データ／NEEDS財務データ）→ 側面別5ランキング（社会／従業員／消費者・取引先／投資家／潜在力）→ 総合ランキング

出典：「日本経済新聞」，2011．

図表 7-9　企業価値から見た「NICES」の指標

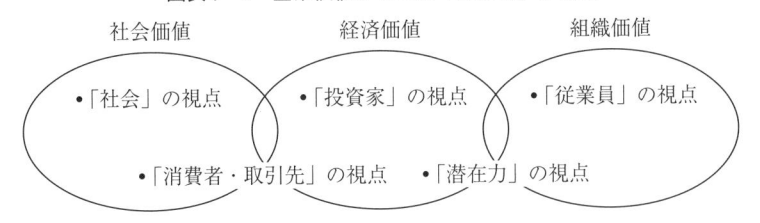

社会価値
- 「社会」の視点
- 「消費者・取引先」の視点

経済価値
- 「投資家」の視点
- 「潜在力」の視点

組織価値
- 「従業員」の視点

の関係は図表 7-9 の通りである．「消費者・取引先」の視点は，社会価値と経済価値，「潜在力」の視点は経済価値と組織価値の両方に関係すると考えられる．

§5　レピュテーション・マネジメント

　§2で述べたように，コーポレート・レピュテーション（企業の評判）とは，経営者および従業員による過去の行為の結果，および現在と将来の予測情報をもとに，企業を取り巻く様々なステークホルダーから導かれる持続可能な競争

優位であり，それは企業価値を向上させる非常に重要な無形の資産，企業価値向上の源泉である．

現在の社会では，コーポレート・レピュテーションが高まると，売上高が増大するとともに，株価に好影響を及ぼし，社会的な評価が高まり，企業価値を増大させる．そこで企業は，日常から自社の評判の構築，維持と向上に努力し，また何が評判を落とすことになり得るかを研究する必要がある．そのために行われるのが，レピュテーション・マネジメント（Reputation Management：評判の管理）である．

レピュテーション・マネジメントは「経営者と従業員がレピュテーションを向上・維持し，毀損されたレピュテーションの回復に影響を及ぼす企業内部の管理活動と内外へのコミュニケーション活動のこと」（櫻井，2011a，237）をいう．それには，評判の向上を図る対外的な側面，すなわち「PR や IR，社内報などにより外部・内部への情報発信を効果的に行うことで評判を上げようとする側面」と，不祥事などの問題を予防する企業内部の側面，すなわち「内部統制や管理システムを整備してコンプライアンスやコーポレート・ガバナンス上の問題が起こらないようにする」側面がある（櫻井，2011a，235）．そして，管理会計では後者の企業内部の問題に焦点を当てて，研究が進められてきた．

前節で紹介した各種のレピュテーション指標も有効であるが，管理会計におけるレピュテーション・マネジメントの具体的な内部管理手法としては，バランスト・スコアカードと戦略マップ[5]などの各種の方法[6]があり，中でもバランスト・スコアカードと戦略マップは，以下の理由（櫻井，2011，266-268）から，コーポレート・レピュテーションの構築・維持・向上に貢献すると考えられる．

1つは，バランスト・スコアカードは，ビジョンや戦略の策定と実行の検証に有効なシステムであり，コーポレート・レピュテーションは，主として経営者の過去および現在の戦略や日々の行為によって影響を受けることから，バランスト・スコアカードにより経営者のビジョンや戦略の妥当性を検証できる．

第2に，コーポレート・レピュテーションは，主に経営者や従業員による過去および現在の行為に結果として生み出されるので，バランスト・スコアカードを活用すれば，経営者や従業員の行為を業績評価指標で経営を可視化（見える化）することにより，科学的に管理できる．

　第3に，コーポレート・レピュテーションは株主，顧客・社会，経営者，従業員など，多様なステークホルダーによる評価によって形成されるものであり，バランスト・スコアカードが株主，顧客，経営者，従業員などのステークホルダー・アプローチをとっているために，バランスト・スコアカードを使えば，コーポレート・レピュテーションが種々のステークホルダーに，どのような影響を及ぼすかを可視化できる．

　そして最後に，図表7-10のように，バランスト・スコアカードのツールである戦略マップを活用すれば，企業の経営者と従業員の行為から，企業価値が創造されるプロセスを可視化することによって，企業のコーポレート・レピュテーション戦略の妥当性の検証が可能になる．

　他方で，評判の危機に陥った場合にどうすればいいのか．ディアマイヤー（Diermeier）によれば，評判危機の管理において焦点を合わせるべき第一の問題は「信頼」であり，その信頼を構築，維持するためにもっとも重要な要因が「透明性」，「専門能力」，「コミットメント」，および「共感」であると指摘し，それらを以下のように説明している（斉藤，2011, 56-61）．

　透明性とは，知り得た情報をすべて公開することではなく，その達成には自分が知っていることと知っていないこと，そしていつ追加報告ができるかを相手に伝えることであり，しかも専門用語や法律用語ばかりでなく普通の言葉でわかりやすく説明し，相手に理解されることである．そして，関係する相手が関係する情報の意図的な隠匿を感じ取ったときに透明性は損なわれる．

　次に，専門能力とは，状況を把握しており，専門家チームが問題解決にあたるということであり，組織の専門能力を信じてもらえなければ信頼は得られない．また専門能力の不足を疑われた場合には，信頼ある第三者の専門家を招くことが対応策として考えられる．

190　第7章　レピュテーション・マネジメントによる企業価値の向上

図表7-10　コーポレート・レピュテーションの戦略マップの概念モデル

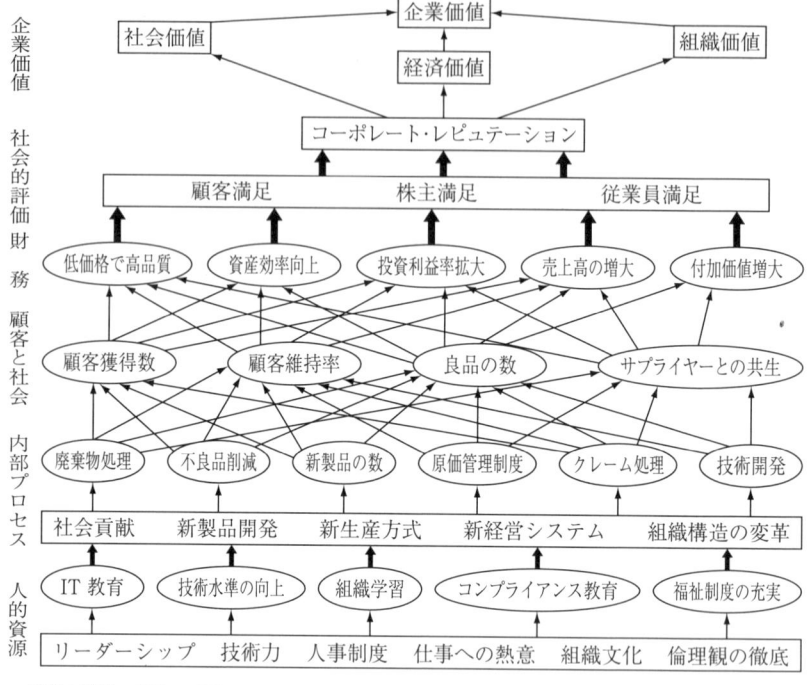

企業価値

社会価値 → 企業価値 ← 組織価値
経済価値

コーポレート・レピュテーション

顧客満足　　株主満足　　従業員満足

社会的評価

低価格で高品質　資産効率向上　投資利益率拡大　売上高の増大　付加価値増大

財務

顧客獲得数　顧客維持率　良品の数　サプライヤーとの共生

顧客と社会

廃棄物処理　不良品削減　新製品の数　原価管理制度　クレーム処理　技術開発

内部プロセス

社会貢献　新製品開発　新生産方式　新経営システム　組織構造の変革

IT教育　技術水準の向上　組織学習　コンプライアンス教育　福祉制度の充実

人的資源

リーダーシップ　技術力　人事制度　仕事への熱意　組織文化　倫理観の徹底

出典：櫻井, 2011a, 297.

　また，コミットメントとは，問題に対処していること，改善へのプロセスが進行中であることを知らせることであり，経営トップが乗り出して指揮を執ることがコミットメントを示すもっとも強力でストレートな方法である．

　最後に，共感は，4つのうちでもっとも重要でありながらもっとも見過ごされる要素であり，共感は謝罪とは別物であるが，謝罪が共感を表すことがあり，被害が及んだと思われる人々に対して，リーダーが真摯な姿勢で温かく接すれば，その効果は大きくなる．逆に，形式的で不誠実な謝罪は冷淡な打算を感じさせて逆効果になる．

　ディアマイヤーは，以上のように，信頼を構築，維持する要因として4つの要因を挙げているが，それらの要因を評判危機の際の複雑な意思決定に活かす

§5 レピュテーション・マネジメント　191

図表7-11　信頼レーダー

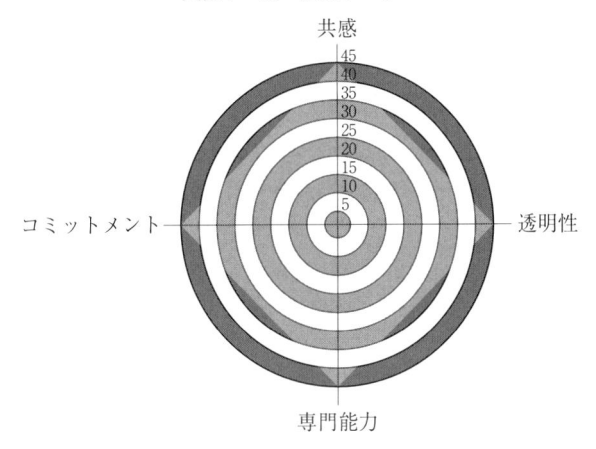

(共感／透明性／専門能力／コミットメント　目盛：5, 10, 15, 20, 25, 30, 35, 40, 45)

出典：斉藤, 2011, 56.

ために「信頼レーダー」を提示している．すべての要因がクリアされていれば，正四方形が描かれることになる．

　ディアマイヤーは，評判危機の管理ということで「信頼」の重要性とそれを構築，維持するための4つの要因について議論しているが，評判危機の管理もレピュテーション・マネジメントの一環であり，毀損されたレピュテーションの回復には「信頼」を取り戻すことが必要であり，そのために「透明性」，「専門能力」，「コミットメント」，および「共感」の4つの要因を充足することが重要であろう．

　明確なビジョンのもとに，経営者が強力なリーダーシップを発揮し，従業員が企業の目標達成に向けて，日々の経営活動に励むことにより，コーポレート・レピュテーションが構築，維持，向上され，ひいては企業価値が向上する．他方で，不祥事が発覚すると，一瞬のうちにコーポレート・レピュテーションは地に堕ち，企業価値は毀損され，倒産の憂き目にあうことさえある．このような事態を避け，企業価値を向上させるためには，バランスト・スコアカードのような管理会計手法や信頼レーダーを活用し，コーポレート・レピュテーションを日常的にあるいは危機の際にマネジメントすることが必要である．そ

192　第7章　レピュテーション・マネジメントによる企業価値の向上

うすることにより，企業価値，つまり経済価値，社会価値，および組織価値を創造し，向上させることができる．

注

1) 2009（平成21）年に雪印乳業は，日本ミルクコミュニティと経営統合を行い，雪印メグミルク㈱となっている．同社の2011（平成23）年3月期の売上高は5,042億円である．
2) これらの不祥事を受けて，三菱自動車では，2005（平成17）年度より信頼回復のための施策として「三菱自動車再生計画」（中期経営計画）を，2008（平成20）年度より社会との共生，社会と環境への貢献を目指して「ステップアップ 2010」（中期経営計画）を策定・実施し，再生を図ってきている（櫻井，2011a，432-437）．その内容と成果については，櫻井（2011a，432-444）を参照されたい．
3) 社会価値と組織価値の測定方法についての具体的な数値例は，櫻井（2011b，25-26）を参照されたい．
4) 具体的な数値例は，櫻井（櫻井，2011b，24-25）を参照されたい．
5) バランスト・スコアカードの詳細についてはまた，櫻井（2008，236-258，2011a，281-301）を参照されたい．
6) 各種の方法には，例えば，内部統制，レピュテーションリスク・マネジメント，CSR，レピュテーション監査があり，内部統制については櫻井（2008，154-177；2011a，303-326），レピュテーションリスク・マネジメントについては櫻井（2008，180-196；2011a，329-360），CSRについては櫻井（2011a，363-391），レピュテーション監査については櫻井（2008，221-234；2011a，395-409）を参照されたい．

参　考　文　献

AAA, 1966, *A Statement of Basic Accounting Theory*（飯野利夫訳，1969，『基礎的会計理論』，国元書房，2）．

Balmer, John M. T. and Stephen A. Greyser, 2003, *Revealing the Corporation, -Perspectives on Identity, Image, Reputation, Corporate Branding, and Corporate-level Marketing*, Routledge.

Belkaoui, Ahmed Riehi, 2001, *The Role of Corporate Reputation for Multinatinal Firms, -Accounting, Organizational, and Market Considerations*, Quorum Books.

Budd, John F. Jr, 1994-1995, How to Manage Corporate Reputations, *Public*

Relations Quarterly.

Cravens, Karen, Elizabeth Goad Oliver and Sridhar Ramamoorti, 2003, The Reputation Index: Measuring and Managing Corporate Reputation, *European Management Journal*, Vol. 21 No. 2.

Diermeier, Daniel, 2011, *Reputation Rules Strategies for Building Your Company's Most Valuable Asset* (斉藤裕一訳, 2011, 『評判はマネジメントせよ 企業の浮沈を左右するレピュテーション戦略』, 阪急コミュニケーションズ).

Fombrun, Charles J., 1996, *Reputation, -Realizing Value from the Corporate Image*. Harvard Business School Press.

Fombrun, Charles J., and Cees B. M. Van Riel, 2004, *Fame & Fortune, How Successful Companies Build Winning Reputations*. Prentice Hall.

Graham, Mary E. and Pratima Bansal, 2007, Consumers' Willingness to Pay for Corporate Reputation: The Context of Airline Companies, *Corporate Reputation Review*, Vol. 10, No. 3.

Roberts, Peter W. and Grahame R. Dowling, 2002, Corporate Reputation and Sustained Superior Financial Performance, *Strategic Management Journal*.

Rose, Casper and Steen Thomsen, 2004, The Impact of Corporate Reputation on Performance: Some Danish Evidence, *European Management Journal*, Vol. 22, No. 2.

青木章通・岩田弘尚・櫻井通晴, 2009,「レピュテーション・マネジメントに関する経営者の意識——管理会計の視点からのアンケート調査結果の分析——」,『会計学研究』(専修大学) 35:33-70.

伊藤和憲・伊藤克容・新村秀一・櫻井通晴, 2011,「レピュテーション・マネジメントに関する調査結果の分析——実証研究による調査を主目的として——」,『専修商学論集』93:15-40.

岩田弘尚・青木章通・櫻井通晴, 2009,「コーポレート・レピュテーションの測定からマネジメントへ」,『企業会計』Vol. 61 No. 7:151-159.

桜井久勝, 2010,『財務会計講義〈第11版〉』, 中央経済社.

櫻井通晴, 2005,『コーポレート・レピュテーション 「会社の評判」をマネジメントする』, 中央経済社.

櫻井通晴, 2008,『レピュテーション・マネジメント 内部統制・管理会計・監査による評判の管理』, 中央経済社.

櫻井通晴, 2011a,『コーポレート・レピュテーションの測定と管理——「企業の評判

管理」の理論とケース・スタディ』, 中央経済社.
櫻井通晴, 2011b,「コーポレート・レピュテーションの測定——レピュテーションの企業価値への影響の測定」『企業会計』Vol. 63 No. 2：18-28.
日本経済新聞社, 2011,「日本経済新聞」11月30日朝刊.
広瀬義州, 2009,『財務会計〈第9版〉』, 中央経済社.

第8章 バランスト・スコアカードによる企業価値の創造

伊 藤 和 憲

―――― 本章の概要 ――――

　戦略実行のマネジメント・システムであるバランスト・スコアカードを用いて，企業価値の創造を行うことが本章の目的である．ここでバランスト・スコアカードとは，戦略の可視化である戦略マップ，戦略の進捗状況を測定し評価するスコアカード，戦略目標の実績値と目標値のギャップを埋めるための戦略的実施項目からなる．これを用いて企業の目的である価値創造を図る．価値創造とは，財務尺度で示される経済価値だけでなく，尺度選択が難しい社会価値と組織価値も含めて，会社のレピュテーション(評判)を高めることが目的である．

　本章では，レピュテーションを高めるために，BSC を戦略と結び付けて議論する．第1節では，BSC とはいったい何をすることなのかを明らかにする．第2節では，企業がなぜ BSC を導入しなければならないのかを検討する．第3節では，第2節を掘り下げて，BSC 導入の成果について明らかにする．第4節では，BSC をいかに導入すべきかを明らかにする．さらに，第5節では，戦略との関係で BSC の特徴を検討する．最後に，本章をまとめる．

§1　BSC 研究の狙い

　バランスト・スコアカード (Balanced Scorecard: BSC) は，戦略策定と実行のマネジメント・システムである (櫻井, 2008)．BSC はキャプランとノートン (1992) が，財務偏重から脱却するために戦略的業績評価システムとして

考案したものである．財務の視点だけでなく，顧客の視点，内部プロセスの視点，学習と成長の視点からなる評価指標のバランスを保とうとするところにその本質があった．その後，BSC の測定と管理を行うスコアカードに，戦略の可視化を行う戦略マップを追加して，戦略実行のマネジメント・システムへと展開した（Kaplan & Norton, 2001）．

　BSC の機能は必ずしも戦略と結び付けるだけに止まらない．例えば，BSC を業務改善の効果測定するツールとして用いる企業や，財務偏重の予算管理に代わる複数指標のマネジメント・システムと捉える企業もある．また，トップと現場が同じ言葉で議論できるためのコミュニケーション・ツールとして用いる企業もある．しかし，BSC でしかできない機能は戦略実行のマネジメント・システムである．この戦略実行によって企業価値を創造するところに，BSC の大きな価値がある．

　企業価値の創造とは，企業価値としてのレピュテーションを高めることである．ここでレピュテーションとは，ステークホルダーによる企業の評判のことである．このステークホルダーのレピュテーションを高めるツールとして BSC は極めて効果的である．このような BSC について明らかにするのが本章の意図である．

§2　BSC とは何か

　戦略実行のマネジメント・システムとしての BSC は，端的に言えば，戦略を可視化する戦略マップと，戦略の進捗を管理するスコアカードから成る．管理するには測定しなければならないとして，スコアカードがまず考案された．その後，測定するには記述しなければならないとして，戦略を記述する戦略マップが考案された．スコアカードで戦略を管理するには，指標を測定するだけでなく，目標達成の手段として，戦略的実施項目という戦略に関わるアクション・プランを工夫しなければならない．ようするに，バランスト・スコアカードとは，図表 8-1 に示すものである．

§2 BSCとは何か 197

図表 8-1 バランスト・スコアカードの構成要素

戦略マップ		戦略目標	スコアカード		アクション・プラン	
プロセス：業務管理 テーマ：地上の折り返し			尺度	目標値	戦略的実施項目	予算
財務の視点	収益増大 ← 利益とRONA → 機体の減少	■収益性 ■収益増大 ■機体のリース費用減少	■市場価値 ■座席の収益 ■機体のリース費用	■年成長率 30% ■年成長率 20% ■年成長率 5%		
顧客の視点	より多くの顧客を誘引し維持 ← → 最低の価格 定刻の発着	■より多くの顧客を誘引し維持する ■定刻の発着 ■最低の価格	■リピート客の数 ■顧客数 ■連邦航空局定刻到着評価 ■顧客のランキング	■70% ■毎年12％の増加 ■第1位 ■第1位	■CRMシステムの実施 ■クォリティ・マネジメント ■顧客ロイヤリティ・プログラム	$ xxx $ xxx $ xxx
内部プロセスの視点	地上での迅速な折り返し	■地上での迅速な折り返し	■地上滞在時間 ■定刻出発	■30分 ■90%	■サイクルタイムの改善プログラム	$ xxx
学習と成長の視点	戦略的な業務駐機場係員 戦略的システムの配置 地上係員の方向付け	■必要なスキルの開発 ■支援システムの開発 ■地上係員の戦略への方向付け	■戦略的業務のレディネス ■情報システムの利用可能性 ■戦略意識 ■地上係員の持株者数の割合	■1年目 70% 2年目 90% 3年目 100% ■100% ■100% ■100%	■地上係員の訓練 ■係員配置システムの始動 ■コミュニケーション・プログラム ■従業員持ち株制度	$ xxx $ xxx $ xxx $ xxx
					予算総額	$ xxxx

出典：Kaplan & Norton（2001）のBSCをスコアカードに修正．

戦略は一般に，顧客への価値提案（customer value proposition）で構想し始めることが多い．価値提案とは，顧客に何を訴えるかであり，コスト・パフォーマンス，入手可能性，新規性などがある．この価値提案を顧客の視点で捉えて，その結果が財務の視点の財務業績で測定される．他方，顧客への価値提案を実現するには，既存プロセスだけでは提供できないとき，プロセスの再構築を行わなければならない．内部プロセスの視点でプロセスの再構築を行うが，それを実行に移すには，スキルや情報システム，あるいは組織文化といった，内部プロセスを支援するインフラが整備されていなければならない．これらを構築するのが学習と成長の視点である．

図表8-1の戦略マップは，サウスウエスト航空の業務プロセスを卓越しようという戦略を可視化したものである．顧客への価値提案は，コスト・パフォーマンスの訴求である．つまり，これまでの航空業界とは異なる戦略として，価格を長距離バス並みに低価格にするとともに，定刻発着して学生や家族旅行のように，安いチケットを好む顧客を引き付けて，リピーターになってもらおうという価値提案を考えた．この価値提案が顧客に受け入れられれば，収益が増大して，機体数を減少させることで生産性が向上して利益が増加し，資産利益率（return on net assets；RONA）も増加する．

安売りチケットを実現するために，地上での折返し時間を少なくすることで便数を増やして，規模の経済を働かせることにした．折返し時間を短縮するには，主に駐機場スタッフが業務改善しなければならない．これらの戦略を実現できて初めて戦略が実行できる．このような戦略目標の因果関係を図示したものが**戦略マップ**である．

戦略が可視化されたら，次は戦略が達成できたかどうかを測定しなければならない．戦略の達成度を測定するのが，**スコアカード**の尺度の意味である．例えば，内部プロセスの視点の戦略目標は「地上での迅速な折返し」である．迅速な折返しができたかどうかを測定する尺度として，「地上滞在時間」と「定刻出発」を選択した．地上での滞在時間は現在60分かかっているが，これを半減して30分という目標値を設定した．同時に，定刻出発は現在70％しか実現し

ていないが，90％達成を目標値として設定した．

　目標値を設定しても，それを実現してくれる手段がなければ，絵に描いた餅に終わる．目標値を実現して戦略目標を達成し，戦略の実行に貢献するのが一連の**戦略的実施項目**である．サウスウエスト航空では，「地上での迅速な折返し」を達成してくれる戦略的実施項目を，「サイクルタイムの改善プログラム」と考えた．多様な地上業務を棚卸して，最短経路となっているクリティカルパスを見つけ出し，クリティカルパスから順に改善していって，サイクルタイムを大幅に短縮していくというプログラムである．このプログラムを実施するには経費がかかるので，戦略予算として見積もっておく必要がある．内部プロセスの戦略目標だけを落とし込んだが，すべての戦略目標を同じように落とし込んだ結果が図表8-1である．図表8-1で財務の視点の戦略的実施項目がないのは，財務の視点は結果でしかなく，財務業績を向上するパフォーマンス・ドライバー（業績推進要因）として，顧客の視点以下があるからである．言いかえれば，財務の視点に戦略的実施項目があれば，顧客の視点以下は必要ないともいえよう．

§3　BSCの導入理由

　多くの企業はBSCを導入する必要があるにもかかわらず，その認識を持っていない場合がある．そこで，日米企業の実務を振り返り，経営指標，戦略，インタンジブルズという3点で比較しながら，BSCの導入理由を明らかにする．

3.1　経営指標の日米比較

　欧米企業が重視する経営指標は，EPS（earning per share；一株利益）やROI（return on investment；投資利益率）といった財務指標である．BSCを考案した理由として，キャプランとノートン（1992）は，米国企業が財務偏重に陥っており，経営を短期志向に向かわせるとして憂いた点にある．例えば

ROIは利益を投資額で除すところから，利益増加を見込めない経営者は設備などを売却して，投資額を減らすことで，見かけ上のROIを良好に見せる行動を取ることがある．

他方，日本企業では品質，生産性，利益など多様な経営指標を総花的に重視してきた．総花は重点志向がないことを意味し，「日本企業には戦略がない」とポーター（1996）に揶揄されたことは，当たらずとも遠からずである．米国企業では，短期と長期，財務と非財務，過去，現在，将来といった，多様な指標間のバランスを取る必要がある．日本企業ではこれらだけでなく，指標間の因果関係を持たせて総花にならないようにする必要もある．

3.2 戦略観の日米比較

欧米企業のトップは，戦略を組織の牽引として，極めて重視してきた．例えば，アンドリュース（1987）はSWOT分析を提唱した．内部環境の強み（strength）と弱み（weakness），外部環境の機会（opportunity）と脅威（threat）を特定し，これらを組み合わせて戦略を策定するという提案である．また，ポーター（1980）も主に外部環境への対応として，5つの競争要因を提唱した．これは，競争要因として新規参入の脅威，既存業者間の敵対的関係の強さ，代替製品からの圧力，買い手の交渉力，売り手の交渉力から成る5つを特定し，これらから競争優位を構築することである．多くの企業が戦略を策定したが，実行できた企業は多くはない．つまり戦略策定が間違っていたのではなく，実行の仕方が間違っていたと考えられるようになってきた．戦略を実行するのは現場であり，現場が戦略を理解していなければ実行できないからである．戦略を可視化するツールとして戦略マップが考案されたことは，戦略についてコミュニケーションを取ることができる素地ができたことになる．

他方，日本では意図した戦略を策定する経営者は，それほど多くはなかった．しかし実現された戦略が存在するところから，ミンツバーグら（1998）は，現場の創意工夫によって実現された戦略があり，これを創発戦略と呼称した．現場での戦略の修正や策定は，トップの上意下達を前提にしてきた戦略の策定の

議論を，大きく展開させることになった．創発戦略の意義は認めるにしても，日本企業のトップの戦略策定は極めて脆弱であり，この点は真摯に学ぶべきである．ようするに，米国企業では戦略マップによって戦略を可視化することで，戦略実行を支援する強力なツールとなった．これに対して日本企業では，戦略マップを利用して内部環境と外部環境に関わる因果関係を構築することで，集中戦略が比較的容易に策定可能となった．

3.3 インタンジブルズの日米比較

米国企業が重視した ROI は，すでに明らかにしたように，経営破壊へと向かわせる指標である．このような指標で予算編成したとき，ブランド，レピュテーション，研究開発，人的資産，情報資産，組織資産といったインタンジブルズ（intangibles；無形の資産）への投資が軽視されてしまう．レブ（Lev, 2003）が指摘するように，企業価値の半分以上をインタンジブルズが構築しているとすると，インタンジブルズへの投資を無視できなくなっている．それにもかかわらず，米国企業では ROI という短期志向の経営を実践してきた．

日本企業は，経常利益を重視してきたし，品質や生産性といった非財務指標も無視してこなかった．1970年代から80年代にかけて，産業用ロボットへの投資割合が世界の半分以上となったのは，投資効率でなく，経常利益を重視した結果である．言いかえれば，米国企業では ROI が足かせとなって，投資の促進は阻害された．今，インタンジブルズへの投資が重要であるにもかかわらず，その認識が高くない日米の企業では，将来への投資が行われず，結果として企業価値を向上できる機会を失っている．

§4 BSC 導入の成果

財務業績がすぐに向上しないから，BSC は有効ではないと考える人がいる．そこで，BSC を考案したキャプランとノートン，日本企業の実態調査結果から，財務業績の意味を検討する．また，BSC が財務業績の向上だけではなく，

多様な目的で導入されていることから，導入目的との関係で BSC の成果を検討する．

4.1　キャプランとノートンの BSC の狙い

　BSC を導入して戦略が実行できると，もっとも理解しやすいのは財務成果が期待できることである．キャプランとノートン（Kaplan & Norton, 2001）は，戦略が効果的に実現できるとして，ケミカルバンクが5年で20倍の利益を実現した例を紹介している．戦略実行によって得られるものは，財務成果だけではない．モービルの戦略を理解したガソリン・スタンドは，クレジット・カードの一種であるスピード・パスを考案して，顧客への価値提案をサポートした．つまり，グレードの高い顧客を訴求しようという戦略を，従業員だけでなくユーザー・カンパニーまで共有できたことで，スピード・パスを考えるきっかけとなった．このように戦略の浸透および価値観共有によって，インタンジブルズである組織資産が構築されることも大きな成果である．

　戦略マップで戦略を可視化すると，因果関係がはっきりしない戦略目標を取り上げていたり，あるいは因果関係を持たせるには戦略目標を追加しなければならないことがわかる．戦略の策定に長けていない日本企業の経営者には，戦略マップで戦略策定の確認作業ができることも効果的である．また，スコアカードによって，戦略目標の達成度を測定する指標を特定したり，目標値と実績値のギャップを埋める戦略的実施項目を考える必要がある．このような BSC のフレームワークにしたがって展開していくと，戦略の策定と実行を効果的にマネジメントしてくれる．ようするに，米国では財務成果だけでなく，組織資産の構築や戦略策定と実行の能力が向上することも，BSC の成果として取り上げられている．

4.2　森沢・黒崎の BSC の狙い

　日本企業でも財務成果を望む企業が多いが，この点に関する森沢・黒崎（2003）の調査は興味深い．森沢らは35社を対象に，BSC 導入に期待する項目

図表 8-2　BSC 導入の期待と成果

調査項目	期待 度数	期待 比率	成果 度数	成果 比率
戦略の質の向上	23	66%	24	69%
戦略の浸透	19	54%	22	63%
戦略実行力の向上	18	51%	21	60%
仮説検証サイクルの確立	15	43%	11	31%
モチベーションの向上	14	40%	19	54%
組織帳の戦略策定能力の向上	12	34%	20	57%
成果報酬制度の納得感の醸成	11	31%	13	37%
非財務業績の把握	10	29%	11	31%
財務業績の向上	7	20%	12	34%
他部門とのコミュニケーション	4	11%	15	43%

と実際に成果があるかどうかを10項目で調査した．結果をまとめると，図表8-2となる．

　図表8-2より，50%以上の企業がBSCに期待する項目は，戦略の質の向上，戦略の浸透，戦略実行力の向上である．意外にも，財務業績の向上はわずか20%，10項目中9番目であった．

　これに対してBSCを導入した成果は，50%以上の企業が戦略の質の向上，戦略の浸透，戦略実行力の向上，モチベーションの向上，組織長の戦略策定能力の向上を挙げている．また，仮説検証サイクルの確立を除けば，すべての項目で期待よりも成果が高まっている．とりわけ他部門とのコミュニケーションと財務業績の向上は，成果があったと答えている．

　BSC導入による成功と失敗の理由について，森沢らの実態調査結果を図表8-3に示す．図表8-3より，成功要因と失敗要因の質問項目は，いずれも重要ではあるが，50%を超える要因だけを取り上げると，第1位はトップのコミットメントである．興味深いのは，導入目的の明確化を52%の成功企業が取り上げているのに，失敗企業ではこの点を半分の25%しか認識していない．

204　第8章　バランスト・スコアカードによる企業価値の創造

図表8-3　BSC導入による成功と失敗の理由

調査項目	成功理由 度数	成功理由 比率	失敗理由 度数	失敗理由 比率
トップのコミットメント	15	65%	6	50%
導入目的の明確化	12	52%	3	25%
対象組織の納得	8	35%	5	42%
他の制度との整合性	7	30%	3	25%
インセンティブ	5	22%	3	25%
事務局と対象組織の十分な理解	2	9%	6	50%
外部専門家の活用	8	35%	0	0%
十分な準備期間	4	17%	0	0%
事務局の連携	3	13%	1	8%
情報システムの活用	2	9%	2	17%
その他	2	9%	3	25%

　逆に，失敗企業で事務局と対象組織の十分な理解を怠ったことが，50％の失敗要因と答えているが，成功企業ではそのような意識は9％しかない．BSC導入に反対する組織があるかどうか，反対する組織にBSCを導入する場合，事務局が説得できるかどうかが成功と失敗の分かれ目となるのではないだろうか．外部専門家を使うと成功する，と答えている企業が35％もあるのは，そのあたりにも理由があるのかもしれない．

4.3　BSCの目的と成果

　キャプランとノートンと，森沢・黒崎が指摘するように，BSCの成果は財務業績だけに求めるべきではない．BSCの導入目的によって成果も異なると考えるべきである．では，BSCの導入目的とは何かを明らかにする必要がある．

　本章の第1節で明らかにしたように，キャプランとノートンは，戦略的業績評価システムと戦略実行のマネジメント・システムに区分し，戦略実行のマネ

ジメント・システムであるとする見解を明らかにした (Kaplan & Norton, 2000). これに対して, 櫻井 (2008, 25-30) は, BSC が多様な実務利用をしている点を踏まえて, 主要な目的として戦略策定と実行のシステム, 成果連動型の業績評価, 経営品質向上のツールを取り上げた. また, 企業変革ないし組織風土変革と密接な IR としての情報提供, 部門横断的にあるいは階層間でのコミュニケーション, システム投資の評価などもあるとしている. これらは排他的に捉えるべきではなく, 経営品質の向上を1つの戦略として策定して実行することもできるし, そのことを戦略マップに描いて外部としては IR 情報として投資家に提供したり, 内部的にはトップと現場のコミュニケーションに使う. さらに, BSC の指標を成果連動型の業績評価システムと連結させることもできる.

　組織が BSC を導入するとき, 多様な目的をすべて対象にすべきであろうか. 戦略策定と実行のシステムとして BSC を導入するとき, 併せて成果連動型の業績評価システムも導入することがある. このとき, 業績評価されるということを考えて, 目標値を高く設定することに難色を示すというパフォーマンス・スラックを生じる可能性があり, 戦略実行がうまく機能しないことがある. また, 多くの病院の大きな関心事が, 医師と看護師のコミュニケーションの悪さにあるとき, BSCを戦略策定と実行のシステムや成果連動型の業績評価システムと結び付ける必要はない. ようするに, 多様な目的をすべて BSC に求めることは, 危険ですらある. また, 導入目的とその導入順序を間違えると, BSC 導入の阻害要因となることもある.

§5　BSC をいかに導入するか

　BSC をいざ導入しようとするとき, その導入プロセスを正しく理解しておくことは大切である. これを示すと図表 8-4 となる.
　図表 8-4 に基づいて, BSC の導入プロセスを明らかにする. 導入組織がなぜ存在するのかというミッションのもとで, トップが組織をどうしたいのか,

図表8-4 BSC導入プロセス

- ミッション　何のために存在するのか
- 価値観　何が大切なのか
- ビジョン　どうありたいのか
- 戦略　競争に勝つための作戦
- 戦略マップ　戦略の可視化
- スコアカード　尺度と集中
- 目標値と実施項目　何をしなければならないか
- 個人レベルの目標　各自が何をしなければならないか

↓

戦略の成果

（満足した株主）（喜ぶ顧客）（能率よく効果的な業務プロセス）（やる気のある有能な従業員）

出典：Kaplan & Norton（2004）のBSCをスコアカードに修正．

いわゆるトップの夢をビジョンとして掲げる必要がある．このビジョン実現には，組織の旧態然とした価値観という阻害要因が立ちはだかるので，この価値観を変革することを打ち出さなければならない．そのうえで，ビジョンを実現してくれる戦略を策定することになる．ビジョンが最上位目的で，これを実現するための手段が戦略であり，戦略は必ずしも実現しなければならないものではない．

ビジョンを実現する戦略は1つとは限らない．ビジョンを実現するためにホップ，ステップ，ジャンプと戦略を分割することも必要である．例えば，9年間のビジョンを実現するために，3年間の中期計画を3回くり返すことになる．最初の3年間はサウスウエスト航空が行った，卓越した業務というコス

ト・パフォーマンスを実現する戦略テーマ（戦略を細分したもの）である．次の3年間は誰でも必要なときに簡単に手に入れられるような入手可能性を高める戦略テーマを，最後の3年間は創造的な製品やサービスを提供して新規性を追求する戦略へとステップ・アップしていくことである．これらの戦略テーマを，同時に戦略マップに描くと混乱するので，戦略テーマ別に戦略マップを描くことになる．

戦略マップが作成できれば，スコアカードによって測定し管理することで戦略をマネジメントできる．ただし，戦略はトップだけで実現するものではないため，戦略を実現するのに関わる現場の個人レベルまで指標と目標値，戦略的実施項目が展開されなければならない．この展開は，戦略を業務計画に落とし込むことであり，目標管理や方針管理，予算編成によって実施される．これが成功すれば，ステークホルダーである株主，顧客，サプライヤー，従業員，経営者などが満足できるようになる．

§6　BSCの特徴

BSCは，戦略の考え方や学習の捉え方，また戦略を実行するための実施項目が，これまでのマネジメント・システムとは異なっている．そこで，伝統的なアンソニーのマネジメント・システムと比較しながら，BSCのマネジメント・システムの特徴を明らかにする．

6.1　意図した戦略と創発戦略

戦略は捉えどころがないために，それを定義する人ごとに主張点が異なっている．そうではあるが，一般的に戦略とはトップの意図した戦略であると指摘できる．例えば，計画策定を明らかにしたアンゾフ（1965）の企業戦略，外部環境と内部環境によって戦略を策定するとした，アンドリュース（1987）のSWOT分析，外部環境へのポジショニングを重視したポーターの競争戦略（1980），あるいは内部環境のコアコンピタンスの構築を重視した，ハメルとプ

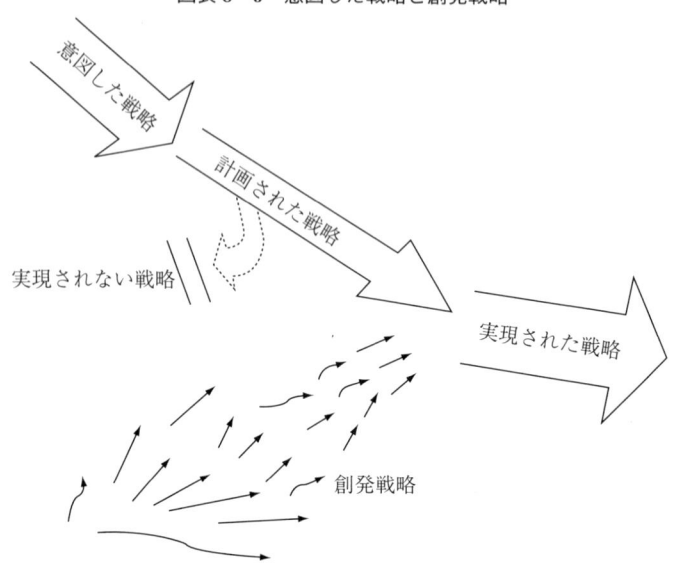

図表 8-5 意図した戦略と創発戦略

意図した戦略
計画された戦略
実現されない戦略
実現された戦略
創発戦略

出典：Mintzberg, H., B. Ahlstrand, and J. Lampel (1998).

ラハラード (1990) である．

　これらの戦略に対して，トップが当初策定した戦略だけでなく，実現された戦略を振り返ってみると，環境に適応すべく現場で練り上げられたパターンとしての戦略を見つけることができる．ミンツバーグら (1998) はこのような戦略を，創発戦略と命名した．以上の意図した戦略と創発戦略の関係を，ミンツバーグらは図表8-5のように描いた．

　BSCはまず，戦略マップでトップの意図した戦略を可視化する．その意味では戦略マップは意図した戦略といえよう．戦略マップには，顧客の視点という外部環境を考えて，外部の視点の戦略目標を設定する．それとともに，内部の視点の戦略目標を準備するものとして，内部プロセスの視点と学習と成長の視点で内部環境を考慮する．つまり，外部環境と内部環境を意図するという特徴がある．

　このように意図して策定した戦略マップに基づいて，スコアカードを用いて

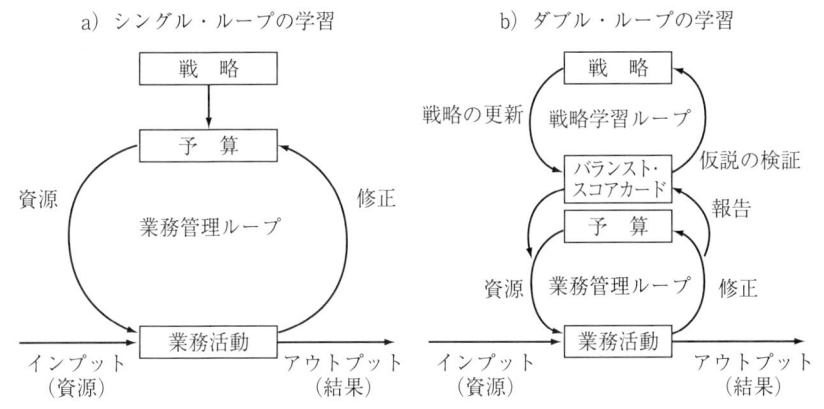

図表8-6　シングル・ループの学習とダブル・ループの学習

a) シングル・ループの学習　　　b) ダブル・ループの学習

出典：Kaplan & Norton (2001).

戦略を測定・管理する．つまり，戦略目標や指標，目標値を修正しながら戦略を実行できるように現場の努力を求める．そのようにして戦略が実現されたとき，当初のトップの戦略とは異なるパターンが戦略マップに描かれている．ようするに，BSCは意図した戦略だけでなく，創発戦略を容認するものと見ることができる．

6.2　シングル・ループの学習とダブル・ループの学習

学習とは当初想定した考え方を修正することである．すでに記憶したことを修正するところにその本質がある．このような学習観を持つとき，戦略の学習があるか否かが問題となる．これを示すと図表8-6となる．

図表8-6より，戦略の学習を想定しないシングル・ループの学習によれば，戦略はトップで策定するものであり，策定された戦略は現場では所与のものとして，粛々と戦略の実現に向けて努力する考え方である．他方，戦略の学習を認めるダブル・ループの学習もある．この下では，戦略は仮説であって戦略を修正しても問題ではなく，むしろ戦略を実現してビジョンを達成することに意味がある．

BSCは，戦略マップによって戦略を可視化する優れたツールであり，ダブ

ル・ループの学習を行うことができる．言いかえれば，戦略を可視化した戦略マップがなければ戦略の修正を行うことができない．ここに，BSC の大きな特徴がある．

6.3 手段としての戦略的実施項目

　従来の経営計画では，戦略を実現しようとするとき，まず戦略的計画を立案して資源配分を行ってきた．戦略と戦略的計画の間には，戦略的計画は戦略を実行する手段とする関係を構築してきた．必ずしも戦略が明確になっていない場合でも，戦略的計画を多数の目標指標で優先順位が付けられ，資源制約の下で選択されてきた．選択された戦略的計画を確実に実行したからといって，戦略が可視化されていない以上，戦略の実現に戦略的計画が寄与したかどうかははっきりしない．

　キャプランとノートン（2001）は，このような伝統的な戦略的計画の立案と，BSC による戦略的実施項目の立案を，以下のように比較して示している．

　　　伝統的な戦略的計画
　　　　　戦略 $\Longrightarrow$ 戦略的計画 $\Longrightarrow$ 尺度
　　　BSC による戦略的実施項目
　　　　　戦略 $\Longrightarrow$ 目標 $\Longrightarrow$ 尺度 $\Longrightarrow$ 目標値 $\Longrightarrow$ 戦略的実施項目

　BSC を用いた戦略的実施項目の立案では，まず戦略を戦略マップで可視化して，その戦略マップの中で戦略目標間の因果関係を明らかにする．1 つずつの戦略目標の達成度を測定するために尺度が選択され，その尺度に基づいて目標値が設定される．最後に，目標値と実績値のギャップを埋めてくれるような戦略的実施項目を立案する．つまり戦略と戦略的実施項目の間には，戦略目標，尺度，目標値が密接に絡んでいる．

　戦略的計画をやみくもに立案したからといって，戦略の実現可能性が高くなるとはいえない．戦略目標の実績値と目標値のギャップを埋める戦略的実施項

目を実行することによって,戦略の実現可能性は高まる.この戦略的実施項目の立案プロセスに BSC の大きな特徴がある.

BSC がうまく構築できたかどうかを確認するには,既述した点に照らし合わせることが大切である.簡単にまとめれば,トップのビジョンが設定されているか,戦略テーマが設定されているか,戦略テーマ別に戦略マップが構築できているか,4 つの視点で BSC の戦略目標を管理しているか,戦略目標ごとに尺度を設定しているか,目標値を達成できるように,戦略的実施項目を設定しているか,トップと現場のコミュニケーションが取れているか,戦略の修正が行われているかである.

BSC を導入して戦略が成功すれば,財務成果だけでなく,ステークホルダーの満足が期待される.また,戦略策定が向上したり,戦略の浸透ができたり,コミュニケーションが取れたり,従業員のモチベーションの向上にも繋がるといえよう.

参 考 文 献

Andrews, R. K., 1987, *The Concept of Corporate Strategy, third ed.*, Dow Jones-Irwin, Inc.(中村元一・黒田哲彦訳,1991,『経営幹部の全社戦略』,産業大学出版部.)

Anthony, S. Robert, 1965, *Planning and Control Systems: Framework for Analysis*, Harvard University Press.(高橋吉之助訳,1968,『経営管理システムの基礎』,ダイヤモンド社.)

Ansoff, H. I,1965, *Corporate Strategy*, McGraw-Hill.

Prahalad, C. K. and G. Hamel, 1990, *The Core Competence of the Corporation*, Harvard Business Review, May-June.

Kaplan, R. S. and D. P. Norton, 1992, *The Balanced Scorecard: Measures that drive Performance*, Harvard Business Review, Jan.-Feb.: 71-79(本田桂子訳,1992,「新しい経営指標"バランスド・スコアカード"」『Diamond ハーバード・ビジネス・レビュー』,4-5:81-90).

Kaplan, R. S. and D. P. Norton, 2001, *The Strategy-Focused Organization: How Balanced Scorecard Companies Thrive in the New Business Environment*,

Harvard Business School Press. (櫻井通晴監訳, 2001, 『戦略バランスト・スコアカード』, 東洋経済新報社.)

Kaplan, R. S. and D. P. Norton, 2004, *Strategy Maps*, Harvard Business School Press. (櫻井通晴・伊藤和憲・長谷川惠一訳, 2005, 『戦略マップ:バランスト・スコアカードの新・戦略実行フレームワーク』, ランダムハウス講談社.)

Lev, B., 2001, *Intangibles: Management Measurement, and Reporting*, Brookings Institution Press, Washington, D. C. (広瀬義州・桜井久勝監訳, 2002, 『ブランドの経営と会計』, 東洋経済新報社.)

Mintzberg, H., B. Ahlstrand, and J. Lampel, 1998, *Strategy Safari: A Guide Tour Through the Wilds of Strategic Management*, Free Press, p. 12. (斉藤嘉則監訳, 1999, 『戦略サファリ——戦略マネジメント・ガイドブック——』, 東洋経済新報社:13.)

Porter, E. M., 1980, *Competitive Strategy*, The Free Press. (土岐坤・中辻萬治・服部照夫訳, 1982, 『競争の戦略』, ダイヤモンド社).

Porter, E. M., 1996, *What is Strategy*, Harvard Business Review, Nov.-Dec.: 61-78 (中辻萬治訳, 1997, 「戦略の本質」Diamond ハーバード・ビジネス・レビュー, 2-3:7-34).

森沢徹・黒崎浩, 2003, 「バランス・スコアカードを活用した経営管理システム改革」『知識資産創造』, 10:24-39.

第9章 事業部間での業績の比較可能性と知識移転の頻度

福 田 淳 児

本章の概要

　本章では，日本企業の事業部を対象として実施した郵送質問票調査に基づいて，MCSのサブシステムである業績評価システムの設計またその利用方法が，事業部間での知識の移転の頻度に及ぼす影響を明らかにしている．分析の結果，事業部間での知識の移転の頻度は，事業部間で業績が比較可能な形でオープンにされている理由についての事業部長の知覚に大きな影響を受けることが明らかになった．特に，事業部間での業績の比較が事業部の業績改善目的で行われていると事業部長が知覚しているほど，事業部間での知識の移転の頻度が高まる傾向が見られた．また，事業部間で知識の移転が頻繁に行われる状況では，過去3年間における事業部の非財務的な業績に改善がみられる傾向があることが明らかにされた．さらに，MCS間に補完的な関係が存在する可能性が示唆された．

---

§1　問題提起

　事業領域の多様化に伴う環境の複雑性の増大，また各事業領域において企業が直面する環境の不確実性の増大に対処する一つの方法として，企業は自己充足的な下位の組織単位を形成する（ガルブレイス，1973）．しかしながら，自己充足性の高い下位の組織単位の形成は，企業に一つの問題を提起する．それは，それらの組織単位が市場において独立企業として存在するのではなく，一つの企業として存在する意味である．

コグー＝ザンダー（1992）は，組織内での効率的な知識の移転や共有が，企業の存在理由であると主張する．彼らの議論に従うならば，自己充足的な下位の組織単位は，相互に知識を効率的に移転することで一つの組織内に存在する意義があるといえよう．しかしながら，現実には，多くの論者によって指摘されているように，同一の企業内であっても，効率的に知識を移転・共有することは非常に困難である（Szulanski, 1996；グプタ＝ゴビンダラジャン, 2000）．組織内において，知識の効率的な移転・共有が阻害される理由として，例えば知識の受け入れ側に存在するNIH（not invented here）シンドローム（カッツ＝アレン, 1982），企業内における知識の所在の不明（ダヴェンポート＝プルサック, 1998），組織構成員による情報を取り巻く政治的な行為（information politics）の存在（ダヴェンポート他, 1992）が指摘されてきた．

さらに，企業内での下位の組織単位におけるベスト・プラクティスの効率的な移転は，それらの組織単位の業績を改善することが期待されるが，両者の関係を経験的に明らかにした研究は，これまでほとんど見られない．

マネジメント・コントロール・システム（以下，MCSと略す）は，組織構成員の態度や行動に影響を及ぼすことで，組織目的の達成に寄与する（エマニュエル他, 1990；マーチャント, 1998）．このことから，MCSの設計やその利用方法は，事業部長をはじめとする組織構成員の態度や行動に影響を及ぼすことで，事業部間での知識の移転の頻度に影響を及ぼす可能性がある．しかしながら，MCSが組織内での知識の移転の頻度にどのような影響を及ぼすかは，なお十分に明らかにされていない[1]．

そこで，本研究では，日本企業の事業部を分析単位として，MCSの設計やその利用方法が，事業部間での知識の移転の頻度に及ぼす影響を，郵送質問票調査に基づいて明らかにする．ここでは，移転される対象である知識の具体的な内容として，事業部が業務の遂行プロセスにおいて獲得したノウハウや実践を考える．また，MCSのサブシステムである業績評価システムの一つの運用として，事業部間において各事業部の様々な業績を，比較可能な形でオープンにする実務を取り上げ，その利用方法についての事業部長の知覚の相違が，事

業部間での知識の移転の頻度に及ぼす影響を明らかにする．本研究は，分権的な組織の設計に内在する根本的な問題の一つに，解決策を与えてくれる可能性がある．

本章の構成は次の通りである．次節では組織単位間での業績の比較可能性に関連した，これまでの研究のうち本研究と関連が強いいくつかの研究を簡単に紹介し，それらの議論に基づいて，業績の比較可能性が知識の移転にもたらす影響，また知識の移転が組織業績にもたらす影響についての仮説を設定する．第3節では，調査方法および分析のためのサンプルを紹介する．第4節では，仮説の検証を行う．最後に，本研究のまとめと今後の研究課題について述べよう．

§2 これまでの研究と仮説の設定

既述のように，下位の組織単位間での知識の移転を阻害する要因の一つとして，下位の組織単位が直面している問題の解決に関連した知識が，企業内のどこに存在しているのか，また誰が所有しているのかがわからないことが指摘されてきた．ナレッジ・マネジメントの主唱者達は，ナレッジ・マップや知識に関連したイエローページの作成を主張している（ダヴェンポート＝プルサック，1988）．筆者が行った日本企業数社に対するインタビュー調査において，事業部間での知識の移転にとって，企業内で各事業部の業績を全社的に比較が可能な形で，組織のある階層の管理者にまでオープンにする実務が重要であることに，数社のトップ・マネジャーが言及した．例えば，ある企業では，トップ・マネジメントと事業部長が集まる定例会議の席上で，各事業部の多様な業績数値が公表される．これによって，事業部が業務を遂行するうえで重要な実務に関連した業績評価指標について，どの事業部が優れた成績を上げているのかを可視化している．それぞれの指標について業績が低迷している事業部は，どの事業部が優れたノウハウや実践を有しているのかを知り，その事業部に後日連絡を取ることで，優れた実践を獲得する機会を得ている．

しかしながら，下位の組織単位間で業績を比較可能な形で，例えば業績一覧

表 (performance league tables) の形で提供したとしても，必ずしも，下位の組織単位間での知識の移転・共有が促進されないかもしれない．組織内での業績一覧表の利用目的についての事業部長の知覚の相違が，下位の組織単位間の関係に異なる影響を及ぼす可能性がある．ここでは，同様の業績一覧表が，対象とされた下位の組織単位間に異なった影響をもたらした事例として，アセア・ブラウン・ボベリー (Asea Brown Boveri, 以下，ABB) の事例とイギリスの公立学校グループの事例を簡単に紹介しよう．

ゴシャール = バートレット (1997) によって紹介されている ABB の継電器 (relays) ビジネスの事例では，ビジネス・エリア内で採用された業績一覧表が，子会社横断的な関係を促進している状況が描かれている．当ビジネス・エリアのマネジャーが業績一覧表と呼んでいる内部コントロール・メカニズムは，「主要な業績基準についてすべての継電器企業の順位が知らされる」のであるが，これによって「より低い順位にある企業の経営者は，在庫管理，品質水準のような業績をどのように改善するかを学習するために，高い順位にある企業とすぐに協力する」[2] のである．ここでは，業績一覧表が，業務の遂行に関わる多様な要因について，優れた業績をあげているグループ企業内の子会社を明らかにすることで，下位のランクに位置付けられている子会社の管理者が，上位の子会社から知識を獲得する際の媒介となって作用していることが示されている．

これに対して，イギリスにおける公立学校グループで採用された業績一覧表に関する実務は，その構成員である公立学校間の関係に，上記の事例とは対照的な効果をもたらしている（ブロードベント他，1999）．この事例では，業績一覧表における公立学校の順位付けが，学校間の順位をめぐる競争関係を導いた．この競争関係は，学校間の横断的な関係にネガティブな効果をもたらしたことが示されている．

二つの事例は業績一覧表という一見同様の業績評価システムの利用が，下位の組織単位間の横断的な関係に異なる影響をもたらす可能性のあることを示唆している．これらの事例の背後には，業績一覧表の利用目的に対する被評価者

の側の知覚の差異があると考えられる[3]．ABB では，トップ・マネジャーがミドル・マネジャー間の水平的な関係をサポートする重要な役割を担っていたことが指摘されている．ABB では，同社のミッション・ステートメントである policy bible を通じて，子会社間の「相互の信頼関係やサポートといった強力に埋め込まれた企業規範が，第一線のマネジャーが自身の公式的な責任の範囲を超えて協力することを奨励し，さらにそうすることを評価する」[4]という考えが浸透している．また，ABB ではビジネス・エリアにおいても，経営会議や機能会議といった公式的な会議体が横断的な関係を促進するために利用されていた．ABB では子会社横断的な協力関係の重要性が理解されており，業績一覧表もそれを促進する一つの手段としてミドル・マネジャーに認識されていた可能性がある．

これに対して，イギリスの公立学校間で使用された業績一覧表は「保護者が彼らの子供にとってもっともよい学校を求めており，学校の案内書とともにこの業績一覧表が提供する情報が，教育における市場を機能させ，結果として標準をより高いものとする」[5]ことが想定されていた．イギリスの公立学校は，この業績一覧表を通じて，「基礎となる競争力を達成することが目的ではなく，リーグのもっとも高い順位に到達するために競争していた」[6]のである．イギリスの公立学校のケースでは，保護者の側からは，業績一覧表が子どもの学校を選択するための重要な基準となり，被評価者である公立学校の側からは，業績一覧表において他校よりも高い順位を占めることによって，いかにして自分の学校に，他校よりも優秀な生徒を集めるかが目的となったと考えられるのである．

これらの点は，業績一覧表の利用目的，特に評価される側の知覚が，業績一覧表が組織にもたらす効果に大きな影響を及ぼすことを示唆している．これらのことは，同一企業の事業部間における水平的な関係についても妥当する可能性がある．このことから以下の仮説を設定する．

仮説1　事業部間で事業部の業績が比較可能となっている理由が，事業部の

業績改善目的であるという知覚が高い事業部では，他の事業部との間での知識の移転の頻度が高くなる．

仮説2　事業部間で事業部の業績が比較可能となっている理由が，トップ・マネジメントによる事業部の業績評価目的であるいう知覚が高い事業部では，他の事業部との間での知識の移転の頻度が低くなる．

事業部間での知識の移転によって，企業内に存在する優れた業務上のノウハウや実践が他の事業部に移転される．このことは，知識の受け手側の事業部の業務を改善することで，それらの事業部の業績が改善されると考えられる．以上のことから次の仮説を設定する．

仮説3　事業部間での知識の移転の頻度が高い事業部ほど，事業部業績は改善する．

§3　サンプルと変数の測定

3.1　研究方法とサンプル

本研究では，2005年度に日本企業の事業部を対象として実施した，質問票調査のデータに基づいて，上記の仮説の検定を行う．本研究のサンプルは以下の手続きによって収集した．まず，事業部制の採用割合が高いと考えられる電気機器，精密機械，化学および食品産業に属する企業のうち，東京証券取引所に上場しており，役職名などから事業部制を採用していると考えられる企業のトップ・マネジメントに，本研究の趣旨を説明したうえで，研究への参加を打診した．

参加を了承した41社の企業のトップ・マネジメントに，事業部長に質問票を渡してもらうことを依頼し，研究の趣旨を説明した短い手紙，質問票および切手を貼った返信用の封筒を置いてきた．その結果，101の事業部から回答が得られた．ただし，本部が回答を取りまとめて送付してきた企業，および回答に

図表 9-1　本研究で取り上げたノウハウや実践

Porterの価値連鎖	本研究で取り上げたノウハウや実践
主　活　動	
購買物流	在庫管理に関するノウハウ
製　　造	製造能力
出荷物流	配送ノウハウ
マーケティング・販売	製品のマーケティング・ノウハウ
サービス	顧客サービスに関するノウハウ
支　援　活　動	
全般管理	事業部のマネジメント・システムおよび実務
人事・労務管理	人材開発に関わるノウハウ
技術開発	製品設計 生産工程の設計
調達活動	原材料・部品の購入ノウハウ

注：個々の活動の訳語はポーター（1985, 邦訳, p.49）を参照した．

不備が見られた事業部の回答は，その後の分析からは除外した．結果，約33社，81の事業部が今回の分析サンプルである．

3.2　変数の測定
3.2.1　知識の移転の頻度

　事業部が業務の遂行プロセスで獲得するノウハウや実践には，多様なものがある．本研究では，これらのノウハウや実践を包括的に捉えるために，ポーター（1985）によって提唱された価値連鎖の概念を利用した．ポーターは，企業の価値活動を主活動と支援活動に大別している．本研究では，各価値活動に関連性が深いと考えられる10のノウハウや実践を過去の研究との比較可能性を加味したうえで取り上げた（図表9-1参照）．そのうえで，これらの知識がある事業部から他の事業部へ提供される頻度，またはある事業部によって他の事業部から獲得される頻度については，7点リッカートスケールで尋ねている．1はそれぞれの知識について，ある事業部による他の事業部からの知識の獲得，

または他の事業部への知識の提供が「まったくない」ことを，4は「時々行われる」ことを，7は「継続的に行われている」ことを示している．なお，事業部が当該知識に関連した職能を有しておらず，その職能に関連した知識が当該事業部にとって，移転の対象とはならないと考えられる場合には，N/Aを選択してもらった．本研究では，これらの値を単純平均することで，当該事業部の知識の移転の頻度という変数を作成した．

3.2.2 事業部間での業績の比較目的についての事業部長の知覚

事業部の様々な業績が事業部間で，比較可能な形でオープンになっている理由に対する事業部長の知覚について，本研究では，「トップ・マネジメントが事業部の管理者の業績を評価するため」，また「私たちがそれらのデータをベンチマークとして利用するため」という2つの目的をあげ，それぞれの目的がどの程度当てはまると思うかを，7点リッカートスケールで事業部長に尋ねている．1は「まったく異なる」ことを，4は「ある程度そうである」ことを，7は「まったくその通りである」ことを示している．

3.2.3 事業部業績指標

本研究では事業部の業績指標として，財務的な指標と非財務的な指標を考えている．財務的な指標としては，事業部利益と投資収益率を，非財務的な指標としてマーケットシェアを取り上げ，過去3年間においてそれぞれの指標がどの程度改善したかを，7点リッカートスケールで尋ねている．1は「まったく改善していない」ことを，4は「いくらか改善した」ことを，7は「顕著に改善した」ことを示している．

3.2.4 コントロール変数

本研究では，事業部間での知識の移転の頻度に影響を及ぼす要因として，MCSの設計と利用方法についての仮説で考慮されている変数以外に，事業部の自己充足性の程度と，トップ・マネジメントによる事業部間での協力の必要性の強調の程度を取り上げている．一般的に，事業部の自己充足性が低い状況では，業務の遂行プロセスで他の事業部との相互作用が必要なため，その過程で何らかの知識の移転が行われる可能性がある．本研究では，事業部の自己充

足性の程度を，他の事業部との間での資源の共有の程度で測定している．具体的には購買，製造，販売，開発および物流機能のそれぞれについて，他の事業部と資源を共有している程度を百分率で尋ねた．事業部の自己充足性の程度はこれらの平均値を100で割った数値を1から引いて作成している．これによって，理論上は1が事業部が完全に自己充足的であることを，0は自己充足性がまったくないことを示している．

次に，トップ・マネジメントによって事業部間での協力の必要性が強調されている状況では，それが強調されていない状況と比較して，事業部間での知識の移転の頻度が高いことが予想される．トップ・マネジメントによる協力の必要性の強調の知覚については，事業部長にトップ・マネジメントが企業内での事業部間の協力の重要性を，どの程度強調していると知覚しているかを7点リッカートスケールで尋ねている．1は「まったく強調していない」ことを，4は「ある程度強調している」ことを，7は「非常に強調している」ことを示している．

§4 仮説の検証

4.1 仮説1および2の検証

仮説1および2を検証する目的で，本章では，事業部間での知識の移転の頻度を被説明変数とした重回帰分析を実施する．Model 1では，事業部の自己充足性とトップ・マネジメントによる事業部間での協力の必要性の強調といった，2つのコントロール変数のみが重回帰方程式に含まれている．図表9-2に示したように，重回帰分析の結果，事業部の自己充足性の程度が低いほど，またトップ・マネジメントが企業内において事業部間の協力を強調していると事業部長が知覚しているほど，事業部間での知識の移転の頻度は高いことがわかる．これらの関係は統計的に有意である．

次に，Model 2では，重回帰方程式に，Model 1に含まれた2つのコントロール変数に加え，事業部間での業績の比較可能性[7]が事業部長によって何の

図表9-2 重回帰分析の結果

	Model 1	Model 2
自己充足性の程度	−0.299 (−3.045)**	−0.219 (−2.409)*
トップによる協力の強調	0.411　(4.189)***	0.319　(3.358)**
トップの評価目的		0.069　(0.731)
ベンチマーク目的		0.399　(4.362)***
修正済み R^2	0.231	0.371

(n=81, *p<0.05, **p<0.01, ***p<0.001)

目的であると知覚されているかについての変数を組み込んだ．その結果，事業部長が企業内で事業部業績が比較可能な形で公表されている目的を，事業部が業績を改善するためにベンチマーク目的で利用するためであるという知覚の程度が高いほど，事業部間での知識の移転の頻度が高まることが発見された．この関係は統計的に有意である．この結果，仮説1は支持されたといえよう．

次に，事業部長による事業部間での業績が比較可能となっている理由が，トップ・マネジメントによる事業部の業績評価目的であるという知覚の大きさは，事業部間での知識の移転の頻度に影響を及ぼしていない．このことから仮説2は支持されなかった．この結果は，イギリスの公立学校を対象とした業績一覧表の導入事例とは異なっている．イギリスの公立学校グループの事例では，被評価者である公立学校が，保護者の間で業績一覧表が他の学校との評価目的に利用されていると認識されたことで，学校間に競争的な雰囲気が生じ，学校間の横断的な関係が阻害された．

これに対して，本研究の事例では，業績の比較可能性がトップ・マネジメントによる評価目的であるという事業部長の知覚が，必ずしも事業部間の横断的な関係を阻害してはいない可能性がある．この理由として，企業を一体化させ，事業部横断的な関係を阻害させない何らかのメカニズムが機能していることが考えられる．本研究では企業のミッション・ステートメントをその一つの候補と考え，ミッション・ステートメントの組織内での浸透度を考慮してみよう[8]．

事業部間での業績の比較可能性について，トップ・マネジメントの評価目的

図表 9-3 ミッション・ステートメントの浸透度の違い

	低評価目的認識グループ (n=49)		高評価目的認識グループ (n=32)		t 値
	平均	標準偏差	平均	標準偏差	
ミッション・ステートメントの浸透度	5.0204	0.924	5.500	1.344	1.904†

(†p<0.1)

であるとする認識の平均値は4.20である．そこで，この値でサンプルを2つのグループに分ける．4.2以上を評価目的の認識が高いグループ，4.2未満を評価目的の認識が低いグループとする．両グループ間でミッション・ステートメントの企業内での浸透度に対する知覚に，違いがあるかどうかを検証した結果は図表9-3の通りである．

図表9-3に示すように，10％水準であるが，両グループ間では，ミッション・ステートメントの企業内での浸透度についての事業部長の知覚に違いが見られた．すなわち，企業内での業績の比較可能な実務の目的が，トップ・マネジメントによる業績評価目的であると高く知覚している事業部は，その知覚が低い事業部に比べ，ミッション・ステートメントの浸透度を高く知覚している．このことは，事業部間でのオープンな業績比較を，事業部の資源配分を伴う業績評価目的で利用している企業では，企業のミッション・ステートメントの浸透を通じて，事業部間に一体感を醸成している可能性がある．

4.2 仮説3の検証

次に，仮説3を検証する目的で，サンプルを知識の移転の頻度の高いグループと低いグループとに分割し，この2つのグループ間で，過去3年間における事業部業績の改善の程度がどのように異なるのかを検証しよう．事業部間における知識の移転の頻度の平均値は3.71であることから，知識の移転頻度が3.71より小さいグループを低知識移転グループ，3.71以上のものを高知識移転グループとした．既述のように，本研究では事業部の業績として，財務的尺

図表9-4 知識の移転の頻度が事業部業績に及ぼす影響

	低知識移転グループ (n=40) 平均	標準偏差	高知識移転グループ (n=41) 平均	標準偏差	t値
利　　益	4.625	1.983	5.073	1.555	1.130
投資収益率	4.270	1.805	4.927	1.385	1.788[†]
マーケットシェア	3.900	1.392	4.659	1.015	2.796[**]

([†]$p<0.1$, [**]$p<0.01$)

度と非財務的尺度を取り上げている．前者には利益と投資収益率が，後者にはマーケットシェアがある．2つのグループ間での事業部業績の改善の程度の違いを比較した結果は，次の通りである．

　t検定の結果，知識の移転の頻度が低いグループと高いグループとの間で，過去3年間におけるマーケットシェアの改善については，統計的に有意な差異が発見された．また，10％水準ではあるが，投資収益率の改善についても両グループ間で差異が見られた．これに対して，利益業績の改善については両グループ間で差異が見られなかった．このことから仮説は部分的に支持されたといえよう．すなわち，事業部間での知識の移転の頻度が高いことは事業部業績，特に非財務的な指標であるマーケットシェアの改善に結び付いている．これに対して，事業部間での知識の移転は，財務的な業績の改善には直接的には結び付いていないようである．

　自己充足性の高い下位の組織単位が，一つの本社のもとに存在する理由として，下位組織単位間での知識の移転と共有があると主張されてきた．本章では，事業部間での業績の比較可能性が，事業部間での知識の移転の頻度にどのような影響を及ぼしているか，またそれが事業部の業績の改善にどの程度貢献しているのかを明らかにした．日本企業の事業部を対象とした質問票調査に基づくデータの分析から，次の諸点が明らかになった．

　第1に，事業部間での知識の移転の頻度は，業績の比較可能性の目的につい

ての事業部長の知覚に影響される．事業部長が業績の比較可能性が，それらの情報が事業部業績を改善するためのベンチマークとして利用されることにあると知覚している事業部では，事業部間での知識の移転の頻度が高くなる傾向が見られた．これに対して，業績の比較可能性がトップ・マネジメントによる評価目的であるという知覚は，知識の移転の頻度に影響を及ぼしていなかった．

第2に，事業部間での知識の移転の頻度が高いグループでは，低いグループに比べ，非財務的な指標であるマーケットシェアの改善に大きな差異が見られた．これに対して，財務的な業績指標への影響はほとんど見られなかった．

第3に，本研究では，MCSのサブシステム間の補完的な関係性の存在が示唆された．

なお，本研究には，いくつかの限界ならびに課題がある．第1に，本研究のサンプルは，一部の業種，さらに研究への参加を了承してくださった少数の企業の事業部に限られている．このため，本研究の分析結果を一般化するうえでは注意が必要であろう．今後，調査対象を他の業種などにも拡張していくことが課題の一つである．

第2に，本研究では，以下の理由に基づいて，事業部長を質問表調査の回答者として選択した．まず，筆者による事前のインタビュー調査において，知識の移転が事業部長の指示に基づき，開始されるケースが多く確認された．また，本研究ではMCSの設計が事業部による多様な知識の提供の頻度に与える影響を検討していること．さらに，本研究と同様に組織単位間での知識の移転を取り扱ったグプタ＝ゴビンダラジャン（2000）の研究においても，対象とする組織単位の長である子会社社長が回答者であったこと．しかし，個々の知識の具体的な提供は現場レベルで行われていることから，今後，どのようなプロセスを経て現場での知識の提供が行われているのかを，明らかにすることも課題である．

第3に，本研究の調査対象は日本企業である．事業部間で行われる知識の移転頻度には，その企業が本社をおく国の文化的な特性も，大きく影響している可能性がある．今後，本研究と同様の研究を，日本とは文化的な特性が異なる

国で実施することも課題である．

注
1) 例外的な研究として，例えば，Gupta and Govindarajan (2000) がある．
2) Ghasal and Birtlett, 1997, p. 189.
3) Broadbent et al. は，この点について，イギリスとニュージーランドの学校制度のコンテクストでの業績一覧表の実務に関連して述べている．
4) Ghasal and Birtlett, 1997, p. 198.
5) Broadbent et al., 1999, p. 344.
6) Broadbent et al., 1999, p. 352.
7) なお，本研究では，事業部間での業績の比較可能性について，利益，投資収益率，マーケット・シェア，顧客満足，在庫管理の効率性，製造の効率性，適時配送，市場開発，人事開発，新製品開発，購買の効率性についてそれぞれどの程度，他の事業部と比較可能な形でデータを有しているかを7点リッカートスケールで尋ねている．1は「まったくない」，4は「ある程度持っている」そして7は「完全に持っている」である．これらの単純平均の値は3.80であり，標準偏差は1.25である．
8) 本研究では，ミッション・ステートメントの浸透度は従業員の行動に対する影響の程度で測定されている．1は「全く及ぼしていない」，4は「ある程度及ぼしている」そして7は「非常に及ぼしている」を示している．

参 考 文 献

Broadbent, J., K. Jacobs, and R. Laughlin, 1999, "Comparing schools in the U.K. and New Zealand: individualizing and socializing accountabilities and some implications for management control," *Management Accounting Research* 10(4): 339-361.

Davenport, T. H., R. G. Eccles, and L. Prusak, 1992, "Information politics," *Sloan Management Review*, Fall :.

Davenport, T. H., and L. Prusak, 1998, *Working knowledge -how organizations manage what they know*, Harvard Business School Press.

Emmanuel, C., D. Otley, and K. Merchant, 1990, *Accounting for management control.* (2nd ed.), Thomson Leaning.

Galbraith, J., 1973, *Designing complex organization*, Addison-Wesley Publishing

Company, Inc.

Ghoshal, S., and C. A. Birtlett, 1997, *The individualized corporation-a fundamentally new approach to management-*, Harper Business.

Gupta, A. K. and V. Govindarajan, 2000, "Knowledge flows within multinational corporations," *Strategic Management Journal* 21(4): 473-496.

Katz, R., and T. J. Allen, 1982, "Investigating the Not Invented Here (NIH) syndrome: a look at the performance, tenure, and communication pattern of 50 R&D project groups," *R&D Management*, 12(1): 7-20.

Kogut. B., and U. Zander, 1992, "Knowledge of the firm, combinative capabilities, and the replication of technology," *Organization Science* 3(3): 383-397.

Merchant, K. A., 1998, *Modern management control systems: text and cases*. Prentice Hall.

Porter, M. E., 1985, *Competitive advantage- creating and sustaining superior performance*, Free Press.（土岐坤・中辻萬治・小野寺武夫訳，1985，『競争優位の戦略──いかに高業績を持続させるか──』，ダイヤモンド社.）

Szulanski, G., 1996, "Exploring internal stickiness: impediments to the transfer of best practices within firm," *Strategic Management Journal* 17 (Winter Special Issue): 27-43.

謝辞

本研究の分析にあたって，科学研究費基盤研究A（課題番号22243032，筆者は分担者）のサポートを受けている．記して感謝したい．

第10章　リコールと企業価値

長谷川　泰　隆

本章の概要

究極の指標と謳われた EVA ブームが去った後，EVA の提唱のような，成果計算に組み入れられるコスト関連の項目が新たに追加されるという問題提起は目立たない．しかし，"Still waters run deep" の諺通り，大きな問題が目立たないところで進行している可能性がある．その一つが製品の不具合によるリコール（回収・無償修理）の発生，さらにそれに伴うリコールコスト問題である．小は携帯電話から大は航空機まで，今日の各種の製品はハイテク化したデジタル機器以外の何物でもない．研究開発費を削減できない競争によって新製品開発に拍車がかかり，製品構造は技術革新を追い風に年々複雑化していく．

製品のリコールにはあらゆる産業分野が関わることになる．本章では比較的早期から制度化され，整備されてきた自動車産業におけるリコールを題材に，製品リコールと企業価値に関わる問題を検討する．

---

§1　製品創りの基本としての原価企画

製品創りの基本として，すでに広く喧伝されているアプローチに原価企画がある．その実施は，一例として（1）個別新製品企画，（2）個別新製品基本計画，（3）製品計画，（4）生産移行計画という4つのステップからなる．この中で，目標原価の設定から目標原価の達成可能性，VE 活動による原価低減，目標原価の費目別・機能別展開，さらには部品別展開などが具体化され，設計部による試作図作成の段階の製品設計，原価企画の最終ステップとして生産移行が計画化される．一連の原価企画活動は，生産開始後約3カ月の実績から，

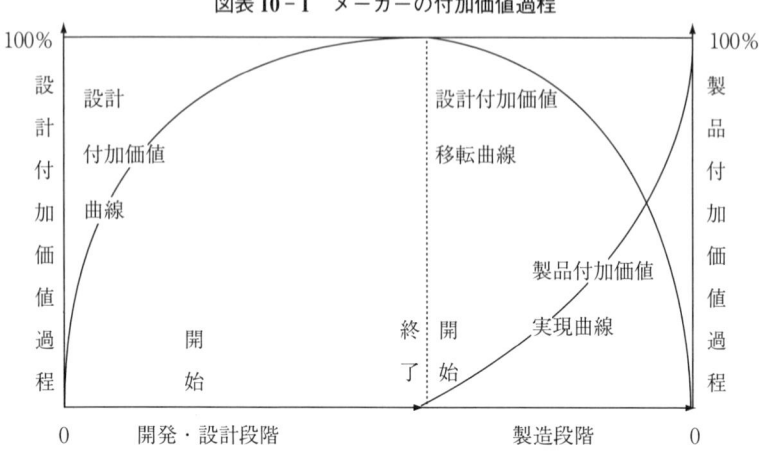

図表 10-1　メーカーの付加価値過程

目標原価の達成状況が確認される（門田，1991，37〜45頁）．

　企業会計から捉えられた原価企画は同時に，付加価値過程と捉え直すことができる．開発，設計段階での原価の組み込み，製造工程におけるその実現という過程は，同時に付加価値活動を製品としてアウトプットする過程でもある．

　付加価値過程としての原価企画は，以下のように全体を捉え直すことができる．

　開発・設計段階を通じて，製品上に実現される予定の付加価値（諸機能）が設計図面上に盛り込まれていく．この段階では，限界原価が低減して機能が付加されていくうえに，凸の関数形を想定する．設計段階が終了し，製造段階が開始されると，設計図面上の付加価値はその加工進捗度に応じて順次製品に移転されていく．設計上の付加価値が製造段階で，100％製品に移転される（このことは設計上の付加価値がゼロになることを意味する）と，製品は完成品となる．

§2　製品リコールの現状と原因への接近

　メーカーにとって頭痛の種は，上市された製品の，いつ発生するか予想不能

§2 製品リコールの現状と原因への接近　231

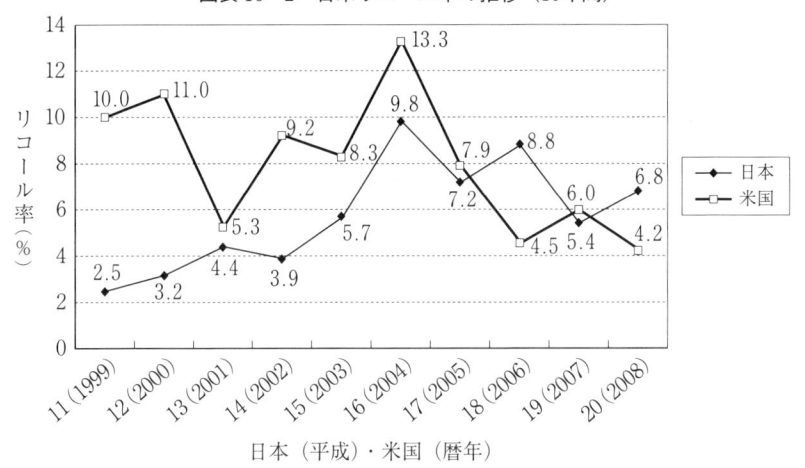

図表 10-2　日米リコール率の推移（10年間）

[グラフ：日米リコール率の推移]
- 米国：10.0 (1999), 11.0 (2000), 5.3 (2001), 9.2 (2002), 8.3 (2003), 13.3 (2004), 7.2 (2005), 4.5 (2006), 6.0 (2007), 4.2 (2008)
- 日本：2.5 (1999), 3.2 (2000), 4.4 (2001), 3.9 (2002), 5.7 (2003), 9.8 (2004), 7.9 (2005), 8.8 (2006), 5.4 (2007), 6.8 (2008)

縦軸：リコール率（％）
横軸：日本（平成）・米国（暦年）　11 (1999) ～ 20 (2008)

出典：国土交通省の資料より筆者作成．
注）1. リコール率；リコール率=対象台数÷保有台数，である．
　　　日本の場合，保有台数は（社）自動車検査登録協会および（社）全国自動車安全協会連合会の集計数字から求められる．なお，保有台数には，原動機付自転車，小型特殊自動車が除かれている．
　　2. 日本の保有台数は前年度末数値，米国のそれは前年12月末数値である．
　　3. 日本の数値には輸入外国車の分が含まれている．

な機能不全―不具合である．製品不具合は各種の製品で発生する可能性があり，その性格上，自動車という製品についての不具合がいち早く制度化された[1]．

　自動車製品について不具合が発生した場合，メーカー側の設計あるいは製造工程にその原因があると認められると，メーカー側は無償でこれを回収，修理することが道路運送車両法で規定されている．いわゆるリコールである．自動車のリコールで記憶に新しいのは，2009年の秋以降に北米で発生した日本車の大規模リコールである．この出来事によって自動車のリコール制度に社会的な耳目が集まり，米運輸省高速道路交通安全局（NHTSA）の存在もクローズアップされた．その後，メーカー側の技術に欠陥がないことが，当時の過熱気味の姿勢とは対照的に報道され，メーカーの責任論に終止符が打たれた．しかし，自動車のリコールは一過性の問題ではない．

　自動車のリコールは，米国ではNHTSAへの，日本では国土交通省への届

出が制度化されている．近年の両国のリコールデータをグラフ化すれば，米日のリコール率の推移が一目瞭然となる．

自動車のリコールの現状を，国産車に絞り込もう．国産車のリコールの届出件数と対象台数の推移を過去11年間に見ると，図表10‐3の通りである．

図表10‐3　国産車の届出年数と対象台数

平成(年度)	件数	対象台数	平成(年度)	件数	対象台数
11	58	1,616,215	18	203	6,294,932
12	112	2,151,728	19	229	3,792,420
13	93	2,926,499	20	204	5,073,467
14	104	2,784,850	21	212	2,989,550
15	123	4,235,340	合計	1,896	44,344,550
16	331	7,072,497	平均	172	4,031,323
17	227	5,406,616			

出典：国土交通省の資料より筆者作成．

メーカー側は車両不具合の原因を，設計段階と製造工程に分けて国土交通省に届け出る．図表10‐5はこの10余年における不具合原因の傾向である．この10余年においては，設計上の原因が66％，製造上の原因が34％を占める．

直近5年間に絞り込むと，この割合は設計71％，製造29％となる（図表10‐6）．

リコール制度が整備され，それが適用された結果，この10年余りの大づかみな傾向は，年平均の届出170件，年平均の対象台数400万台，リコール率5.7％，それらの不具合の65～70％は設計上に，35～30％が製造工程上に原因がある，ということになる．届出の中に，死傷事故や物損事故が含まれる場合もある．

数万点の機能部品から構成される製品は，「自動車企業のコスト・マネジメント」流に言えば，機能別に原価が決定されていく．ABC流に捉えれば，発生する原価への対応原則は因果律である．そこで，リコールを惹起させる不具合性とその原因を浮き彫りにする必要がある．原因の所在は設計段階と製造段

§2 製品リコールの現状と原因への接近 233

図表10-4 国産車のリコールの届出件数と対象台数の推移

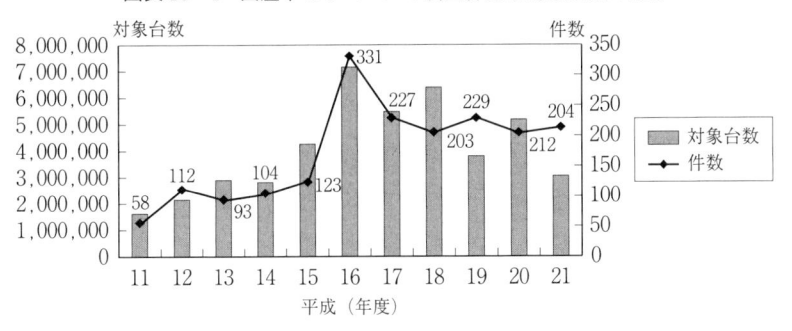

平成（年度）	対象台数	件数
11		58
12		112
13		93
14		104
15		123
16		331
17		227
18		203
19		229
20		212
21		204

図表10-5 国産車の不具合原因の傾向（件数）

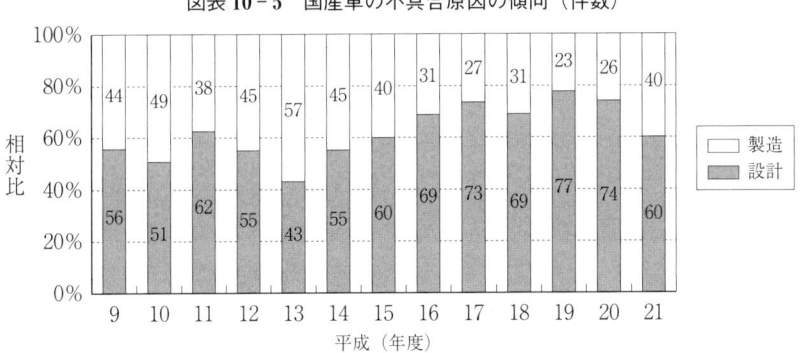

平成（年度）	設計	製造
9	56	44
10	51	49
11	62	38
12	55	45
13	43	57
14	55	45
15	60	40
16	69	31
17	73	27
18	69	31
19	77	23
20	74	26
21	60	40

図表10-6 直近5年間の傾向（件数）

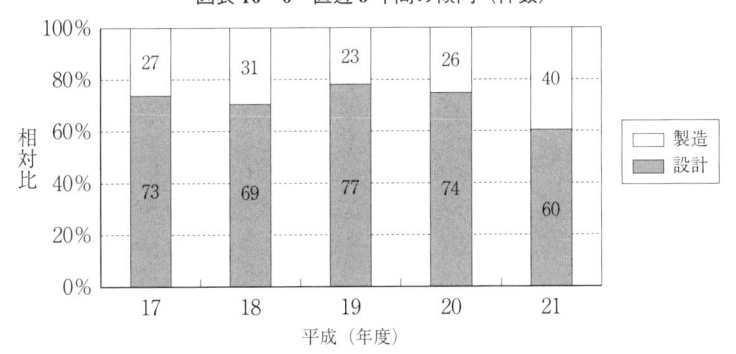

平成（年度）	設計	製造
17	73	27
18	69	31
19	77	23
20	74	26
21	60	40

出典：国土交通省の資料より筆者作成．

図表 10-7 不具合原因の大別

大区分	設 計 に 起 因 す る 不 具 合		
	設計自体に問題	性能の設計	耐久性の設計
中区分	評価基準の甘さ	部品・材料の特性の不十分	開発評価の不備
	図面などの不備	使用(環境)条件の甘さ	実車相当テストの不備
	プログラムミス	量産品の品質見込み違い	

大区分	製 造 に 起 因 す る 不 具 合				
	作業工程	作業工程の管理	工具・治具に問題	機械設備の保守管理	部品・材料の管理不備
中区分	作業員のミス	製造工程の不適切	保守管理の不備	保守管理の不備	管理の不備
	作業管理の不適切		金型寸法の不適切		
	マニュアルの不備				

出典:国土交通省の資料より筆者作成.

階に二分される.国土交通省の分析結果によれば,それぞれに起因する主な原因は図表 10-7 のようにまとめられる.

中区分の内容は図表 10-8 のように整理される.

§3 海外のリコール研究

海外の自動車大国は,car nation と呼ばれる米国である.米国の制度は,Lyndon B. Johnson 大統領(当時)の下で,1966年9月9日に National Traffic and Motor Vehicle Safety Act, the Highway Safety Act の2法(いわゆる安全2法)が成立し,National Traffic Safety Agency が創設された.その後,幾度かの組織改正を行い,今日の NHTSA に至っている.

リコールの問題は米国ではもっぱら,資本市場との関連(すなわち,リコー

図表 10-8　不具合項目の内容説明

	中区分項目	説　　　明
設計に起因する不具合	部品・材料の特性不十分	使用される部品，材料の材質，成分の不適切，耐久性の不足など
	量産品の品質見込み違い	量産部品の配線の良し悪し，溶接部の強弱など
	使用環境条件の甘さ	製品（完成品）の中に部品が設置されて機能する位置・場所の状況の見込み違い
	開発評価の不備	開発評価時の各種の見込み違い（耐久性，強度，取付構造の良し悪し，プログラムの妥当性，耐振強度の高低など）
	実車相当テストの不備	実車テスト時には顕在化しなかった各種の見落とし点（強度，耐久性，仕様の良し悪し，材質の高低）
	評価基準の甘さ	設計で是認された固定位置，連結部分の強度，部品の強度，かしめ（継ぎ目の密着性）の可動性，あそび性の程度，形状，隙間等の誤差
	図面などの不備	図面上での各種の指示の誤り（部品の形状，配線の干渉性，部品の取り付け角度など）
	プログラムのミス	プログラム上のバグなど
製造に起因する不具合	作業員のミス	作業員の各種の人為的ミス
	製造工程の不適切	一連の製造工程における，各工程それ自体の加工ミス
	作業管理の不適切	各作業に対する確認，チェックの不足
	マニュアルの不備	各種作業のマニュアルの説明不足，わかりにくさ
	保守管理の不備（機械設備）	機能低下した機械設備の使用
	保守管理の不備（工具・治具）	機能低下した工具・治具の使用
	金型寸法の不適切（工具・治具）	寸法の不適切な治具の使用
	部品・材料の管理不備	不適切な状態にある部品・材料の使用

出典：国土交通省の資料より筆者作成．

ルの告知が株主価値に与える影響という観点）から取り上げられている[2]．

NHTSA がかつて公表していた米国の届出報告書では，識別番号，届出日，メーカー名，モデル，年式，対象台数，不具合の内容などは記載されているが，前述した大区分や，中区分のような原因は記載されていない（長谷川，2007）．本節では主要な先行研究から，その成果を概観しよう[3]．

3.1 Jarrell & Peltzman の研究成果

リコールに付随するコスト——すなわちリコールコストには 2 種類ある．第一に対象車両を検査し，不具合部品を修理したり取り替えに要する，いわば直接的に発生するコストである．もう一つはリコールを実施するメーカーの株主が，資本市場で被る株主価値の毀損であり，これは間接的なコストとみなされる．Jarrell & Peltzman (1985) は，自動車のリコールは日常茶飯事的出来事なので，資本市場にはほとんどサプライズとはならないとしながら，1967～81 年の14年間に発生した116件の「大規模リコール」をサンプルとして，イベントスタディ方式で資本市場の反応を追った．彼らの考え方は概ね次の通りである（Jarrell & Peltzman, 1985, pp. 514-515）．

株主に対し，何らかのコスト負担（K）で製品がリコールされるか，何らリコールがない場合を考える．

企業の月末の株価（S_1^i）について，何らリコールがなければ

$$S_1^{NR} = V \cdots (1),$$

リコールが発生すれば

$$S_1^R = V - K \cdots (2)$$

V；企業の利益の現在価値（連続的な月次のイベントの独立性を想定し，翌月に発生するリコールコストを除いた，すべての期間のリコールコストを含む）．

月初の企業の株価は，将来利益の現在価値であり

$$S_0 = p(V-K) + (1-p)V = V - Pk \cdots (3)$$

p；翌月にリコールが発生する確率．

図表10-9 **Jarrell et al.** による1台当たりとリコール当たりの推定損失額
(1967-81年)

(1981年ドルベース)

サンプル	リコール当たりの 損失(100万ドル)	1台当たりの損失(ドル)	
(リコール件数)	平均	平均	平　均/リコール 当たりの台数平均
1. 1967-81の合計 (116)	141.1	813.3	196.6
GM (41)	235.5	477.5	189.2
Ford (44)	128.6	694.2	226.7
Chrysler (31)	34.0	1,426.4	144.9
2. 1967-74の合計 (53)	110.1	1,092.9	179.7
3. 1975-81の合計 (63)	167.2	578.1	207.4

出典：Jarrell & Peltzman (1985, p.531) より転載 (一部省略)
注)　リコール当たりの損失は，各リコール期間の累積超過リターン (-5, 5) に，当該期間のメーカーの市場価値をかけて推定．1台当たりの平均損失は(リコール当たりの損失)／リコールに関わる平均台数．最後の列は第1列目のリコール当たりの損失の平均をリコール当たりの平均台数で除して求めている．リコール当たりの損失は1981年ベースを1.0とした GNP デフレーターで調整．

翌月にリコールが発生する場合，株価は上記の(2)-(3)だけ変化する．

$$S_R^1 - S_0 = -(1-p)K \cdots (4)$$

(リコールコストの予期されない要素 $(1-p)$ だけ変化)

リコールがまったく予期されない場合には ($p=0$)，(4)式=K,である．
リコールが発生しない月々では，株主は(1)-(3)のキャピタルゲインを得る．

$$S_1^{NR} - S_1^0 = pK \cdots (5)$$

株主に対する損失総額を得るために，(4)/(1-p)，(4)-(5)の推定値を出す．実際の p が小さければ，(4)と(5)はほぼ等しくなる．図表10-9は彼らの研究成果である．

直接的なコストデータの入手は容易ではないので，マスコミ報道される金額を手掛かりにすると，不具合製品をリコールする直接的コストよりも，株主の富の毀損の方が大きい．

こうした資本市場を手がかりにしたリコールコスト研究には，Hoffer et al. (1987), Barber & Darrough (1996), Rupp (2004) などがある．

3.2 Barber & Darrough の研究成果

Barber & Darrough (1996) は Jarrell & Peltzman (1985) の内容を受け，これをさらに深めた．彼らは「リコールは明らかに直接・間接の相当のコストをもたらす」と指摘し，所有者の被る不利益とメーカーにとってのコストに言及する．前者には改修・修理に伴う不便性，不具合車両に乗車する潜在的リスク，下取りの際の潜在的損失などが挙げられる．後者は2つに分かれる．一つは不具合車両の改修・修理に関わる一連の短期的コスト，もう一つは売上の減少，価格の値引き，さらには自社の"ブランドネーム・キャピタル"の潜在的毀損といった，間接的かつ長期的なそれである．

彼らは1973-92年の20年間に米国3メーカーに，ホンダ，ニッサン，トヨタの日本メーカー3社を加えた6社のリコールキャンペーンに基づき，市場の反応を追った．そこでは573のリコールキャンペーン，14,100万台を含むデータを分析し，各リコールキャンペーンの告知を取り巻く累積的異常リターンを計算する．図表10-10はその結果を示す．

図表10-10を敷衍して次のことがわかる．ニッサンの500万ドルは例外としても，平均して米国メーカーのリコールキャンペーン当たりの毀損額は，1,500万ドルから4,700万ドル，リコールがもっとも少なかったホンダとトヨタは，平均9,500万ドルと25,100万ドルの毀損，リコールキャンペーンの頻度の高いビッグ3の累積毀損額はGM 29億ドル，クライスラー40億ドル，フォード57億ドル，これらは1992年末時点でGM 14％，クライスラー49％，フォード30％の毀損率，日本メーカーではニッサン1.67億ドル（▲2％），ホンダ15億ドル（▲15％），トヨタ43億ドル（▲11％）の株主資本の毀損であった（Barber & Darrough, 1996, pp. 1095-1096）．

製品の信頼性という点では，日本メーカーは米国メーカーを上回る，この改善により，自動車メーカーは自社の株主と消費者の双方に報いることができると結ぶ．

同じように株主資本の毀損を取り上げながら，Rupp（2004）はユニークな見方を示す．それは1973-98年の25年間のセイフティリコールデータ[4]を用い

図表10-10　日米自動車メーカーの1973-92年にわたるリコールキャンペーンが株主資本の市場価値に与える影響(平均と累積，実質ドル建て)

メーカー	告知当たりの平均毀損額(千ドル)	1973-92年の累積毀損額(千ドル)	1992年の株主資本の実質市場価値(千ドル)*
クライスラー	47,496	3,989,676	8,003,078
フォード	25,187	5,692,156	18,837,444
Ｇ　　Ｍ	14,817	2,918,973	20,457,152
ホ　ン　ダ	94,806	1,516,894	10,090,372
ニッサン	5,052	166,711	10,669,186
トヨタ	250,611	4,260,379	40,298,560

出典：Barber & Darrough (1996, p.1095) より転載．
注) リコールキャンペーンの告知当たりの平均的市場価値毀損は，2日間の異常リターンを月初のメーカーの株主資本のドル建て実質市場価値に掛けて計算．米国メーカーの株主資本の実質市場価値は，1株当たり価格×1990年ベースの米国CPIで調整した発行済み株式総数で計算．日本メーカーの株主資本の実質市場価値は，1株当たり価格×1990年ベースの日本のCPIで調整された為替レートで計算．
　＊米国(日本)メーカーの株主資本の名目ドル建て市場価値は，1990年ベースの米国(日本)CPIによって調整．

て，リコールの属性に注目した点である．リコールの属性とは不具合の質的具体性である．例えばエンジンの不具合とシートベルトのそれとを比較した場合，前者の方がコスト大となる，ブレーキの不具合とヒータやデフロスターのそれを比較した場合，前者の方がより危険度大である．さらに年式の新旧を比較すると，古い車ほどコストがかさむ，新しい年式ほど改修・修理が円滑に進む傾向がある，などが指摘される．

こうして，Ruppは株主価値の毀損は，リコールの規模に反応して生じたのではなく，製品の不具合の個所・部品(軽傷か重傷か)が大きな原因となっており，「2年＋モデル年式」でもコスト増の要因となると主張する (Rupp, 2004, p.40)．

自動車メーカーによる製品リコール(回収・無償修理)に伴うコスト―リコールコストは，典型的に，外部失敗コストである．ここで外部失敗コストとは，製品を顧客に引き渡した後に，不具合部品を修理・修繕したり，これを取り替えるのにかかるコストである．このコストは内部失敗コストの10倍にも達するという指摘 (Li & Rajagopalan, 1998, p.1523) もある．

3.3 自動車製品に関連しないリコール

以上は自動車メーカーのリコールに関連した内容だが，自動車およびタイヤメーカーなどを対象外にした研究もある．Davidson & Worrell (1992) は，自動車業界の製品リコールの告知は，負の異常リターン値と結び付くという先行研究を受けて，自動車およびその関連製品以外のリコールに目を向け，リコールの告知が株主価値に与える影響の範囲の拡大を試みた．

株主価値を問題視する理由は一般的には，株式価格の動きが重要な戦略的変数と認められているという点にある．この他にも，資本市場での資本調達とプレデター（自社を食い物にする敵対者）との闘いへの影響，識別可能な経営の成功・失敗例との関連性を指摘する．

本研究の特質は，リコールの非同質性に注目した点である．すなわち，リコールを（i）製品の取り替えもしくは返金，（ii）製品の修理もしくは検査，（iii）リコールが国の命令による強制化，任意か，（iv）製品の廃止などに区別し，それぞれについて資本市場の反応を追った．

本研究でも，任意リコールよりも政府主導のリコールの方が，大きな負の異常リターンとなるなど，自動車以外の製品リコール告知が負の異常リターンと結び付くことが示唆されている．

3.4 リコールコスト論

Liker & Ogden (2011) に倣えば，リコールコストの発生は現金支出費用である直接的部分よりも，付加（もしくは機会）費用である間接的部分がはるかに大きく，その影響は当座的のみならず，長期的，全社的に影響を及ぼす可能性が大きいことが指摘されている．それはあたかも，池に投ぜられた小石が次々と波紋を広げていく様子に似ている．この同心円的な広がりこそがリコールの影響を象徴する．

図表 10-11 は，リコールコストの構成とその広がりの例示である．

製品リコールにより，直接・間接のリコールコストが発生する．この場合，単一のコスト・ドライバーが複数の費目を発生させるという複合作用をもたら

§3 海外のリコール研究　241

図表 10-11　リコールコストの構成と広がり

段　階	内　　容	属　性
第1次	顧客への通信費，対象車両の検査に関わる労務費，施設・設備費，その他経費	現金支出費用（直接的）
2次	不具合が発見された車両に関わる修理部品代，労務費，施設・設備費，その他経費	現金支出費用（直接的）
3次	ディーラー（販売子会社）への金融的援助，代車費用，その他顧客サービス費	現金支出費用（直接的）
4次	株主価値の毀損	付加（機会）費用（間接的）
5次	中古車市場における中古車下取り価格の下落損失	付加（機会）費用（間接的）
6次	上記以外にリコール（回収・無償修理）に関わる費用	現金支出および機会費用
…	…	…

出典：先行研究より筆者作成．

す，という点には要注意である．株主価値の毀損には，将来の収益の減少が反映される．顧客，消費者が製品に抱く信用の喪失，社会的な不評感による販売数の落ち込み，売上高の落ち込み，将来キャッシュ・フローが減少し，株式の価値が損なわれるという図式である．

　もっとも，Hoffer et al.（1988）のように，自動車のリコールによる異常なリターンが統計的に何ら有意性を持たない，という見解もある．

　テクニカルセンターと呼ばれる研究施設に，不具合部品を展示するメーカーがあるなど，各メーカーでは自社のリコールの発生原因を十分に研究し，再発防止に必死の努力を続けている．
　サンプリング事例を含めて，国土交通省から公表されている各種の資料を整理し直すと，例えば図表 10-12 を作成することができる．一覧すれば，メーカーの失敗傾向がわかる．平成15～20年度における日本の主要メーカーの代表的事例では，設計における「評価基準の甘さ」という原因が圧倒的に多く，設計と製造の比較では，設計よりも製造工程に原因が多いのは1社だけである．

図表10-12　a社のリコールにおける原因と部位の集計

設計			工程		
原因	部位	年度	原因	部位	年度
設計自体に問題—評価基準の甘さ(11)	座席ベルト 燃料装置 燃料装置 電気装置 動力伝達装置 排気管 燃料装置 走行装置 電気配線 〃 制動灯	17 18 19 19 19 19 20 20 20 20 20	作業工程—作業管理不適切(2)	原動機 燃料装置	15 17
^^^	^^^	^^^	工具・治具に問題—保守管理の不備	燃料装置	15
^^^	^^^	^^^	作業工程—作業員のミス	施錠装置	18
^^^	^^^	^^^	合計 4		
耐久性の設計—実車相当テストの不備(2)	緩衝装置 制動装置	17 18			
耐久性の設計—開発評価の不備	制動装置	15			
性能の設計—部品等の特性不十分	電気装置	15			
設計自体に問題—プログラムミス	原動機	16			
設計自体に問題—図面等の不備	乗降口	20			
合計 17					

出典：国土交通省の平成15〜20年度の「リコール届出内容の分析」中の代表的な事例から筆者作成．

　設計，製造工程を問わず，その原因項目は典型的に，メーカーのケイパビリティの弱みであり，リスク要因である[5]．

　原価低減や絶対原価といった制約の中で，メーカーは製品・サービスの付加価値競争を行っている．事後的に見直されたリスク要因が，次の原価企画や付加価値過程に事前に具体的に考慮されて，初めてそれらは完成体になる．

　企業価値は事業活動の成否に支えられている．換言すれば，顧客に提供される製品・サービスは，簿価としての企業価値を市場価値に高める媒介項である．その意味で，製品リコールは企業価値と密接に関連していると言わざるを得ない．

注
1) 日本のリコール制度は昭和44 (1969) 年9月に法制化された.日本では国土交通省が監督官庁で,リコール課・リコール管理室がメーカーからの届出の受付や公表,監査業務などを担当している.1966年に制度がスタートした米国も,奇しくも9月に法案が成立している.なお,本節の内容は一部長谷川 (2012) に依拠している
2) 自動車製品を含めて,製品リコールを取り扱う国内の研究はほとんどない.これは筆者自身の宿題でもある.したがって,ここでは海外の研究成果を参考にしている.
3) ここでの内容は長谷川 (2010) に依拠している.
4) 米国の場合,安全上の問題に関わるリコール,いわゆるセーフティリコールと,環境上の規制問題に係わるリコールの2種類がある.リコールコスト関連の研究では,後者が対象外とされることが一般的である.
5) こうしたリスク要因は,内部の特定の関係者の間では周知のことだったかもしれない.わかっていることゆえに誰も口に出さない,という状態だったのではないか.リコールコストはこの意味においても,沈黙のコスト化している.

参 考 文 献

Baber, Brad M. and M. N. Darrough, 1996, "Product Reliability and Firm Value: The Experience of American and Japanese Auto makers 1973-1992", *Journal of Political Economy* 104(4): 1084-1099.

Davidson III, W. N. and D. L. Worrell, 1992, "The Effect of Product Recall Announcement on Shareholder Wealth", *Strategic Management Journal* 13(6): 467-473.

Hoffer G. E., S. W. Preeitt and R. J. Roilly, 1987, "Automotive Recalls and Informational Efficiency", *The Financial Review* 22(4): 433-442.

Jarrell and Peltzman, 1985, "The Impact of Product Recalls on the Wealth Sellers", *Journal of Political Economy* 93(3): 512-537.

Li G. and S. Rajagopalan, 1998, "Process Improvement, Quality, and Learning Effects", *Management Science* 44(11): 1517-1532.

Liker, J. K. and Ogden, T. N., 2011, *TOYOTA UNDER FIRE-Lessons for Turning Crisis into Opportunity*, McGraw-Hill (稲垣公夫訳『トヨタ危機の教訓』日経BP社, 2011).

Rupp N. G., 2004, "The Attributes of a Costly Recall: Evidence from the Automotive Industry", *Review of Industrial Organization* 25: 21-44.

長谷川泰隆，2007，「リコールコスト論への一里塚―70年代の米国と近年のわが国に見る自動車リコール届出状況からのフィードバック―」『麗澤経済研究』15(1)：93-113.

長谷川泰隆，2010，「リコールのインパクトとリコールコスト論」『麗澤経済研究』18(1)：67-75.

長谷川泰隆，2012，「製品サイドから見た原価計算上の問題―自動車のリコール記録のデータから―」『商学論纂』53(3・4)：59-83.

門田安弘，1991『自動車企業のコスト・マネジメント―原価企画・原価改善・原価計算―』同文舘.

第Ⅳ部　企業価値向上の評価

第11章　多次元業績尺度の最適調整

佐　藤　紘　光

本章の概要

　企業価値の最大化に向け，経営者を動機付けるには，企業価値にレリバントな業績尺度を選定し，その到達度を測定・評価して，それを経営者報酬に反映させることが必要となる．価値創造に貢献するアクティビティは多種多様であるため，財務指標のみならず，非財務指標を含む業績の多次元評価を行う意義が強調されてきたことは周知のところである．

　問題は，複数の業績尺度をどのようにバランスさせるか，より具体的には，測定された複数の業績評価値を，どのようにウエイト付けして報酬に結び付けるかである．そのバランスが適切でなければ，企業目的に適合する行動を動機付けることは困難になる．

　本章では，プリンシパル・エイジェント・モデルを用いて，多次元の業績尺度を最適に調整するためのロジックを探究する．

---

§1　シングル・タスクの業績評価問題

　最初に基本型として，シングル・タスクの業績評価問題を総括しておこう．経営者（エイジェント）は，オーナー（プリンシパル）のために，努力 e を実行して，$x=fe+\varepsilon_x$ と定義される将来キャッシュ・フロー x を生産する．$f(>0)$ は努力の限界生産力，ε_x は平均をゼロとする観察不能な攪乱項である．プリンシパルが将来受け取るキャッシュ・フロー x は，報酬契約の期間内には実現せず，エイジェントが行使する努力 e も観察不能であると想定すると，そのいずれもが契約変数になり得ない．そのため，プリンシパルは，$y_i=g_i e+\varepsilon_i$

($i=1, 2$) と定義される 2 つの検証可能な業績尺度 $\boldsymbol{y}=(y_1, y_2)$ を用いて，エイジェントと報酬契約 $w(\boldsymbol{y})$ を結び，努力の動機付けを行う．g_i は業績尺度 y_i に対する努力の限界効果（marginal impact）であり，ε_i は平均をゼロ，分散を var i とする正規分布に従う観察不能な攪乱項である．ε_1 と ε_2 の共分散を cov と表す．報酬は線型関数 $w(\boldsymbol{y})=\alpha+\beta_1 y_1+\beta_2 y_2$ と仮定する．α は固定給部分であり，β_i は業績シグナル y_i に対するインセンティブ係数である．

プリンシパルはリスク中立的であり，エイジェントは所得 W に対して負の指数関数 $U(W)=-\exp(-\rho W)$ と定義される効用関数を持つ．ρ は絶対的リスク回避係数である．努力の金銭的コストを $C(e)$ とすると，エイジェントが受け取る純所得は $W=w(\boldsymbol{y})-C(e)$ となる．明示解を導くため，$C(e)=.5e^2$ と仮定する．

以上の概念を用いると，プリンシパルの決定問題は次のように定式化される．

目的関数： $\max_{\alpha,\beta_1,\beta_2,e} V\equiv E[x|e]-E[w(\boldsymbol{y})]$

制約条件：(IR)　$E[w(\boldsymbol{y})]-C(e)-.5\rho \operatorname{var}[w(\boldsymbol{y})]\geq \underline{U}$

(IC)　$e\in\arg\max E[w(\boldsymbol{y})]-C(e)-.5\rho \operatorname{var}[w(\boldsymbol{y})]$

プリンシパルが受け取る報酬支払後のキャッシュ・フローの期待値 V は，企業価値の代理変数と解することができる．目的関数は企業価値 V を最大にする報酬関数と努力水準を決定すべきことを示している．制約条件 (IR) はエイジェントが受け取る純所得の確実性等価[1]（すなわち，報酬の期待値－努力のコスト－リスクプレミアム）が留保賃金 $\underline{U}$ を下回らないことを要求する参加条件である（以下，$\underline{U}=0$ と仮定する）．制約条件 (IC) は，報酬契約 $w(\boldsymbol{y})$ のもとでエイジェントの期待効用が最大になるように，努力が選択されることを要求する動機付け条件である．

(IR) 条件は等式で充足され，報酬の期待値は $E[w(\boldsymbol{y})]=.5e^2+.5\rho \operatorname{var}[w(\boldsymbol{y})]$ となるから，これを目的関数に代入すると，プリンシパルの問題は次式になる．

目的関数： $\max_{\beta_1,\beta_2,e} V=fe-.5(e^2+\rho \operatorname{var}[w(\boldsymbol{y})])$

制約条件：(IC)　$e\in\arg\max[\alpha+(\beta_1 g_1+\beta_2 g_2)e-.5(e^2+\rho \operatorname{var}[w(\boldsymbol{y})])]$

この (IC) 条件が示すように，エイジェントは確実性等価を最大にする努力水準を選択するから，これを e で微分して1階条件を整理すると，最適水準は $e^\dagger = \sum_{i=1}^{2} \beta_i g_i$ となる．これを目的関数に代入すると，プリンシパルの問題は次式になる[2]．

$$\max_{\beta_1, \beta_2} f\left[\sum_{i=1}^{2} \beta_i g_i\right] - .5\left[\sum_{i=1}^{2} \beta_i g_i\right]^2 - .5\rho[\beta_1^2 \text{var } 1 + \beta_2^2 \text{var } 2 + 2\beta_1\beta_2 \text{cov}] \quad (1)$$

(1)式を最大にする β_i に関する1階条件を整理すると次式を得る[3]．

$$\beta_i(g_i^2 + \rho \text{var } i) + \beta_j(g_i g_j + \rho \text{cov}) = f g_i \quad (i, j = 1, 2, i \neq j)$$

この連立方程式を解くと，インセンティブ係数は次式になる．

$$\beta_1 = \frac{f(g_1 \text{var } 2 - g_2 \text{cov})}{g_1^2 \text{var } 2 + g_2^2 \text{var } 1 + \rho \text{var } 1 \text{var } 2 - \text{cov}(2g_1 g_2 + \rho \text{cov})}$$

$$\beta_2 = \frac{f(g_2 \text{var } 1 - g_1 \text{cov})}{g_1^2 \text{var } 2 + g_2^2 \text{var } 1 + \rho \text{var } 1 \text{var } 2 - \text{cov}(2g_1 g_2 + \rho \text{cov})}$$

シングル・タスクのこのインセンティブ係数 β_i には，どのような特徴を指摘できるであろうか．

　最初に，単一の業績尺度 y_1 しか入手できない場合を検討しよう．それは y_2 の分散が無限大になるケース（var $2 = \infty$，したがって，$\beta_2 = 0$）に他ならない．その場合のインセンティブ係数は $\beta_1 = f g_1 / (g_1^2 + \rho \text{var } 1)$，努力水準は $e^\dagger = f g_1^2 / (g_1^2 + \rho \text{var } 1)$ となるから，企業価値は $V^\dagger = .5 f^2 g_1^2 / (g_1^2 + \rho \text{var } 1)$ となる．エイジェントの努力をプリンシパルが観察できないときのこの最適解を，セカンドベスト解という．y_1 のノイズ（分散 var 1）が小さくなるほど，β_1 が大きくなり，より高い努力水準が動機付けられることがわかる．var $1 = 0$，あるいは，$\rho = 0$（リスク中立）とすると，$\beta_1 = f/g_1$ となり，ファーストベストの努力水準，すなわち，プリンシパルがエイジェントの努力を観察できるときの最適水準（$e^* = f$）が実現する．その場合には，インセンティブを与える必要がなくなり，固定給契約 $\alpha = C(e^*)$ が締結できるから，リスクシェアリングも最適になり，$V^* = .5(f^2/g_1^2)$，$e^* > e^\dagger$，$V^* > V^\dagger$ となることが確認される．

2つの業績尺度の分散が,有限かつ非ゼロのケースに戻ろう.報酬契約を1変数 y_1 から2変数 (y_1, y_2) に拡張する意義はどこにあるであろうか.それは y_2 を業績評価に加えることによって,より大きな努力水準の動機付けか,リスクプレミアムの削減を通じて,企業価値 V を増大できると期待されるからに他ならない[4].このことを情報の視点から言いかえると,努力 e に関して y_1 が (y_1, y_2) の十分統計量でないかぎり,y_2 が情報価値を持つという Holmstorm (1979) の情報有用性条件 (informativeness condition) に,その根拠が求められる.ただし,情報有用性条件は,本モデルにおける g_i, var i, cov などのパラメータが契約内容にどのような影響を及ぼすかについて,何ら示唆を与えるものではない.その点に光を当てるために,上記のインセンティブ係数の相対比を求めよう.次式がそれである.

$$\frac{\beta_2}{\beta_1} = \frac{g_2 \text{ var } 1 - g_1 \text{ cov}}{g_1 \text{ var } 2 - g_2 \text{ cov}} = \frac{\left[g_2 - g_1 \dfrac{\text{cov}}{\text{var } 1}\right] \cdot \dfrac{1}{\text{var } 2}}{\left[g_1 - g_2 \dfrac{\text{cov}}{\text{var } 2}\right] \cdot \dfrac{1}{\text{var } 1}} \qquad (2)$$

(2)式は,最適インセンティブ係数の相対比が,業績尺度の感度 (sensitivity) と精度 (precision) の積の相対比になることを明らかにした Banker and Datar (1989) の結論に一致することを示している[5].ここで,業績尺度 y_i の感度は e の変化が y_i の期待値に及ぼす変化 ($g_i - g_j(\text{cov}/\text{var } j)$) と定義され,精度は分散(ノイズ)の逆数 (1/var i) と定義される.cov がゼロであれば,y_i の感度は g_i に一致し,$\beta_2/\beta_1 = (g_2/\text{var } 2)/(g_1/\text{var } 1)$ となる.cov$\neq$0 であれば,cov が小さくなるほど,全体業績のリスクが低下するから,それぞれの感度は高くなる.いずれであれ,シグナルの感度と精度が高くなるほど,インセンティブ係数が大きくなることが確認される.

(2)式は,所与の努力水準を動機付けるために,エイジェントに課すリスクを最小化するというロジックに従って導出されていることに留意されたい.なお,ここでは業績尺度を2つに限定しているが,以上の分析は n 個 (≥ 3) のもとで一般化することができる.

§2 マルチ・タスクへの拡張

シングル・タスクのもとでは，企業価値 V を高めるという努力のベネフィットと，（リスクプレミアムを含む）努力のコストを最適に調整するインセンティブ係数が求められた．本節では，エイジェントが担当する業務を複数に拡張する．シングル・タスクでは，努力変数が単一であったから，その強度（intensity）しか選択対象になり得なかったのに対して，マルチ・タスクでは，それだけでなく，プリンシパルの目的に適合する努力配分を，いかに動機付けるかという新たな課題が加わる．その結果，業績尺度とインセンティブ係数の間の関係はより複雑になる．以下では，Datar, Kulp and Lambert (2001) に依拠して，両者の関係にいかなる論点が追加されるかを論議する．

そこで，前述したシングル・タスクのモデルを次のように拡張する．エイジェントは，m 個のタスクに対して m 次元の努力 $e=(e_1, e_2, \ldots, e_m)$ を行い，$x=\sum_{j=1}^{m} f_j e_j + \varepsilon_x$ と定義される将来キャッシュ・フローを生産する．f_j は努力 e_j の限界生産力である．2つの業績尺度 $\boldsymbol{y}=(y_1, y_2)$ を $y_i=\sum_{j=1}^{m} g_{ij} e_j + \varepsilon_i$ ($i=1, 2$) と定義する．g_{ij} は業績シグナル y_i に対する努力 e_j の限界効果である．攪乱項 $\varepsilon_x, \varepsilon_i$ は前述と同一の確率分布に従う．報酬関数も前述と同一である．努力のコストを $C(\boldsymbol{e})=.5\sum_{j=1}^{m} e_j^2$ と定義すると，プリンシパルの問題は次のように定式化される．

目的関数：$\max_{\beta_1, \beta_2, e} V = \sum_{j=1}^{m} f_j e_j - .5(\sum_{j=1}^{m} e_j^2 + \rho \operatorname{var}[w(\boldsymbol{y})])$

制約条件：(IC) $\boldsymbol{e} \in \arg\max[\alpha + (\sum_{i=1}^{2} \beta_i \sum_{j=1}^{m} g_{ij} e_j$
$\qquad -0.5(\sum_{j=1}^{m} e_j^2 + \rho \operatorname{var}[w(\boldsymbol{y})])]$

エイジェントが受け取る純所得の確実性等価は次式になる．

$$\alpha + \sum_{i=1}^{2} \beta_i \sum_{j=1}^{m} g_{ij} e_j - .5(\sum_{j=1}^{m} e_j^2 + \rho \operatorname{var}[\boldsymbol{y}])$$
$$= \alpha + \sum_{j=1}^{m} \left[\sum_{i=1}^{2} \beta_i g_{ij}\right] e_j - .5(\sum_{j=1}^{m} e_j^2 + \rho \operatorname{var}[\boldsymbol{y}])$$

上式を e_j で微分して1階条件を整理すると，$e_j = \sum_{i=1}^{2} \beta_i g_{ij}$ ($j=1, \ldots, m$) と

252 第11章 多次元業績尺度の最適調整

なる．これを目的関数に代入すると，プリンシパルの決定問題は次式になる．

$$\max_{\beta_1,\beta_2} \sum_{j=1}^{m} f_j \left[\sum_{i=1}^{2} \beta_i g_{ij} \right] - .5 \sum_{j=1}^{m} \left[\sum_{i=1}^{2} \beta_i g_{ij} \right]^2$$
$$- .5\rho \left[\beta_1^2 \operatorname{var} 1 + \beta_2^2 \operatorname{var} 2 + 2\beta_1 \beta_2 \operatorname{cov} \right] \quad (3)$$

β_i ($i \neq k$) に関する1階条件を整理すると次式になる．

$$\sum_{j=1}^{m} f_j g_{ij} = \sum_{j=1}^{m} (g_{ij}^2 + \rho \operatorname{var} i) \beta_i + \sum_{j=1}^{m} (g_{ij} g_{kj} + \rho \operatorname{cov}) \beta_k \quad (i, k=1, 2, i \neq k)$$

この連立方程式を解くと，$i, k=1, 2, (i \neq k)$ について次式を得る．

$$\beta_i = \frac{\left[\sum_{j=1}^{m} f_j g_{ij} \right] \left[\sum_{j=1}^{m} (g_{kj}^2 + \rho \operatorname{var} k) \right] - \left[\sum_{j=1}^{m} f_j g_{kj} \right] \left[\sum_{j=1}^{m} (g_{ij} g_{kj} + \rho \operatorname{cov}) \right]}{\left[\sum_{j=1}^{m} (g_{ij}^2 + \rho \operatorname{var} i) \right] \left[\sum_{j=1}^{m} (g_{kj}^2 + \rho \operatorname{var} k) \right] - \left[\sum_{j=1}^{m} (g_{ij} g_{kj} + \rho \operatorname{cov}) \right]^2}$$
(4)

努力配分の問題を論じる糸口として，単一の業績尺度 y_1 で2種類の努力 (e_1, e_2) を動機付けるケースを論じておこう[6]．その場合，限界生産力のベクトル (f_1, f_2) と限界効果のベクトル (g_{11}, g_{12}) の角度 θ は所与になるから，努力配分の自由度は存在せず，セカンドベストの努力配分は $e_1/e_2 = g_{11}/g_{12}$ となる．したがって，インセンティブ係数 β_1 は，努力の強度にしか影響を与えることができない．一方，ファーストベストの努力配分は $e_1/e_2 = f_1/f_2$ であるから，セカンドベストの努力配分はプリンシパルの目的に不整合になる．この不整合を緩和する手段として，追加の業績尺度が求められることになる．

そこで，前節と同様に，（4）式で得られた2つのインセンティブ係数の相対比を求めると，次式になる．

$$\frac{\beta_2}{\beta_1} = \frac{\left[\sum_{j=1}^{m} f_j g_{2j} \right] \left[\sum_{j=1}^{m} g_{1j}^2 \right] - \left[\sum_{j=1}^{m} f_j g_{1j} \right] \left[\sum_{j=1}^{m} g_{1j} g_{2j} \right] + \rho \operatorname{var} 1 \sum_{j=1}^{m} f_j g_{2j} - \rho \operatorname{cov} \sum_{j=1}^{m} f_j g_{1j}}{\left[\sum_{j=1}^{m} f_j g_{1j} \right] \left[\sum_{j=1}^{m} g_{2j}^2 \right] - \left[\sum_{j=1}^{m} f_j g_{2j} \right] \left[\sum_{j=1}^{m} g_{1j} g_{2j} \right] + \rho \operatorname{var} 2 \sum_{j=1}^{m} f_j g_{1j} - \rho \operatorname{cov} \sum_{j=1}^{m} f_j g_{2j}}$$
(5)

上式の分子と分母の第1項と第2項は，望ましい努力配分を動機付けたいというプリンシパルの願望を反映している．それは以下に述べるように，企業価

値 V と全体業績の間の整合性(congruity)を最大にするように,業績尺度をウエイト付けることによって達成される.それに対して,第3項と第4項はエイジェントに課すリスクを減らして,報酬のコスト(リスクプレミアム)を引き下げたいというプリンシパルの願望を反映している.

最初に,最適努力配分の問題を論じるために,リスク中立 ($\rho=0$) か業績尺度のノイズをゼロと仮定しよう.そうすると,(5)式の相対比は第1項と第2項のみになる.努力 e_j がもたらす全体業績を $\beta_1 g_{1j}+\beta_2 g_{2j}=h_j$ と定義すると,(3)式は次式になる.

$$\sum_{j=1}^{m}\left[f_j h_j - .5 h_j^2\right] = -.5\sum_{j=1}^{m}\left[f_j - h_j\right]^2 + .5\sum_{j=1}^{m} f_j^2$$

$\sum_{j=1}^{m} f_j^2$ は外生変数であるから,(3)式の最大化問題は,$\sum_{j=1}^{m}\left[f_j - \sum_{i=1}^{2}\beta_i g_{ij}\right]^2$ の最小化問題に置き換えられる.したがって,以下の命題が導かれる.

命題 エイジェントがリスク中立であるか,業績尺度にノイズがなければ,将来キャッシュ・フロー f_j と全体業績 $\sum_{i=1}^{2}\beta_i g_{ij}$ の間の非整合性(incongruity)の尺度 $\sum_{j=1}^{m}\left[f_j - \sum_{i=1}^{2}\beta_i g_{ij}\right]^2$ が最小になるように,業績尺度 $y_i (i=1, 2)$ がウエイト付けられる.

努力 e_j がもたらすキャッシュ・フロー f_j は,オーナーの所得になるのに対して,e_j を動機付けるためのインセンティブ $\sum_{i=1}^{2}\beta_i g_{ij}$ は経営者の所得になるから,両者の乖離を小さくすることが,両者にとって望ましい選択になる.ゆえに,限界生産力ベクトル $(f_1, \ldots, f_m)$ と報酬ベクトル $(\sum_{i=1}^{2}\beta_i g_{i1}, \ldots, \sum_{i=1}^{2}\beta_i g_{im})$ の間の角度 θ を最小にするインセンティブ係数 β_i が求められるのである.

すべての努力 e_j について,f_j と $\sum_{i=1}^{2}\beta_i g_{ij}$ が一致するならば,非整合性の尺度はゼロになる.その場合には,すべてのタスクについて,企業価値最大化というオーナーの目的に完全に適合する努力配分を動機付けることが可能になる.そのためには,業績尺度がタスクの数以上に存在しなければならない.$m=2$ の本例でいえば,両者の数が一致するから,非整合性の尺度をゼロにするインセンティブ係数 (β_1, β_2) が必ず存在する[7].しかし,タスクの数が業績尺度よりも多くなると,両者の乖離をゼロにするのは困難になる.いずれであれ,

上式の非整合性尺度をできるだけ小さくするインセンティブ係数 β_i を探究することが,業績尺度の最適バランスを達成する手段となるのである.

次に,2つの業績尺度が相互に完全に連携（aligned）しているケースを考えよう.すなわち,$g_{ij}=\phi_i g_j$ $(j=1,\ldots,m)$ とするベクトル $\boldsymbol{g}_j$ と $\phi_i \neq 0$ $(i=1,2)$ が存在すると仮定すると,2つの業績尺度は一次従属の関係になる.そうすると,評価尺度は実質的に単一になり,努力配分の自由度が失われる[8].確かに,この条件を(5)式に代入すると,第1項と第2項の合計はゼロになる.そこで,改めて2つの業績尺度の役割を探るために,エイジェントがリスク回避的であり,業績尺度の分散が非ゼロという本来の仮定に戻ろう.そうすると,(5)式は次式になる.

$$\frac{\beta_2}{\beta_1}=\frac{[\rho\sum_{j=1}^{m}f_j g_j][\phi_2 \mathrm{var}(y_1)-\phi_1 \mathrm{cov}]}{[\rho\sum_{j=1}^{m}f_j g_j][\phi_1 \mathrm{var}(y_2)-\phi_2 \mathrm{cov}]}=\frac{\phi_2-\phi_1\dfrac{\mathrm{cov}}{\mathrm{var}(y_1)}}{\phi_1-\phi_2\dfrac{\mathrm{cov}}{\mathrm{var}(y_1)}}\frac{\mathrm{var}(y_1)}{\mathrm{var}(y_2)} \quad (6)$$

ϕ_i を g_i に置き換えると,(6)式は(2)式に一致する.ゆえに,2つの業績尺度が相互に完全に連携している場合の最適インセンティブ係数は,業績尺度の感度と精度に基づいて選択されることがわかる.

かくして,2つの影響要因が共存する一般的ケースにおけるプリンシパルの決定問題は,次のように表すことができる.

$$\min_{\beta_1,\beta_2}\sum_{j=1}^{m}\left[f_j-\sum_{i=1}^{2}\beta_i g_{ij}\right]^2+.5\rho[\beta_1^2 \mathrm{var}\,1+2\beta_1\beta_2 \mathrm{cov}+\beta_2^2 \mathrm{var}\,2] \quad (7)$$

すなわち,努力配分の非整合性尺度（第1項）とリスクプレミアム（第2項）の総和を最小にするインセンティブ係数を求めることが,プリンシパルの問題となるのである.ゆえに,リスクを削減するために整合性を犠牲にするといった妥協は,おおいにあり得ることになる[9].次節では,より具体的なケースのもとで整合性とリスクのトレードオフを論ずる.

§3 整合性とリスクのトレードオフ

すべての j について，$g_{1j}=f_j$ とすると，業績尺度 y_1 はキャッシュ・フロー x に対して完全に整合的な財務指標になる（$x=y_1=\sum_{j=1}^{m}f_j e_j+\varepsilon_1$）。一方，$y_2$ はタスク 1 の業績しか測定しない，すなわち，$y_2=g_{21}e_1+\varepsilon_2$ とすると，y_2 と x の整合性は不完全になる。このケースにおいて，$\beta_1=1$，$\beta_2=0$ とすると，(7)式の第 1 項はゼロになるから，目的関数値は $.5\rho \text{ var } 1$ となる。完全に整合的な業績尺度のみを評価対象とし，不完全な業績尺度を無視するこの選択は，はたして最適であろうか。これらの条件を(5)式に代入すると，相対比は次式になる。

$$\frac{\beta_2}{\beta_1}=\frac{\rho(f_1 g_{21}\text{ var }1-\text{cov}\sum_{j=1}^{m}f_j^2)}{g_{21}^2\sum_{j=2}^{m}f_j^2+\rho\text{ var }2\sum_{j=1}^{m}f_j^2-f_1 g_{21}\rho\text{ var }2} \quad (8)$$

(8)式は，$\rho=0$ でない限り β_2 はゼロにならないことを示している。$\rho\neq 0$，f_1 と g_{21} を正，cov をゼロとすると，$\beta_2>0$ となることが確認される。それに伴い，全体業績（$\beta_1 y_1+\beta_2 y_2$）の整合性は低下する。それでは，$\beta_2>0$ が選択される理由は何であろうか。それによって，全体業績のリスクが削減され，報酬コストの引き下げが可能になるからである。上式はまた，$j\geq 2$ に対応する f_j が大きくなるにつれ，β_1 が大きくなり，β_2 が小さくなることを示している。e_j（$j>2$）の動機付けには，y_2 ではなく，y_1 が有用であるからである。

それでは，e_1 に対する業績尺度 y_2 の限界効果 g_{21} が変化すると，インセンティブ係数の相対比はどのように変化するであろうか。$g_{21}=\phi_2 g_1$ としたうえで，$g_{1j}=f_j(j\geq 1)$，$g_{2j}=0(j\geq 2)$ を(5)式に代入すると，次式を得る。

$$\frac{\beta_2}{\beta_1}=\frac{A\phi_2+B}{C\phi_2^2+D\phi_2+E} \quad (9)$$

ただし，$A=\rho\text{ var }1 f_1 g_1$，$B=-\rho\text{ cov}\sum_{j=1}^{m}f_j^2$，$C=g_1^2\sum_{j=1}^{m}f_j^2-f_1^2 g_1^2$，$D=-\rho\text{ cov }f_1 g_1$，$E=\rho\text{ var }2\sum_{j=1}^{m}f_j^2$ である。(9)式を ϕ_2 で微分すると次式になる。

$$\frac{\partial(\beta_2/\beta_1)}{\partial\phi_2}=\frac{-AC\phi_2^2-2BC\phi_2+(AE-BD)}{(C\phi_2^2+D\phi_2+E)^2} \quad (10)$$

(10)式の分子は ϕ_2 の二次関数になっていることに注意しよう．$\phi_2=0$ では，分子は $(AE-BD)$ となり，$f_1g_1>0$ である限り，その値は正になることが確認される．また，ϕ_2^2 の係数 $(-AC)$ は負になるから，この二次関数は，$\phi_2=0$ において正の値をとる，上に凸の放物線を表している．したがって，ϕ_2 がゼロから正の値のある点までは，(10)式は正になり，その点を超えると，すべての ϕ_2 において，負になる．

インセンティブ係数の相対比が ϕ_2 の値に応じて，このような動きをするのは，どのような理由によるのであろうか．ϕ_2 の増加（すなわち，g_{21} の増加）は y_2 に対する e_1 の限界効果の上昇を意味するから，ϕ_2 の値が f_1 よりも小さい領域では，y_1 だけでなく y_2 による e_1 の動機付けが有効になる．そのために，β_2 の増加が必要となり，ϕ_2 の相対比が飛躍的に高まる．しかし，β_2 の増加は $e_j(j≥2)$ の動機付けには何ら貢献しないので，それに伴い，努力配分の非整合性が高まる．したがって，ある水準以上に ϕ_2 が大きくなると（$\phi_2>f_1$），e_j ($j≥2$) の動機付けを強化するために β_2 を低めることが有利になるのである．この分析結果は，マルチ・タスクでは感度 g_{21} に応じて，β_2 を一律に変化させるというシングル・タスクのロジックが通用しないこと，他の指標 g_{11} との量的比較に応じてその判断が分かれることを示している．

キャッシュ・フロー x に対する努力 e_1 の生産性 f_1 が変化する場合には，インセンティブ係数の相対比はどのように変化するであろうか．その場合，(8)式は次のように書き換えられる．

$$\frac{\beta_2}{\beta_1}=\frac{Ff_1^2+Gf_1+H}{If_1^2+Jf_1+K} \qquad (11)$$

ただし，$F=-\rho\,\text{cov}$, $G=g_{21}\rho\,\text{var}\,1$, $H=-\rho\,\text{cov}\sum_{j=2}^{m}f_j^2$, $I=\rho\,\text{var}\,2$, $J=-g_{21}\rho\,\text{cov}$, $K=(g_{21}^2+\rho\,\text{var}\,2)\sum_{j=2}^{m}f_j^2$ である．(11)式を f_1 で微分すると次式になる．

$$\frac{\partial(\beta_2/\beta_1)}{\partial f_1}=\frac{(FJ-GI)f_1^2+2(FK-HI)f_1+(GK-HJ)}{(If_1^2+Jf_1+K)^2} \qquad (12)$$

今度は，分子が f_1 の二次関数になっている．$f_1=0$ では，分子は次式になる．

$$GK-HJ = g_{21}\rho \sum_{j=2}^{m} f_j^2 [g_{21}^2 \text{ var } 1 + \rho(\text{var } 1 \cdot \text{var } 2 - \text{cov}^2)]$$

したがって，$g_{21}>0$ であれば，$(GK-HJ)>0$ となる．また，二次関数の f_1^2 の係数は，$(FJ-GI)=g_{21}\rho^2(\text{cov}-\text{var }1\cdot\text{var }2)$ となるから，$g_{21}>0$ であれば負になる．したがって，この二次関数も，$f_1=0$ において正の値をとる，上に凸の放物線になることがわかる．

$f_1=g_{11}$ であったから，f_1 の増加は完全に整合的な業績尺度 y_1 に対する努力 e_1 の感度が増加することを意味する．それに対して，非整合的な業績尺度 y_2 の感度は何ら変化しないから，直観的には，f_1 が増加するにつれ，相対比 β_2/β_1 は単調に減少するように思われる．しかし，以上の分析はそうならないことを示している．その理由はどのように説明されるであろうか．

最初に，f_1 の値が $f_j(j>2)$ や g_{21} よりも小さいケースを考えよう．f_1 の増加は努力 e_1 の限界生産力の増加を意味するから，プリンシパルは e_1 の動機付けを強化しようとするであろう．そのために，シグナル y_1 を用いるとすれば，努力が報酬に及ぼす影響は $\beta_1 f_1$ であり，f_1 が小さいため，所定の影響を与えるには β_1 を相当大きくしなければならない．しかし，それは同時に他の努力水準 $e_j(j>2)$ に大きな影響を与えるから，e_j を動機付けるコストを増大させる．しかし，それらの限界生産力は一定であるから，β_1 の増大はコスト・ベネフィットの悪化を招くことになる．

シグナル y_2 を用いる場合には，どうであろうか．その場合には，e_1 が報酬に及ぼす影響は $\beta_2 g_{21}$ であり，$f_1<g_{21}$ であるから，インパクトは y_1 による場合よりも大きくなる．また，β_2 の増加は他の努力水準 $e_j(j>2)$ には直接的な影響を与えないので，コスト・ベネフィットの悪化を招くことはない．かくして，y_2 の活用が有利になり，相対比を飛躍的に増大させるのである．しかし，f_1 の値が一定水準を超えると，他の努力変数に比べ e_1 が過大になり，y_1 に対する y_2 の有利性が失われ，逆に，β_2 を低めることがコスト・ベネフィットに適う措置になるのである．

本章では，企業価値の最大化というオーナーの目的に適合するように，経営者の行動選択をいかに動機付けるかという視点から，複数の業績尺度を最適に調整するロジックを論議した．リスクを無視できる場合は，努力配分の整合性を最大にするインセンティブ係数を求めることが最適となるが，経営者がリスク回避的であり，業績尺度のノイズが存在する場合には，整合性とリスク負担のトレードオフが必要となる．また，そのトレードオフに際しては，業績尺度の感度の改善は必ずしも当該尺度のウエイトの増加に繋がらないことを示した．

注

1) 確実性等価の導出過程については，佐藤（2009a, p.8）を参照されたい．
2) $\text{var}[w(\boldsymbol{y})] = \text{var}[\beta_1 y_1 + \beta_2 y_2] = E[(\beta_1 \varepsilon_1 + \beta_2 \varepsilon_2)^2]$
   $= \beta_1^2 E[\varepsilon_1^2] + \beta_2^2 E[\varepsilon_2^2] + 2\beta_1 \beta_2 E[\varepsilon_1 \varepsilon_2]$
3) （1）式は β_i に関して凹関数になっているので，最適解は最大化の十分条件も満足する．
4) つまり，y_2 の追加により，y_1 のみで業績を評価するときのセカンドベスト解を，さらに改善できると期待されるからである．
5) $f, \rho, C(e)$ が影響を与えないことを確認されたい．
6) 単一尺度によるマルチ・タスクの動機付け問題については，Feltham and Xie (1994)，佐藤（2009a, p.114-115），佐藤（2009b）を参照されたい．
7) 完全な整合性が実現する場合には，感度と精度による分析がマルチ・タスクの問題に適用可能となる．その具体例については，Banker and Kemerer (1992) を参照されたい．
8) 実質的な単一尺度を y_i とすると，$e_j = \beta_i g_j$ となるから，β_i が定まれば，すべての e_j が一律に確定する．努力の相対比は $e_k/e_l = g_k/g_l$ となる．
9) 例えば，努力配分の観点からは非財務指標のウエイトを高めることが望ましいとしても，当該指標のノイズが過大であるとすれば，リスクの観点からはそれを抑制する作用が働くであろう．

参 考 文 献

Bankar R., and S. Datar, 1989. "Sensitivity, Precision, and Linear Aggregation of Signals for Performance Evaluation," *Journal of Accounting Research* 27(1):

21-39.

Banker R., and C. Kemerer, 1992. "Performance Evaluation Metrics for Information Systems Development: A Principal-Agent Model," *Information Systems Research* 3(4): 379-400.

Datar S., S. Kulp and R. Lambert, 2001. "Balancing Performance Measures," *Journal of Accounting Research* 39(1): 75-92.

Feltham G., and J. Xie, 1994. "Performance Measure Congruity and Diversity in Multi-Task Principal/Agent Relations," *The Accounting Review* 69(3): 429-453.

Holmstrom B., 1979. "Moral Hazard and Observability," *Bell Journal of Economics* 13: 74-91.

佐藤紘光編著, 2009a,『契約理論による会計研究』中央経済社.

佐藤紘光, 2009b,「業績尺度のリスクと歪み——インセンティブの視点からの分析」,『企業会計』61(5): 4-11.

第12章　企業価値評価法の類型

青　木　茂　男

―――― 本章の概要 ――――

　企業価値の概念および評価法は多様である．企業価値の概念は，貨幣金額で測定可能なものに限定する立場と，経営の品質など測定困難な定性的要因までをも含む広義の立場とに大別できる．本章では，測定可能な企業価値の概念に限定して測定方法を検討するが，これらの測定方法には，客観性が高い方法と主観的な方法，実務的にもよく使われている方法と使われない方法など，多様なものがある．それぞれの方法による測定結果には数倍の格差が生じることがあり，裁判でも測定方法をめぐって争いになる．
　まず，1) 各方法を概観し，かつ，各方法の問題点を明らかにし，2) 実際の企業に各方法を適用して評価額がいかに相違するかを確かめ，3) 裁判ではどの方法を用いるのか，を検討する．

§1　企業価値の評価法

1.1　企業価値の概念

　ビジネス社会では，経営品質，企業の品格，社会的評価，競争力，コーポレート・ガバナンス，コンプライアンスなど定性要因をも含めて「企業価値」を論じることが多い（図表12－1 A）．企業価値の概念に定性要因をも含めると，価値観や主観が入るため，金額による測定は困難である．本章では，定性要因を含まない，金額で測定できる企業価値に概念を限定する（図表12－1 B）．また，株主価値と企業価値という用語も広く用いられているが，本章では株主価値と企業価値の関係を，以下のように定義する．

企業価値－負債価値＝株主価値

図表12-1 企業価値，株主価値の概念図

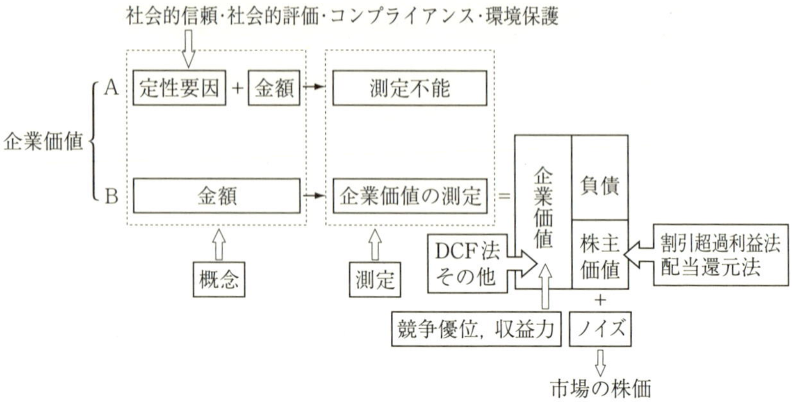

社会的信頼・社会的評価・コンプライアンス・環境保護

企業価値
- A：定性要因 ＋ 金額 → 測定不能
- B：金額 → 企業価値の測定

↑概念　↑測定　DCF法 その他　競争優位，収益力

＝ 企業価値（負債 ＋ 株主価値）← 割引超過利益法・配当還元法

＋ ノイズ ⇒ 市場の株価

　負債価値については，簿価と時価が通常は同額であると考えられるから，企業価値を測定することは，実質的には株主価値を測定することと同義である．文献や実務でも企業価値と株主価値を必ずしも厳密に区分しておらず，企業価値という語で株主価値を意味することも多い．

1.2　企業価値の評価方法

　企業価値評価の方法は，多くの文献で紹介されている．公的なものとしては日本公認会計士協会『企業価値評価ガイドライン』（清文社，平成19年）および中小企業庁『経営承継法における非上場株式等評価ガイドライン』（平成21年）がある．双方に示された評価方法は名称に若干の相違があるが，本質的に異なることはない．『企業価値評価ガイドライン』（以下，「ガイドライン」という）に示された方法は，図表12-2の通りである．

　「ガイドライン」では企業価値評価とされているが，実際は企業価値ではなく，株主価値の評価である．株主価値の測定方法には，図表12-1の右端に示すように，①企業価値を求めて，そこから負債価値を控除して株主価値を算出するという，間接的に株主価値を求める方法，②株主価値を直接に求める方法，とがある．

図表 12-2 「ガイドライン」の評価法

インカム・アプローチ	マーケット・アプローチ	ネットアセット・アプローチ
フリー・キャッシュフロー法（DCF法），調整現在価値法，残余利益法（割引超過利益法），配当還元法，利益還元法（収益還元法）	市場株価法，類似上場会社法，類似取引法，取引事例法	簿価純資産法，時価純資産法（修正簿価純資産法）

出典：日本公認会計士協会，2007，「企業価値評価ガイドライン」．

図表 12-2 に示した評価法のうち，インカム・アプローチのフリー・キャッシュフロー法（DCF 法）とネットアセット・アプローチ（簿価純資産法，時価純資産法）は間接的な方法であり，その他の方法はすべて直接的な方法である．

インカム・アプローチは，将来のフローの予測を割引率で割り引いて測定するが，マーケット・アプローチとネットアセット・アプローチは，測定時点の状況で測定するものであり，将来予測はしない．インカム・アプローチには将来キャッシュフローの予測，割引率など主観が絡む要素が入り込み，かつ，予測には予測期間，成長率の予測なども加わって複雑になる．この点，ネットアセット・アプローチは予測や割引率などを使わないから，客観的であり，誰にも理解しやすいという利点はあるが，収益力や成長力は反映されない．マーケット・アプローチは，本源的な企業の価値（intrinsic value）ではなく他社と比較した相対的な価値である．各方法のうち，理論的でありもっとも高く支持されているのは，DCF 法である．以下，主要な方法を概観する．

1) DCF 法
①算式

　　　　a) 無限流列　　　　　　b) 予測期間価値と継続価値の算出

$$V=\sum_{t=1}^{\infty}\frac{FCF_t}{(1+r)^t}=\frac{FCF_1}{r} \qquad V=\sum_{t=1}^{n}\frac{FCF_t}{(1+r)^t}+\frac{FCF_{n+1}/r}{(1+r)^n}$$

　　注）a) の FCF_1/r は FCF を一定とした場合である．
　V：企業価値，r：加重平均資本コスト（WACC），t：期間

264　第12章　企業価値評価法の類型

　DCF 法は，将来のフリー・キャッシュ・フロー（FCF：Free Cash flow）の割引現在価値を求める．原則として永続企業を前提とするから，フローの無限流列を割引くが（a 法），無限流列の予測は実際には不可能であるから，実務などでは通常は 5 年を各年毎に予測（予測期間価値），その後は一定と仮定（継続価値）することが多い（b 法）．しかし，予測期間 5 年，割引率 5 ％とすると企業価値に占める割合は，予測期間価値21.6％，継続価値78.4％となり，企業価値のかなりの部分は予測期間後の FCF_{n+1} の見積もりに依存することになる．

- フリー・キャッシュ・フロー（FCF）

　FCF＝営業キャッシュ・フロー（Operating Cash Flow；OCF）

　　　　－投資等キャッシュ・フロー（Investing Cash Flow；ICF）

　営業キャッシュ・フロー（OCF）＝営業利益×（1－税率）＋減価償却費

　　　　　　　　　　－運転資本増

　運転資本増：（売上債権増＋棚卸資産増－買入債務増）

- 投資等キャッシュ・フロー（ICF）

　有形・無形固定資産への投資額（戦略投資，拡大投資などは含まない）

- FCF の一定の成長率考慮する場合

　FCF に成長を加味するには割引率 r を（$r-g$）に置き換える（数学的証明は省略）．成長率の推定法には，過去のデータによる方法，アナリスト予測を用いる方法，ファンダメンタルズに基づく方法とがあり，ファンダメンタルズによる方法が確実であるといわれる．ファンダメンタルズによる方法の 1 つに，下記のような持続可能成長率（sustainable growth）がある．

　　　　　g＝ROE（当期純利益／株主資本）×（1－配当性向），ただし，$r>g$．

②割引率（資本コスト）の推定

　フリー・キャッシュ・フローを稼ぐための資本は，負債と自己資本によって調達する．したがって，割引率は負債コストと自己資本コストの加重平均コスト（Wighted Average Cost of Capital；WACC）を用いる．

ⅰ）自己資本コスト率 r_e：自己資本コスト率（cost of equity）は，資本資産評

価モデル (Capital Asset Pricing Model；CAPM) によるのが通常である．

$$r_e = Rf + \beta(E[Rm] - Rf)$$

$(E[Rm] - Rf)$：マーケット・リスクプレミアム．リスク・プレミアムの推計については議論があるが，5％前後といわれている．この推定には Ibottson 社に定評がある．

Rf：リスク・フリーレート（国債10年物，新発債）

β：市場リスク．市場全体に対する当該銘柄の変動の割合（東京証券取引所などが公表している）．通常，60カ月で計測される．

ii）負債コスト率：利子費用は税金計算上損金に算入されるので，実際の利率から税金相当 0.4 を控除して，税引後負債コスト率（cost of debt）を求める．

税引後負債コスト率 r_d ＝（支払利息／有利子負債）×（1−0.4）

iii）WACC：有利子負債と株式時価総額の目標（target）構成割合で加重平均する．

$$(D \times r_d)/(D+E) + (E \times r_e)/(D+E)$$

D：有利子負債，E：株式時価総額

③事業価値と非事業価値

FCF は金融損益加減前の FCF だが，企業の資産には FCF の創出に貢献しない現金預金，有価証券，投資その他資産，遊休資産がある．そこで，これら資産を非事業用資産として，DCF 法で求めた企業価値に加える．DCF 法で測定した企業価値を事業価値と言いかえれば，企業価値＝事業価値＋非事業価値，となる（図表12−3）．日本の実務では，非事業価値を加えるこの方法が一般的である．FCF が同じでも非事業価値に大きな差がある2つの企業を同列に

図表 12−3
株主価値の構成

DCF 法 事業価値	株主価値	貸借対照表	負債価値
			資本金 資本剰余金 利益剰余金 評価・換算差額
非事業用価値			のれん

のれんを直接的に求めるのは難しい

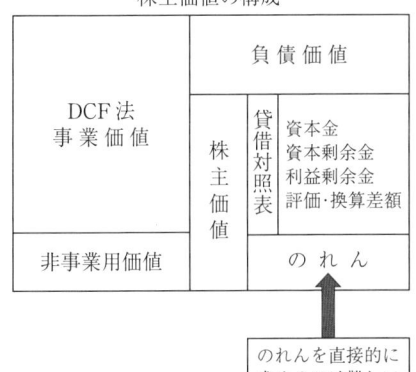

は扱えないし，財務データで実際に測定する場合でも非事業価値を考慮しないと，株価との乖離が大きくなり，理論的にはともかく現実問題として，株価との関連付けが困難になる．米国企業に比べて，金融資産を多く保有する日本企業においてはこの必要性が強い．

2）調整現在価値法（Adjusted Present Value，APV法）

APV法は負債がないと仮定した場合の企業価値Vを求め，これに負債による節税価値を加える方法である．

$$V = \frac{FCF}{r_e} + \frac{TS}{r_d}$$

TS/r_d（節税効果の価値）＝(0.4×負債コスト率 r_d ×負債)／負債コスト率 r_d
　　　　　　　　　　　　＝0.4×負債

3）残余利益法（割引超過利益法）

$$E = NA + \frac{RI}{r_e}$$

E：株主価値，NA(net assets)：純資産

RI(residual income，残余利益)：(営業利益×(1−0.4)−(総資産−無利子負債)×WACC)

残余利益は経済付加価値（EVA[①]）ともいわれる．（RI/r_e）は残余利益の現在価値，すなわち市場付加価値であり，のれん価値でもある．

4）配当還元法

配当還元法は，非公開株式の評価をめぐっての裁判などでよく採用されており，非支配株主に適した評価法である．非支配株主は，経営に参加できず，非公開株式は流通性がないため株価の値上がりも期待できず，配当だけが実質的に株主の利益である．

$$E = \frac{D}{r_e} \quad D：配当$$

配当還元法では清算時に清算価値を加えるのであるが，無限の将来の清算価値の現在価値であるから，無視し得るほどに少額であるとみなして，これは考

慮しない．

　配当還元法は，配当方針による配当金の増減によって評価額が増減する．しかし，(当期純利益＞配当)であれば，内部留保による再投資が行われることを意味するから，それに見合って企業が成長し，配当性向が一定でも配当金額は増加するはずである．したがって，配当還元法には成長を織り込むのが合理的である．成長を織り込まないと，内部留保(1－配当性向)による再投資の結果としての配当金の増加が評価に反映されない．内部留保による再投資によって配当が増加するならば，配当が小さければ(内部留保が大きければ)成長率 g は高く，配当が大きければ成長率 g は低いことになる．配当の一定成長率を配当還元法に組み込んだのがゴードン・モデルである．

$$\text{ゴードン・モデル}\quad E=\frac{D}{(r_e-g)}$$

5) 利益還元法（収益還元法）

　利益還元法は，配当還元法と同様に，非公開株式の評価をめぐっての裁判などで，かつてはよく採用されていた支配株主に適した評価法である．配当＝当期純利益×配当性向であるから，配当還元法は利益還元法による株主価値に配当性向を乗じた額となる．

$$E=\frac{NI}{r_e}\quad NI：当期純利益$$

6) 類似上場会社法（類似会社比準価格法）

　類似した上場企業の株価を参照する方法．この方式は，かつて日本証券業協会が，店頭銘柄の新規株式公開の発行価格の参考に用いた方法である．非上場会社の配当は恣意的に決められることが多いので，この算式では配当を計算式に織り込んでいない．

$$\text{類似会社比準価格}=\text{類似会社株価}\times\left(\frac{\text{評価会社1株あたり純利益}}{\text{類似会社1株あたり純利益}}+\frac{\text{評価会社1株あたり純資産}}{\text{類似会社1株あたり純資産}}\right)\times\frac{1}{2}$$

比較する類似会社によって比準価格が異なるので，事業内容や規模など類似

性の高い会社を選定しなければならない．

7) 類似業種比準価格法

この方法は，「ガイドライン」では挙げていないが，国税庁の相続税財産評価基本通達に示されている非上場株式についての評価方法である．株主の本源的価値を計測するものではないが，簡便な株主価値の評価法として，課税目的以外にもよく用いられている．類似会社比準価格法と対比すると，この方法は，1株あたり配当が用いられている，1株あたりの利益に3倍のウエイトがあるなどの特徴がある．

$$1株あたり株価 = \left\{類似業種の株価 \times \left(\frac{評価会社の1株あたりの配当}{類似業種の1株あたりの配当} + \frac{評価会社の1株あたりの利益}{類似業種の1株あたりの利益} \times 3 + \frac{評価会社の1株あたりの簿価純資産}{類似業種の1株あたりの簿価純資産}\right) \div 5\right\} \times \alpha (大会社 0.7, 中会社 0.6, 小会社 0.5)$$

8) 簿価純資産法

この方法では，貸借対照表の純資産金額をそのまま使用するのではなく，擬制資産，擬制負債など会計処理による実体価値を有しない資産負債を除くとともに，従業員解雇による割増退職金など未認識負債を加えるのが適切である．

9) 時価純資産法

資産負債を時価に評価し直して株主価値を測定する方法．負債は時価と簿価が同額と仮定して，通常は，資産だけを時価に評価する．債権，有価証券は企業会計基準第10号「金融商品に関する会計基準」により，上場会社については通常は時価評価されている．棚卸資産は企業会計基準第9号「棚卸資産の評価に関する会計基準」により，簿価が時価を上回ることはない．その他の流動資産は簿価と時価に大きな乖離はないと考えられる．

有形固定資産については，土地，建物，機械装置など資産の特性によって時価を求める．擬制資産，擬制負債，未認識負債については簿価純資産法と同様である．

10) 倍率法

「ガイドライン」には示されていないが，倍率法はマーケット・アプローチの一種であり，M&A の場合やアナリストによく使われている．類似企業の PER（株価収益率），PBR（株価純資産倍率），株価営業利益倍率，企業価値 EBIT 倍率，企業価値 EBITDA 倍率，企業価値売上高倍率などに評価対象企業のバリュー・ドライバーを乗じて求める．バリュー・ドライバーの中では，キャッシュ・フローや売上高よりは利益，総資産，資本といった指標が，相対的に正確な株主価値を算定できるともいわれている．

§2 各方式の具体的適用

以上，各方法を述べたが，具体的に企業に適用するとどのような結果になるのか．三菱地所㈱の場合を測定し，各測定方法による測定結果の違いを明らかにし，測定方法に内在する諸問題を考察する．同社を例に取り上げたのは，①平成21年4月に子会社である藤和不動産㈱を完全子会社化するにあたり，三菱地所の株式を藤和不動産の株主に交付したため，三菱地所の株価が実務的に評価されている，②平成22年3月決算から「賃貸等不動産の時価等開示に関する会計基準」（企業会計基準20号）が適用されたが，三菱地所は賃貸等不動産を大量に保有する有力な企業の1つであり，不動産の時価評価が開示されている，③三菱地所は「土地の再評価に関する法律」（平成10年3月31日法律第34号，最終改正平成17年7月26日法律第87号「土地再評価法」）により，事業用資産を再評価した．これにより，平成14年3月期には土地の時価と簿価が等しくなったため，企業価値を測定しやすい，などの理由による．

データは2010年3月期，連結財務諸表を使用．インカム・アプローチで用いるフロー（フリー・キャッシュ・フロー，投資等キャッシュ・フロー，配当，利益，成長率など）は予測値を用いるべきであるが，企業外部者にとって将来の予測は困難である．予測値に代えて，過去5年（2006／3期〜2010／3期）の実績値（単純平均）を用いる（評価時点2010年3月31日）．

図表12-4
類似会社比準価格 (2010.3.31)

	三菱地所	住友不動産	三井不動産
一株当たり利益（円）	8.58	111.04	68.39
一株当たり純資産（円）	852.36	1,030.93	1,147.22
株価（2010.3.31終値, 円）	1,530	1,779	1,587
三菱地所の類似会社との比準価格	—	804.2	689.1

時価貸借対照表（百万円）

科　目	簿　価	時　価	科　目	簿　価	時　価
流動資産	1,029,282	1,029,282	流動負債	651,023	651,023
有形固定資産	2,872,021		固定負債	2,397,819	2,397,819
無形固定資産	95,593	4,906,595	繰延税金負債*	—	822,343
投資その他の資産	358,368	358,368	純資産	1,306,422	2,423,060
合　計	4,355,264	6,294,245	合　計	4,355,264	6,294,245

*含み益 2,055,858×0.4. 含み益は当社の賃貸不動産などの注記による.

図表12-5　1株あたり株主価値（円）

インカム・アプローチ	1-1. DCF法	成長を考慮しない 成長を考慮する	0.0 0.0
	1-2. 調整現在価値法（APV法）	成長を考慮しない 成長を考慮する	0.0 1,191.2
	1-3. 残余利益法	成長を考慮しない	225.4
	1-4. 配当還元法	成長を考慮しない 成長を考慮する	117.1 171.2
	1-5. 利益還元法（収益還元法）	成長を考慮しない 成長を考慮する	373.1 545.2
マーケット・アプローチ	2-1. 類似上場会社法 （類似会社比準価格法）		746.6
	2-2. 類似業種比準価格法		377.5
	2-3. 類似取引法		1,139.5
ネットアセット・アプローチ	3-1. 簿価純資産法		941.0
	3-2. 時価純資産法		1,745.5

また，類似会社比準価格法の類似会社には住友不動産，三井不動産をとった．固定資産の時価は同社が開示している上記②，類似取引法は上記①を用いた．

　これまでに述べた方法を三菱地所（株）に適用して計測を行った結果は図表12-5の通りである（計算過程省略）．1株あたり株主価値に発行済株式数を乗じた額が，株主価値の総額である．

　14の方式を用いて1株あたり株主価値を検討した．結果はDCF法のゼロから時価純資産法1,745.5円と，大きく乖離している．「企業評価は確固たるサイエンスとアートそのものであり，真実はその間にある」(Damodaran, 2006)といわれる所以でもあるが，このように大きく乖離するのでは，利用者は困惑するかもしれない．

　多様な評価方法に対して，裁判ではどんな方法を採用しているのだろうか．当事者の利害が鋭く対立する裁判では，各方法の特性が明確になる．

§3　裁判例における株式評価

　裁判では，DCF法に留まらず回帰分析，リアル・オプションまでも議論されることがあり，評価の手法は会計・財務の理論に則っている．しかし，具体的な手法の適用においては裁判に特有の傾向がある．

　上場株式は，例外なく市場株価で評価されているが，どの時点の株価かが争点になっている．非上場株式は，純資産法，配当還元方式の採用が多く，残余利益法，調整現在価値法，倍率法は採用されたことがない．評価法は当事者を納得させるため，複数の評価法が併用されている．DCF法は近年増えてきたが，キャッシュ・フロー予測の恣意性のゆえに，裁判所は慎重な側面もある．税務の裁判では，税務通達などで認められていないDCF法，収益還元法，類似会社比準法の適用が主張されることはないが，認められた評価法のいずれを適用するかで，租税回避行為を背後に意識しながら，争われる．

3.1 裁判での争点

上場株式ではとりわけ合併・分割・MBO など，企業組織再編に反対する株主の買取請求価格，第三者割当増資をめぐる争いが多い．上場株式は企業組織再編の公表で，株価が下落した場合に，どの時点の株価を評価すべきか，など評価時点が主な争点になる．非上場株式では譲渡制限付株式買取請求に伴う買取価格の争いが多い．上場株式が市場株価で評価されるのに対して，非上場株式では純資産法，配当還元法，類似業種比準法，DCF 法など多様である．評価理論で取り上げられる，調整現在価値法，残余利益法（割引超過利益法），利益還元法（収益還元法），M&A で多用される IRR・回収期間法・倍率法などは裁判では用いられない．調整現在価値法は評価理論においても一般的でなく，複雑であること，利益還元法は DCF 法の特別なケースに過ぎないこと，IRR・回収期間法・倍率法は株式価値を直接的に求めるものではなく，また，倍率法は客観的であることが重要な裁判には馴染まない，などが理由であろう．残余利益法は理論的であり，評価理論では広く受け入れられているが，裁判例では使用されない．残余利益法による評価額の 2 つの構成要素である簿価純資産と超過利益の割引現在価値のうち，評価額の大部分は簿価純資産が占めるので，残余利益法を使わなくても純資産法で間に合うこと，また，後述するように裁判例の純資産法では，簿価ではなく時価が用いられるので，簿価純資産を使う残余利益法は馴染まないのであろう．

株式価値評価をめぐっては相続税（含贈与税），所得税，法人税などの裁判も多いが，税務の裁判では財産評価通達の適用・事実認識に限られており，本源的な株式価値に関する係争ではない．しかし，株式価値評価の理論ではあまり議論されない，税務に特有の議論もある．

3.2 上場株式と非上場株式の評価

3.2.1 上場株式

上場株式の評価では例外なく市場の株価が用いられるが，どの時点の株価あるいはどの期間の平均株価を採用するかをめぐって係争になる．組織再編の公

表，業績の下方修正発表などとともに，市場株価は大きく変動する．裁判で争点になるのは評価法ではなく，どの時点の株価を採用するかである．非上場株式では評価法が争点になるのと対照的である．

採用する株価については，合併等発表日，買い取り請求日など一時点の価格と一定期間の平均価格を取る場合とがあるが，一時点の株価よりは発表前1カ月平均など平均株価を取る裁判例が多い．市場株価はいろいろな要素で大きく変動するし，「情報は古いアパートの水道管より漏れがひどい」といわれるように，情報の漏れの可能性もあるから，一時点よりも一定期間の平均が望ましいと考えられる．

平均株価の場合，1990年頃までは株価の単純平均が主流であったが，平成に入ると出来高を加味した加重平均が用いられるようになった．単純平均株価でなく，加重平均株価を使うということは，出来高の多い日の株価のウエイトを大きくして，出来高の少ない日の株価のウエイトを小さくすることを意味する．

3.2.2 非上場株式

ⅰ）裁判例

非上場株式の評価方式をまとめると，図表12-6の通りである．

多くの裁判では複数の評価法が採用されており，38の裁判例に対して延べ65の評価法があるから，1件あたり1.7の評価法が採用されたことになる．1つの評価法では，一方の当事者に有利な評価に偏りがちであるし，絶対的に正しい評価法はないのであるから，多様な評価法から複数の評価法を採用して調整した方が，対立している当事者を納得させやすい．裁判は当事者間の利害対立の調整の場でもあるから，理論的正当性だけでなく対立している当事者が納得できることが重要である．複数の評価法が採用される理由であろう．図表12-6には示さなかったが，評価方法の併用については，38裁判例のうち22例で，2つ以上の方法を併用して調整しており，16例は1つだけの方法で評価している．

アプローチで区分すると，フローに基づくインカム・アプローチ30件がもっとも多く採用されているが，個別の評価方法で区分すると，純資産法22件が

図表12-6 裁判例における非上場株式（含出資）の評価法（38裁判例）

(件数)

インカム・アプローチ	DCF法	4
	配当還元法	12
	配当還元法（成長率加味）	5
	収益還元法	9
	（小　計）	30
マーケット・アプローチ	類似会社比準法	10
	類似業種比準法（相続税評価通達）	2
	取引事例法	1
	（小　計）	13
ネットアセット・アプローチ	簿価純資産法・時価純資産法	22
	（小　計）	22
合　計		65

注）・対象期間：昭和43年～平成22年．
　　・純資産法：裁判例では簿価と時価の区別が明白でないことがあるため，合算した．
出典：山田（2008）に筆者が追加修正．

もっとも多く，次いで配当還元法17件（成長率を加味した方法5件を含む）が多い．純資産法は企業が継続する場合ではなく，清算する場合に適しているといわれるが，裁判では継続企業にもよく適用されている．純資産法は会計学の知識がなくても理解しやすい，客観的である，比較的小規模の企業が多い非上場企業は，有機的構成体としての無形価値や知的無形資産が比較的少ないから，純資産法でも係争当事者が納得しやすい，などの理由から採用が多いものと考えられる．非上場株式の評価であるため，市場株価法が採用されないのは当然ではあるが，事例の選択が容易でない取引事例法も1件と少ない．

　配当還元法は，企業の経営に参加できない非支配株主にとっての評価法であるといわれるが，裁判所に提訴するのは支配株主よりも非支配株主が多いために，この方法が17件（成長率加味の方法を含む）と多い結果になっている．

　図表12-7で見ると，平成に入ってからDCF法が急速に採用されているが，これとともに収益還元法が減少している．収益還元法はDCF法のうち，運転資本の増減がなく，かつ，設備投資額と減価償却額が等しい場合の特殊な例で

§3 裁判例における株式評価　275

図表12-7　裁判例における非上場株式（含出資）評価法の変遷（38裁判例）

(件数)

判決年	インカム・アプローチ					マーケット・アプローチ				ネットアセット・アプローチ	合計	裁判例件数	1件あたり評価法
	DCF法	配当還元法	配当還元法（成長率加味）	収益還元法	計	類似会社比準法	類似業種比準法（相続税評価通達）	取引事例	計	純資産法			
1980年まで	0	3	0	2	5	5	2		7	4	16	12	1.33
1990年まで	0	6	2	5	13	4	0		4	10	27	13	2.08
2000年まで	1	1	1	0	3	0	0			1	4	8	5	1.60
2010年まで	3	2	2	2	9	0	0	1	1	4	14	8	1.75
合計	4	12	5	9	30	9	2	1	13	22	65	38	1.71

注）・2000年まで，2010年までは裁判例件数が少ないが，データ・ベースを検索したキーワードの影響も考えられる．
　　この件数は検索した件数であって，裁判例のすべてとは限らない．
・その他の注は図表12-2と同じ．

ある．収益還元法よりもDCF法が理論的に正しく，一般性があるから，DCF法の増加とともに収益還元法が減少したのは必然であろう．DCF法の普及は，株式評価理論の発展によるところが大きい．

ⅱ）裁判における時価純資産法

　裁判例では時価純資産法も多く用いられる．裁判例からは時価がどのように算出されたかは明らかではない．貸借対照表資産項目のうち，有価証券や土地は当然に時価で評価されるのであろうが，その他の資産の時価は把握が容易でないし，時価と簿価の乖離も少ないと思われるので，簿価で評価されているものと思われる．有形固定資産については，再調達時価か売却時価かの疑問が生じるが，現実的には使用中の機械装置など，個別性が強い有形固定資産について，再調達時価あるいは売却時価を求めるのは困難であろう．判決文でこの問題に触れているものが見当たらないところから推測すると，簿価が用いられているものと思われる．また，のれん，ブランド価値など無形資産の評価は，企業評価にとって重要ではあるが，判決文にこれらについて触れているものは見当たらない．客観性を重視する裁判では，貸借対照表に計上されていない無形

資産を評価することはしないのであろう．

iii）裁判における税務訴訟

　非上場株式の評価について，相続税法（贈与税を含む）では，相続税財産評価通達の適用に関して，また法人税法，所得税法では低廉譲渡をめぐって，国家と納税者の間に多くの裁判例がある．

①相続税

　相続税法では株式評価法を相続税財産評価通達に委ねているが，財産評価基本通達6では「この通達の定めによって評価することが著しく不適当と認められる財産の価額は，国税庁長官の指示を受けて評価する」旨，定めている．

　税務当局は事案が納税者の租税回避であると判断すると，納税者間の公平という論理で，財産評価通達に定められた方法を形式的には適用はせず，通達に定められた方法ではあるが，通達の形式的な適用とは別の方式で株式を評価する．

　財産評価通達に定める方式のうち，配当還元方式はもっとも評価額が低くなることが多いから，多くのケースでは納税者が配当還元方式を主張するのに対して，課税当局は課税上の最高の評価額である純資産価格を主張する（財産評価通達では株式の評価額は，純資産価格を超えることはないものと定められている）．財産評価通達では評価方法が明確に定められているから，裁判では通達に定める評価法のどれを適用すべきかが争点になり，通達で定めていない評価法であるDCF法，収益還元法，類似会社比準法の適用が主張されることはない．

　相続税についての裁判では，評価方法については財産基本通達に定める方法以外には，係争の余地はないが，租税回避行為に対する認識の相違から財産基本通達のどの方法によるのか，で争いになる．

②法人税，所得税

　法人税および所得税では，株式の譲渡は適正価格による譲渡が原則となっているため，非上場株式の低額な譲渡で係争になる．

　非上場有価証券の評価について，法人税法基本通達9-1-13「上場有価証券等以外の株式の価格」は，売買実例のあるものの適正価格，あるいは純資産価

額，と定めている．例外として，同 9-1-14「上場有価証券等以外の株式の価格の特例」で財産評価基本通達によっているときは，課税上弊害がないかぎり，これを認めるとしている．所得税基本通達 20-35共-9「株式等を取得する権利の価額」においても，ほぼ同様な規定となっている．

法人税法基本通達 9-1-13 に定める「売買実例」は通常は少ないので，所得税，法人税に関する裁判上の争いでは，①純資産価額によって評価するのか，または財産評価基本通達で定める評価方法によるのか，②財産評価基本通達を適用する場合に「課税上弊害がない限り」の状況の認識をどうするか，などが争点になる．

税務の裁判では適用する評価方法が限定されているので，裁判において適正価格の算定のために DCF 法が用いられることはないし，複数の評価方法を求めて，それをウエイト付けするということもない．

参 考 文 献

Arzac, Enrique R., 2005, *Valuation for Mergers, Buyouts and Restructuring*.（斉藤進監訳，2008，『合併・買収・再編の企業評価』中央経済社．）

Brealey, Richard et al., 2006, *Principles of Corporate Finance*, 8th Edition.（藤井眞理子，国枝繁樹監訳，2007，『コーポレート・ファイナンス第 8 版』日経 BP 社．）

Bruner, F. Robert., 2004, *Applied Mergers and Acquisitions*, John Wiley & Sons.

Cheng, C. S. Agenes., 2000, "The Valuation Accuracy of the Price-Earnings and Price-Book Benchmark Valuation Methods", *Review of Quantitative Finance and Accounting*, Vol. 15, No. 4, 349-370.

Damodaran, Aswath., 2002, *Investment Valuation*, 2nd Edition.（山下恵美子訳，2008，『資産価値測定論Ⅰ，Ⅱ』Pan Rolling．）

Koller, Tim., M. Goedhart, D. Wessels., 2005, *Valuation—Measuring and Managing the Value of Companies*, Fourth Editition, John Willey & Sons.

Palepu, Krishna G., P. M. Healy, V. L. Bernard., 2004, *Business Analysis and Valuation*, Third Edition, Thomson.

Reed, S. Stanley, A. Lajoux., 1999, *The Art of M&A*, Third Edition, McGraw-Hill.

青木茂男，2008，「企業価値が意味するもの」，『管理会計学』，日本管理会計学会，第 17 巻第 2 号．

金子勲，1993,「非公開会社株式の評価」,『判例タイムス』, No. 814.
中小企業庁, 2009,『経営承継法における非上場株式等評価ガイドライン』.
日本公認会計士協会, 2007,『企業価値評価ガイドライン』, 清文社.

索　引

太字の数字は見出し項目を示す．

=== 欧文 ===

ABC ······································ 59, 232
Advanced tech. ······························ 155
BSC の導入目的 ······························ 204
CAPM ································· 76, 265
CISPAR ··························· 122, 137, 141
CSR ········· 1～3, **8**, 10, 11, 15, 177, 192
DCF 法 ···· 263～265, 271, 272, 274～277
Exploratory tech. ····························· 155
KVD ······················ 55, 56, 62, **64**, 65, 67
KVI ······················· 55, 56, 62, **64**, 65, 67
NICES（ナイセス） ······················ **186**
Only one の技術 ··············· 147, 153, 159
Preparatory tech. ····························· 155
RepTrak指標 ································ 185
RFM 分析 ····································· 60
RQ スコア ···································· 185
SWOT 分析 ······························ 200, 207
WADP ······································· 129

=== ア行 ===

アクション・プラン ························ 196
ありたい姿 ··· **143**, 144, 154, 155, 164, 167
安全2法 ······································ 234
アンゾフ ································· 27, 207
アンドリュース ······················ 27, 200, 207
異常利益 ······························ 74～76, 90
5つの競争要因 ···················· 27, 36, 200

意図した戦略 ······· 33, 200, **207**, 208, 209
イノベーション戦略 ························ 38
イノベーションのジレンマ ················ 39
意味的価値 ··································· 53
インカム・アプローチ · 26, 263, 269, 273
因果関係 ············ 32, 198, 200～202, 210
インセンティブ係数 ········ 248～256, 258
インタンジブルズ ······ 182, 199, **201**, 202
エンバイロンメント・レビュー ········ 137

=== カ行 ===

概算原価見積 ······················ 132, 133, 135
階層組織による取引の統治機構 ·········· 77
開発設計活動 ···· 117, **120**, 121, 122, **136**,
　　　　　　　　　　　　　　　　137, 140
開発設計業務 ··························· 120, 121
開発設計業務の可視化 ···················· 121
開発戦略 ··· 118, 119, **143**, **145**, **146**, 147,
　　　　　　　　149, **151**, 152, **162**, 170, 171
外部環境 ···· 118, 140, 200, 201, 207, 208
外部失敗コスト ···························· 239
確実性等価 ······················ 248, 249, 251
可視化 ··· 51, 56, 57, **120**, 121, 122, 189,
　　　　　195, 196, 198, 200, 202, 208, 210
価値活動 ····································· 219
価値観 ············ 11, 14, 15, 202, 206, 261
活動ドライバー ···························· 40
株主価値 ····· 1～3, 5, 6, 19, 65, 74～76,
　　　　　　　　　　　236, 239～241, 261, 262,

　　　　　　　　　　　　266〜269, 271
株主価値の毀損……… 76, 236, 239, 241
株主資本の毀損………………………238
関係準レント……………………………85
関係特殊的資産………………79, 85, 90
カンパニー・ブランド……… **8**, 11, 12, 18
学習…… 38, 46, 89, 196, 198, 207, 208,
　　　　　　　　　　209, 210, 216
企業価値の創造… 13, 72, **73**, 74, **76**, 90,
　　　　　　　　　　195, 196
企業間の継続的取引………………73, 79
企業の境界…… 71, 73, 74, **76**, **77**, 80, **86**,
　　　　　　　　　87, 88, **89**, 90〜92
技術ストックの開発型……………148, 157
技術ストックの活用型……………148, 157
技術ストックの結合型……………148, 157
技術標準化……………………………153
機能的価値………………………………53
機能別戦略…………………… 27, 29, **44**
規模の経済………………… 82, 83, 86, 198
業績一覧表………… 216, 217, 222, 226
業績指標……………………… **220**, 225
業績尺度の感度と精度……………250, 254
業績評価システム…… 45, 195, 204, 205,
　　　　　　　　　　213, 214, 216
競争戦略………………………27, 36, 207
競争的マーケティング戦略……………36
業務的ドライバー……………………42, 43
均衡ベースト ビュー……………………72
クリーン・サープラス関係……………75
経営管理サイクル…………………45, 47
経営戦略… 7, 19, 21, 26〜28, 32, 71〜73,

　　　　　　　　　　104, 109, 110, 112
経済価値……… 8, 10, 26, 83, 176, 180,
　　　　　　　182〜184, 186, 187, 192, 195
継続価値………………………77, 263, 264
ケイパビリティ … 73, **86**, **87**, 88〜92, 242
結果指標…………………………………62
原価管理スキル………………………167
原価企画……… 43, 122, 140, **229**, 230, 242
原価技術スキル………………………167
原価見積の機能………………………132
限定された合理性………………………78
コア技術……… 18, 147, **151**, **152**, 155
コアコンピタンス……………… 7, 37, 38, 207
コアコンピタンス戦略……………… 37, 38
工法開発………………………………154
コーポレート・レビュテーション…175,
　　　176, 177, **178**〜**181**, 182, 187〜189, 191
顧客価値……… 1, 52, 54, 56〜59, 62, 65
顧客価値創造……………………………54
顧客価値創造主要ドライバー…………**57**
顧客価値創造戦略………………………56
顧客関連指標……………………………60
顧客シェア………………………………58
顧客生涯価値……………………………62
顧客への価値提案…………… 198, 202
顧客満足度………………… 61, 158, 161
顧客ロイヤリティ………………………61
コスト・アプローチ……………………25
コスト・ドライバー…… 40, 42, 44, 240
コスト・パフォーマンス………………198
コスト・リーダーシップ戦略…………36
コスト・レビュー……………………137

索　引　281

コストテーブル……………………133, 142
固有コア・ケイパビリティ…………88, 89

━━ サ行 ━━

財務的な指標……………………………220
差別化戦略……………………36, 37, 39
三者による取引の統治機構……**82**, 83, 91
残差アプローチによる超過収益力……**182**
残余コントロール権……………………87
残余利益法……………………266, 271, 272
時価純資産法…………263, 268, 271, 275
事業部間の協力…………………………221
事業部の自己充足性……………220, 221
資源ドライバー………………………40
自己資本コスト率……………………264
資産の特殊性………………………78～80, 92
市場による取引の統治機構……77, 81, 90
持続可能成長率…………………………264
持続的成長……………3, **5**, 15, 113, 116
実現された戦略………………200, 208
実践…11, 120, 166～168, 201, 214, 215, 218, 219
資本コスト……13, 20, 31, 72, **73**, 74, 90, 92
社会価値……26, 29, **31**, 32, 34, 35, 180, 184, 186, 187, 192, 195
集中戦略………………………36, 37, 201
重点志向………………………………200
重要機能見積法…………………………133
主要成功要因……………………28, 48
上場株式…………………………271, **272**
情報有用性条件…………………………250

正味現在価値……………………71～73, 90
新技術開発の戦略………………………146
新規性……………………………198, 207
シングル・タスク……**247**, 249, 251, 256
シングル・ループの学習………………**209**
新製品開発……14, 16, 18, 42, **117**, 118, 119, 121, 137, 140, 149, 152, **157**, 159, 162, 164, 165, 226, 229
新製品コンセプト設計…………………124
新製品コンセプトの創造………………123
新製品・新商品開発の戦略……………146
信頼レーダー…………………………191
スケジュール・レビュー………………137
スコアカード……196, 198, 202, 207, 208
ステークホルダー……**1**, 2, **3**, 5, 8, 12, 52, 177～179, 182, 186, 187, 189, 196, 207, 211
3D-CAD システム………………………121
成果バリュー・ドライバー・指標……**56**
製造準備…………………………122, 140, 141
成長要因……………………………………7
製品ブランド……………………**12**, 18
製品リコール……**230**, 239, 240, 242, 243
セイフティリコール……………………238
税務訴訟………………………………276
セカンドベスト………………………252
説明責任………………………20, 145, 169
先行技術開発……143, 146, 150, 153, **155**, 156～159, 164
先行指標………………………41, 45, 47, 62
先行バリュー・ドライバー・指標……**56**
全社戦略……**25**, 26～28, **29**, 30, **31**, **32**,

34, 35, 37
戦略テーマ･･････････････････････207, 211
戦略的意思決定･････71, 72, **73**, **76**, **77**, 90
戦略的業績評価システム･･･････195, 204
戦略的計画･･･････････････････････････210
戦略的実施項目･･････195, 196, 199, 202,
　　　　　　　　　　　　　　　207, **210**, 211
戦略的ドライバー･････････････････････42
戦略の学習･･･････････････････････････209
戦略の修正･･･････････････200, 210, 211
戦略ベストビュー･････････････････････72
戦略マップ･･････188, 189, 195, 196, 198,
　　　　　　　　　　　200〜202, 207〜210
総花的･･･････････････････････････････200
相乗価値･････････････････26, 29, **34**, 35, **44**
相続税財産評価通達･･･････････････････276
創発戦略･33, 38, 200, 201, **207**, 208, 209
双務的な取引の統治機構･･･････**83**, 90
組織価値･･･26, 29, **32**, 33〜35, 180, 184,
　　　　　　　　　　　186, 187, 192, 195

━━ タ行 ━━

ダブル・ループの学習･････････････**209**
知識創造活動･･･････････････････････165
知識の移転の頻度････213〜215, 218, **219**,
　　　　　　　　　　　　　　　220〜225
知識の移転や共有･･･････････････････214
知識の獲得･･･････････････････････････219
知識の提供･･････････････････････220, 225
中核要素・テクノロジ･･････････151, 152
中間組織･････････････････78, 85, 86, 91
注文獲得費･･･････････････････････････58

超過利益･･･････････････････74, 88, 90, 272
長期契約･･････････････････････78, 79, 83
調整現在価値法･･･････････････266, 271, 272
デザイン・レビュー･･･････････････････137
統合された取引の統治機構･･･････**82**, 90
道路運送車両法･･･････････････････････231
ドライバー･･･････････････16, 40, 41, 51
取引コストの経済理論･････73, 77, **78**, 90
取引特殊的資産･･･････････････････････79
取引の統治機構･････････71, 73, 77, 78,
　　　　　　　　　　　　80, 81, **82**, 90, 91
努力配分･･････････････251〜254, 256, 258

━━ ナ行 ━━

内部環境･･････････････････200, 201, 207, 208
内部失敗コスト･･･････････････････････239
ナレッジ・マネジメント･････････････215
No. 1 商品･･････････････････････････159
入手可能性･･･････････････････････････198
ネットアセット・アプローチ･･･････263
ノウハウ･･････16, 148, 157, 159〜161, 165,
　　　　　　　　　　171, 214, 215, 218, 219
のれん･････････････････74, 76, 182, 266, 275

━━ ハ行 ━━

売価予測式･･･････････････････････････129
配当還元法･･･････････････266, 267, 272, 274
倍率法･･･････････････････････269, 271, 272
パターン･･････････････････････････208, 209
話し手責任･･･････････････････････････145
パフォーマンス・ドライバー･････40, 41,
　　　　　　　　　　　　　　　　45, 199

索　引　283

ハメルとプラハラード……………37, 207
バリュー・ドライバー………………40, 41,
　　　　　　　42, 45, 56, 182, 269
非財務的な指標……………220, 224, 225
非事業価値……………………265, 266
非事業資産価値………26, 29, **31**, 34, 35
ビジネス・レビュー…………………137
非上場株式…………268, 271, **272**, **273**,
　　　　　　　　　　274, 276
ビジョン………11, 33, 46, 180, 185, 188,
　　　　　　　191, 206, 209, 211
非整合性の尺度………………………253
評価基準の甘さ………………………241
標準的売価……………………**128**, 129
評判……80, 88, 175〜177, 187, 188, 189,
　　　　　　　　　　195, 196
ファーストベスト………………249, 252
付加価値過程………………………230, 242
付加機能………………………130, 131, 132
不完備契約……………………78, 79, 87
複社発注政策…………………………84
負債コスト率…………………………265, 266
節目管理（マイルストーン管理）……**138**,
　　　　　　　　　　139, 140
付随ケイパビリティ……………………88, 89
部品政策………………………………**149**, 150
部品の共通化……………………………86
ブランド……12, 13, 16, 34, 62, 179, 201
ブランド・エクイティ………12, 13, 62
ブランド・ロイヤリティ………………12
フリー・キャッシュ・フロー……15, 20,
　　　　　　　　　21, 264, 269

プリンシパル・エイジェント・モデル…247
ブルーオーシャン戦略…………………39
プロセス・テクノロジ……………151, 152
プロダクト・テクノロジ………………151
米運輸省高速道路安全局（NHTSA）
　　　　　　　　…………231, 234, 236
ベンチマーク………169, 220, 222, 225
報酬契約……………………247, 248, 250
ポーター……………27, 36, 200, 207, 219
簿価純資産法………………………263, 268
ポジショニング……………………………207

━━━ マ行 ━━━

マーケット・アプローチ………25, 263
マーケット・シェア……………**58**, 226
マーケティング…51, 52, 54, 57, 59, 60,
　　　　　　　　　　　　　105
マーケティングROI……………………**60**
マーケティングコスト…………**58**, 59
マーケティング戦略…12, 36, **51**, 52, 53,
　　　　　54, **55**, 56, **57**, 59, 62, 67
マーケティングダッシュボード………63
マーケティング投資………………59, 60
マーケティング・メトリクス………63, 64
マーケティング利益……………………59
マテリアリティ……………………64, 65
マネジメント・コントロール・システム
　　　　　　　　…………………………214
マルチ・タスク……………**251**, 256, 258
ミッション…11, 26〜28, 32, 33, 46, 205
ミッション・ステートメント…217, 222,
　　　　　　　　　　223, 226

ミンツバーグ……………………200, 208
めざす姿……**143**, 144, 154, 155, 158, 162
モジュール………………………………86, 118
モジュール型生産………………………………18
「最も称賛される企業」……………………184

=== ヤ行 ===

郵送質問票調査……………………213, 214
予測期間価値………………………263, 264
予測売価………………128〜130, 135

=== ラ行 ===

ランクオーダー・トーナメント………84
利益還元法……………………267, 272
リコール………………**229**, 231, 232, **234**,
　　　　　　236〜239, **240**, 241, 243
リコールコスト………229, 236, 237, 239,
　　　　　　　　　　240, 243

リコールコスト論……………………**240**
リコール率………………………………232
リスクシェアリング……………………249
リスクプレミアム……248, 250, 251, 253,
　　　　　　　　　　254, 265
リバースエンジニアリング……………152
類似業種比準価格法……………………268
類似上場会社法…………………………267
レゴ方式…………………………………86
レピュテーション資産……………182, 184
レピュテーション指標……182, **184**, **186**,
　　　　　　　　　　　　　　　　188
レピュテーション・マネジメント……13,
　　　　　21, **175**, **187**, 188, 191
レベニュー・ドライバー……40, 42, 43,
　　　　　　　　　　　　57, 58
連結の経済……………79, 80, 84, 85, 90

〈執筆者紹介〉

石崎 忠司（いしざき ただし）

中央大学大学院商学研究科博士課程単位取得 満期退学　博士（会計学）
中央大学商学部教授を経て，現在松蔭大学経営文化学部教授

川野 克典（かわの かつのり）

青山学院大学経営学部卒
日本大学商学部准教授，プライスウォーターハウスクーパース(株)スペシャルアドバイザー（非常勤顧問）

紺野 剛（こんの つよし）

中央大学大学院商学研究科博士課程単位取得 満期退学
中央大学専門職大学院国際会計研究科教授

原田 昇（はらだ のぼる）

立教大学大学院経済学研究科修士課程修了　経済学修士
東京理科大学工学部第一部・経営学部教授を経て，現在目白大学経営学部教授

西口 泰夫（にしぐち やすお）

同志社大学大学院総合政策科学研究科博士課程修了　博士（技術経営）
(株)京セラ代表取締役社長，会長を経て，同志社大学技術・企業国際競争力研究センター(ITE) シニアフェロー，(株)HANDY 代表取締役

田中 雅康（たなか まさやす）

中央大学大学院商学研究科修士課程修了　工学博士（東京理科大学）
東京理科大学理工学部教授を経て，東京理科大学名誉教授，日本経営システム協会会長

増田 譲二（ますだ じょうじ）

成蹊大学工学部卒
日産自動車(株)VP（執行役員）を経て，(株)ファルテック技術顧問，日本経営システム協会理事

崎　章浩（さき あきひろ）

明治大学大学院経営学研究科博士後期課程単位取得 満期退学
明治大学経営学部教授

伊藤和憲（いとう かずのり）

慶應義塾大学大学院工学研究科博士課程単位取得 満期退学　博士（経営学）
玉川大学工学部教授を経て，現在専修大学商学部教授

福田淳児（ふくだ じゅんじ）

神戸大学大学院経営学研究科博士後期課程単位取得 満期退学　経営学修士
法政大学経営学部教授

長谷川泰隆（はせがわ やすたか）

早稲田大学大学院商学研究科博士課程単位取得 満期退学　商学修士
旭川大学講師，富士短期大学助教授を経て，麗澤大学経済学部教授

佐藤紘光（さとう ひろみつ）

早稲田大学大学院商学研究科博士課程単位取得 満期退学　商学修士
早稲田大学社会科学総合学術院教授

青木茂男（あおき しげお）

中央大学大学院商学研究科修士課程修了　博士（会計学）
青山学院大学大学院会計プロフェッション研究科教授を経て，茨城キリスト教大学経営学部教授

企業価値向上の戦略

平成25年3月15日　発行

編　　者　　企業価値評価研究会

発　　行　　日本管理会計学会
　　　　　　企業調査研究委員会本部

発　　売　　(株)税務経理協会
〒161-0033 東京都新宿区下落合2丁目5番13号
　　　電話 (03) 3953-3301（編集部 峯村英治）
　　　Fax (03) 3565-3391
　　　URL http://www.zeikei.co.jp/
印刷・製本所　(株)冨山房インターナショナル

© 企業価値評価研究会　2013　　　　　Printed in Japan
本書を無断で複写複製（コピー）することは，著作権法上の例外を除き，禁じられています。本書をコピーされる場合は，事前に日本複製権センター（JRRC）の許諾を受けて下さい。
JRRC〈http://www.jrrc.or.jp　eメール：info@jrrc.or.jp　電話：03-3401-2382〉
ISBN 978-4-419-07009-0 C1063

日本管理会計学会発行　企業調査研究プロジェクト No. 1
グループ企業の管理会計　　木村幾也 編著

ISBN　978-4-419-07001-4　C1063

A5判 208頁 定価2730円　◆日本管理会計学会がその創立10周年を記念して発足させた「グループ専門委員会」が，日本の主要企業を対象に行った「グループ経営に関する実態調査」を基に書き下ろした研究書.

日本管理会計学会発行　企業調査研究プロジェクト No. 2
TP マネジメントによる原価低減の実践記録

秋庭雅夫・井岡大度・山下裕企 共著

ISBN　978-4-419-07002-1　C1063

A5判 186頁 定価2520円　◆製品原価低減目標を TP 展開して必要な生産体質の改革・改善施策を明確にし，その個別成果を常時把握して目標達成に即応し，利益創出額を算定する IT 経営の手順と豊富な実践記録.

日本管理会計学会発行　企業調査研究プロジェクト No. 3
企業価値重視のグループ経営　　門田安弘・浜田和樹 編著

ISBN　978-4-419-07003-8　C1063

A5判 258頁 定価3570円　◆企業グループ価値を高めるには，事業部と子会社をどう管理すべきか，また企業間システムとしてのサプライチェーン，シェアードサービス，業務提携などはどう管理すべきかを研究.

日本管理会計学会発行　企業調査研究プロジェクト No. 4
戦略的プロセス・マネジメント　―理論と実践―

李健泳・小菅正伸・長坂悦敬 編著

ISBN　978-4-419-07004-5　C1063

A5判　300頁　定価4200円　◆ビジネス・プロセスの管理と戦略による顧客思考経営のあり方を総合的に論じた唯一の書．モデル構築，実態調査の分析，企業事例の3部により構成され，日韓の研究者により執筆．

日本管理会計学会発行　企業調査研究プロジェクト No. 5
日本の多国籍企業の管理会計実務　―郵便質問調査票からの知見―

上埜　進 編著

ISBN　978-4-419-07005-2　C1063

A5判　156頁　定価2100円　◆多くの日系多国籍企業の経営管理実務を調査し一冊の著書をまとめた本書は，地球規模で市場経済が浸透し海外子会社の活動ウエイトが高まっている今日，ビジネスマンに必読の書である．

日本管理会計学会発行　企業調査研究プロジェクト No. 6
情報化戦略の進化とコスト・マネジメント

溝口周二 編著

ISBN　978-4-419-07006-9　C1063

A5判　316頁　定価3675円　◆IT パラダイム転換後の情報化戦略とコスト・マネジメントの方向性を，プロセス管理，組織資源，情報システム投資評価等の観点から，訪問調査と関連資料を基に実務に立脚して展望する．

日本管理会計学会発行　企業調査研究プロジェクト No.7

サプライチェーンマネジメントと目標管理　—企業調査からの考察—
　　　　　　　矢澤秀雄・島津誠・竹本達広・秋川卓也 共著

ISBN　978-4-419-07007-6　C1063

A5判　216頁　定価3360円　◆企業間の連携関係としてのサプライチェーンのマネジメントに関する実態を調査研究し，またサプライチェーンの構成要素である企業はどのような管理をしたらよいのかを研究している．

日本管理会計学会発行　企業調査研究プロジェクト No.8

実態調査からみた国際管理会計　　宮本寛爾 編著

ISBN　978-4-419-07008-3　C1063

A5判　216頁　定価3150円　◆本書はわが国の電気企業の3社をインタビュー調査し，それらの企業の国際事業活動の発展とそれに伴う組織構造，経営管理，および管理会計の変遷を研究し，わが国企業の国際管理会計の実態の一端を明らかにする．

最新の会計基準による入門書

現代会計学の基礎　　片岡洋一 編著

ISBN　978-4-419-04616-3　C1063

A5判　400頁　定価3990円　◆改正会社法・改正財務諸表等規則・最新の会計基準に準拠した会計学を体系的に学習できる画期的な入門書．豊富な設例により簿記・財務会計・管理会計の基礎が解りやすく解説されている．